中国绿色经济增长理论与实证

陈婕 著

电子工业出版社
Publishing House of Electronics Industry
北京·BEIJING

内 容 简 介

为了响应中国共产党的伟大号召，迎接生态文明绿色经济发展新时代的到来，本书以绿色经济发展作为研究对象进行系统化研究和探讨。本书阐述了绿色经济发展的理论基础、绿色经济发展模式的构建与路径，根据实际情况就中国绿色经济发展模式进行深入分析。在此基础上，探讨了市场分割与绿色经济增长实证研究、环境规制与绿色经济增长实证研究、技术经济与绿色经济增长实证研究、外商直接投资与绿色经济增长实证研究、人力资本与绿色经济增长实证研究。最后，讨论了中国绿色经济增长评价指标体系的构建。本书主旨鲜明、构思严谨、知识体系完善，希望对广大读者有所帮助。

未经许可，不得以任何方式复制或抄袭本书之部分或全部内容。
版权所有，侵权必究。

图书在版编目（CIP）数据

中国绿色经济增长理论与实证 / 陈婕著．—北京：电子工业出版社，2022.10
ISBN 978-7-121-43726-7

Ⅰ．①中… Ⅱ．①陈… Ⅲ．①中国经济－绿色经济－经济增长－研究 Ⅳ．①F124.5

中国版本图书馆 CIP 数据核字（2022）第 181129 号

责任编辑：刘家彤　　文字编辑：关永娟
印　　刷：北京市大天乐投资管理有限公司
装　　订：北京市大天乐投资管理有限公司
出版发行：电子工业出版社
　　　　　北京市海淀区万寿路 173 信箱　邮编：100036
开　　本：720×1 000　1/16　印张：15.75　字数：302.4 千字
版　　次：2022 年 10 月第 1 版
印　　次：2022 年 10 月第 1 次印刷
定　　价：168.00 元

凡所购买电子工业出版社图书有缺损问题，请向购买书店调换。若书店售缺，请与本社发行部联系，联系及邮购电话：(010) 88254888，88258888。
质量投诉请发邮件至 zlts@phei.com.cn，盗版侵权举报请发邮件至 dbqq@phei.com.cn。
本书咨询联系方式：liujt@phei.com.cn，(010) 88254504。

前 言

在党的十七大提出的建设生态文明的基础上,党的十八大进一步确立了社会主义生态文明的创新理论,构建了建设社会主义生态文明的宏伟蓝图,制定了社会主义生态文明建设的基本任务、战略目标、总体要求、着力点和行动方案,并向全党全国人民发出了努力走向社会主义生态文明新时代的伟大号召。

党的十九大报告全面阐述了加快生态文明体制改革、推进绿色发展、建设美丽中国的战略部署。党的十九大报告指出,我们要建设的现代化是人与自然和谐共生的现代化,既要创造更多物质财富和精神财富以满足人民日益增长的美好生活需要,也要提供更多优质生态产品以满足人民日益增长的优美生态环境需要。按照生态马克思主义经济学观点,走向社会主义生态文明新时代,就是迈向生态文明与绿色经济发展新时代。这既是中华文明演进和中国特色社会主义经济社会发展规律与演化逻辑的必然走向和内在要求,又是人类文明演进和世界经济社会发展规律与演化逻辑的必然走向和内在要求。

因此,绿色经济与绿色发展是21世纪人类文明演进与世界经济社会发展的大趋势、大方向,集中表达了当今人类努力超越工业文明黑色经济发展的旧时代而迈进生态文明绿色经济发展新时代的意愿和价值期盼,已成为人类文明演进和世界经济社会发展的必然选择和时代潮流。据此,建设绿色文明、发展绿色经济、实现绿色发展,是全人类的共同道路、共同战略、共同目标,是生态文明绿色经济及新时代赋予我们的神圣使命与历史任务。

毫无疑问，一个生态文明绿色经济发展新时代正在到来。为了响应党的伟大号召，迎接生态文明绿色经济发展新时代的到来，本书以绿色经济发展作为研究对象进行系统化研究和探讨。本书阐述了绿色经济发展的理论基础、绿色经济发展模式的构建与路径，根据实际情况就中国绿色经济发展模式进行深入分析。在此基础上，探讨了市场分割与绿色经济增长实证研究、环境规制与绿色经济增长实证研究、技术经济与绿色经济增长实证研究、外商直接投资与绿色经济增长实证研究、人力资本与绿色经济增长实证研究。最后，讨论了中国绿色经济增长评价指标体系的构建。本书主旨鲜明、构思严谨、知识体系完善，希望对广大读者有所帮助。

目 录

第一章 绿色经济发展的理论基础 …… 001
第一节 生态马克思主义经济发展理论 …… 001
一、马克思的人的二重性理论蕴含着人、社会与自然和谐发展 …… 002
二、马克思的全面生产理论指引人类走绿色发展道路 …… 004
三、马克思物质循环理论是循环经济本质最充分体现 …… 006

第二节 生态经济协调可持续发展理论 …… 009
一、用生态经济学的视野来考察现代经济发展，凸显了现代经济发展的有机整体性 …… 010
二、人是物质、精神与生态的统一体，现代经济社会的人类需求是一个生态经济体系 …… 010
三、现代经济发展是社会经济系统和自然生态系统的协调发展 …… 011
四、生态经济协调发展规律是人类社会经济活动所共有的生态经济规律 …… 012
五、生态经济协调可持续发展是经济、社会、自然生态及环境的协调发展 …… 013
六、生态经济协调可持续发展要求建设资源节约型、环境友好型和生态安全型社会 …… 015

第三节 绿色经济发展理论 …… 016
一、工业文明的绿色经济 …… 017
二、生态文明的绿色经济 …… 019
三、生态文明绿色经济的本质和特征 …… 022

第二章 绿色经济发展模式的构建与路径 …… 024
第一节 绿色经济发展模式的原则 …… 024

  一、生态发展优先原则 ·· 025
  二、公平性原则 ·· 026
  三、共同性原则 ·· 028
  四、协调性原则 ·· 029
  五、绩效性原则 ·· 029
 第二节　绿色经济发展模式的基础——绿色能源 ····················· 030
  一、绿色能源与绿色经济发展 ·· 031
  二、可再生能源发展与能源革命 ····································· 034
  三、能源资源的多元化和低碳化发展 ······························ 036
  四、能源利用的效率化与能源消费的低碳化 ····················· 037
 第三节　绿色经济发展模式的产业形式 ································· 039
  一、产业结构绿化与绿色产业崛起 ································· 039
  二、用生态化改造第一产业，构建绿色农业产业模式 ········ 040
  三、用生态化改造第二产业，构建绿色工业产业模式 ········ 041
  四、用生态化改造第三产业，构建绿色服务业产业模式 ····· 041
  五、加快发展绿色知识产业，构建绿色信息产业模式 ········ 042
 第四节　创建多元性的绿色经济发展模式 ····························· 043
  一、生态经济省：省域生态建设与绿色经济发展模式 ········ 043
  二、生态城市：市级生态建设与绿色经济发展模式 ············ 050
  三、生态县：县级生态建设与绿色经济发展模式 ··············· 054
  四、生态文明建设开创中国绿色经济发展的新航程 ············ 056

第三章　中国绿色经济发展模式 ··· 058
 第一节　中国绿色经济发展现状 ·· 058
  一、中国资源概况 ··· 058
  二、中国资源利用情况 ··· 059
  三、中国生态环境现状 ··· 059
  四、中国绿色经济发展现状 ··· 061
  五、绿色 GDP ·· 070
 第二节　中国绿色经济发展模式 ·· 075
  一、绿色经济发展模式的设计原则 ································· 075
  二、绿色经济发展模式的框架 ·· 077
  三、对绿色经济发展模式框架的阐释 ······························ 078
  四、绿色经济发展模式的支持体系 ································· 080

第三节 中国区域绿色增长最优路径分析 ……………………………… 087
一、绿色增长要素解析及模型构建 ……………………………… 087
二、中国区域绿色增长最优路径分析 …………………………… 093

第四章 市场分割与绿色经济增长实证研究 ………………………………… 105
第一节 市场分割概述 …………………………………………………… 105
一、市场分割的成因和测度 ……………………………………… 105
二、中国绿色经济增长率的测度 ………………………………… 110
三、市场分割对绿色经济增长率的影响 ………………………… 116
第二节 市场分割对省域绿色经济增长率的影响 ……………………… 121
一、理论框架 ……………………………………………………… 121
二、估计模型的设定、变量选取和数据说明 …………………… 122
三、基准实证结果分析 …………………………………………… 132
四、市场分割影响绿色经济增长率的传导机制 ………………… 134
第三节 市场分割对绿色经济增长率影响的再检验 …………………… 136
一、理论框架 ……………………………………………………… 136
二、估计模型的设定、变量选取和数据说明 …………………… 137
三、基准实证结果分析 …………………………………………… 140
四、稳健性检验 …………………………………………………… 141

第五章 环境规制与绿色经济增长实证研究 ………………………………… 143
第一节 环境规制与绿色经济的相关理论 ……………………………… 143
一、环境规制相关概述界定 ……………………………………… 143
二、绿色经济的相关概述界定 …………………………………… 146
三、环境规制对绿色经济增长影响的理论分析 ………………… 149
第二节 环境规制与绿色经济的发展和统计描述 ……………………… 152
一、中国环境规制的发展历程 …………………………………… 152
二、中国绿色经济的发展历程 …………………………………… 153
三、环境规制与绿色经济的空间分布现状 ……………………… 154
四、环境规制与绿色经济的相关性分析 ………………………… 156
第三节 环境规制对绿色经济影响的实证分析 ………………………… 158
一、空间计量模型的构建 ………………………………………… 158
二、空间相关性检验分析 ………………………………………… 159
三、回归结果分析 ………………………………………………… 162
四、稳健性检验 …………………………………………………… 170

第六章 技术经济与绿色经济增长实证研究 ……… 171

第一节 区域技术经济能力评价 ……… 171
一、区域技术创新能力指标体系构建 ……… 171
二、数据来源及处理说明 ……… 174
三、全局主成分分析法的优点 ……… 174
四、区域技术创新能力评价 ……… 175
五、聚类分析 ……… 177

第二节 区域 GGDP 核算 ……… 179
一、GGDP 核算思路及应用 ……… 179
二、区域 GGDP 核算内容与方法 ……… 180

第三节 技术经济与绿色经济增长实证分析 ……… 184
一、技术创新与绿色经济增长面板模型初步设定 ……… 184
二、技术创新与绿色经济增长面板模型设定及检验 ……… 184
三、技术创新与绿色经济增长面板模型估计 ……… 188

第七章 外商直接投资与绿色经济增长实证研究 ……… 191

第一节 外商直接投资的绿色经济增长效应的作用机制 ……… 191
一、基于资本形成效应的作用机制分析 ……… 191
二、基于产业技术渠道的作用机制分析 ……… 194
三、基于生态环境渠道的作用机制分析 ……… 197

第二节 外商直接投资的发展历程及分布差异分析 ……… 199
一、中国外商直接投资的区域层面分布分析 ……… 199
二、中国外商直接投资的省域层面分布分析 ……… 200

第三节 外商直接投资的绿色经济增长效应的实证分析 ……… 201
一、外商直接投资的绿色经济增长效应的模型构建 ……… 201
二、变量选取与数据说明 ……… 203

第四节 促进中国绿色经济增长的政策性建议 ……… 205
一、促进绿色经济协调发展 ……… 205
二、制定绿色引资政策 ……… 206
三、明确禀赋进行引资 ……… 207

第八章 人力资本与绿色经济增长实证研究 ……… 208

第一节 物质资本与人力资本的内涵 ……… 208
一、物质资本的内涵 ……… 208
二、人力资本的内涵 ……… 209

　　第二节　人力资本与绿色经济增长的计量分析 ……………… 211
　　　　一、因果关系检验与经济总量模型的设定 ………………… 211
　　　　二、人力资本对经济总量的贡献 …………………………… 212

第九章　中国绿色经济增长评价指标体系构建 ………………… 216
　第一节　中国绿色经济增长转型及评价体系设计 ……………… 216
　　　　一、中国绿色经济增长转型特征 …………………………… 216
　　　　二、中国绿色经济增长评价的系统模型分析 ……………… 221
　第二节　第一产业绿色增长评价指标体系设计 ………………… 223
　　　　一、第一产业概述 …………………………………………… 223
　　　　二、第一产业绿色增长 ……………………………………… 223
　　　　三、农业绿色增长评价指标体系 …………………………… 225
　第三节　第二产业绿色增长评价指标体系设计 ………………… 227
　　　　一、第二产业概述 …………………………………………… 227
　　　　二、第二产业绿色增长概况 ………………………………… 227
　　　　三、采矿业绿色增长评价指标体系 ………………………… 228
　第四节　第三产业绿色增长评价指标体系设计 ………………… 230
　　　　一、第三产业概述 …………………………………………… 230
　　　　二、第三产业绿色增长的问题 ……………………………… 231
　　　　三、交通运输业绿色增长评价指标体系 …………………… 231
　第五节　中国绿色经济增长综合评价指标体系设计 …………… 232
　　　　一、绿色经济增长综合评价与产业层次评价的关系 ……… 233
　　　　二、评价维度设计 …………………………………………… 235

参考文献 ……………………………………………………………… 238

第一章
绿色经济发展的理论基础

绿色是一种文明，走绿色发展之路，是当代人类文明发展理念、发展战略和发展实践的一场深刻革命。绿色经济发展追求的是人与自然和谐发展，追求的是自然、经济、社会协调发展，生态马克思主义经济发展理论蕴含着绿色经济发展的主旨思想，指引人类走绿色发展道路。生态经济协调发展理论由中国学者创立，是根据马克思主义基本原理，结合现实经济发展进程的理论升华。绿色经济发展理论的核心是生态经济社会全面、和谐、协调、可持续发展。人类只有不断深化对发展的认识，才能更好地把握和选择经济发展模式。

第一节 生态马克思主义经济发展理论

生态马克思主义经济发展理论，是指由马克思和恩格斯提出的关于生态学与生态经济的观点、思想、理论，马克思和恩格斯的生态学思想与生态经济理论是一个有机的统一体。马克思生态经济学说具有与时俱进的理论品质。中国生态马克思主义研究者在研究和梳理马克思、恩格斯的有关思想后，构建了生态马克思主义经济学的理论框架。本节主要是将马克思的人的二重性理论、全面生产理论、物质循环和生态利用理论作为研究的理论依据。

马克思学说的理论体系蕴含丰富的二重性学说，马克思在《1844年经济学哲学手稿》中，提出了人的二重性学说，揭示了人是自然属性和社会属性的内在统一，是生态自然因素与经济社会因素的有机统一体。

一、马克思的人的二重性理论蕴含着人、社会与自然和谐发展

(一) 人不仅能改变和发展社会，而且能改变和发展自然界

人是自然界长期发展的产物，因为人是直接从猿类演化而来的。人类出现之前，自然界早已独立存在，并按照自身所固有的规律，不断地运动、变化、向前发展。地球产生大约 15 亿年之后，地球上的物质，在漫长的发展过程中，从无机物到有机物，从简单有机物到复杂有机物，逐渐产生了生命。这是自然界物质发展的巨大飞跃。其后又经过亿万年的漫长发展过程，生命从最简单的、无氧呼吸的原始生物发展到有氧呼吸的生物，从低等动植物进化到高等动植物。生物在地球上的大气圈、水圈和岩石圈中发展，产生了生物圈，并逐渐形成了适合人类存在的生态系统，于是，人类从神经系统获得最充分发展的高级脊椎动物猿类中分离出来。所以人是自然界所产生的最复杂的有机体。因此，"人本身是自然界的产物，是在自己所处的环境中和这个环境一起发展起来的。人是在自然界发展的一定阶段上形成的，但不能把人看成纯粹自然发展的结果。"人不是单纯的生物，而是从事劳动活动、物质生产的人，是一种能改变客观世界的物质力量，是一种社会的生物，有智慧的生物。人作为一种生命物种与其他生命物种不同，就是人生活在两个世界：自然的世界和社会的世界。所谓人是生态系统的特殊部分，就在于人是高于一切动物的动物。人不仅能改变和发展社会，而且能改变和发展自然界，从事"万物"都不能从事的社会活动。所以，人的存在和发展是社会环境的产物。

(二) 人不仅是自然存在物，而且是社会存在物

马克思首先肯定人是自然存在物。马克思指出，"人直接的是自然存在物"，而且是"有生命的自然存在物"，并强调是"现实的、有形体的、站在稳固的地球上呼吸着一切自然力的人""具有自然力、生命力，是能动的自然存在物"。马克思还指出："人作为自然的、肉体的、感性的、对象性的存在物，和动植物一样，是受动的、受制约的和受限制的存在物"。由此可见，马克思、恩格斯赋予人类存在的生态自然因素，

赋予人的生态自然本性以巨大的意义。

马克思在肯定人是自然存在物的同时，肯定了人是社会的存在物。马克思极其明确指出："人不仅是一种合群的动物，而且是只有在社会中才能独立的动物"。这就告诉我们，人的社会存在，是存在于一定的社会形式之中。马克思还认为，"正像社会本身生产作为人的人一样，人也生产社会、活动和享受，无论就其内容或就其存在方式来说，都是社会的，是社会的活动和社会的享受。"人本身的存在就是社会的活动，因而，人是社会存在物，"人的本质并不是单个人所固有的抽象物，在其现实性上，它是一切社会关系的总和"。马克思论点的实质，揭示了人是生态自然因素与经济社会因素的统一体。"自然关系和自然属性的存在，表明人本原上与动物有某种相同之处，使人成为自然生态因素，是自然的人。社会关系和社会属性的存在，表明人从根本上区别于其他动物，使人成为社会经济因素，是社会的人，人就是自然生态因素和社会经济因素的有机统一体。"

（三）人既是自然生态人，又是社会经济人

人作为自然存在物，首先表现为生态自然中的生物人即生态人，具有生态自然属性，即具有生态自然本质的人，现实的人作为社会存在物，表现为经济社会生活实践中的社会人和经济人，具有经济社会属性，即具有经济社会本质的人。正是自然属性和社会属性的有机统一，才构成了人完整的本质。这两重属性是相互依存、相互制约，同时发挥作用的。人没有自然属性，或者没有社会属性，都不称其为人。对此，马克思反复强调，在人的实践活动中同时发生两个方面的关系：一是人与自然的关系，即人及其劳动生产实践活动同自然环境的关系；二是人与社会经济关系，即人及其劳动生产实践活动同社会环境的关系。这两种关系在劳动生产实践活动过程中是统一的。

社会实践是人与自然相联系的中介。人是自然之子，自然是人类生存和发展的前提条件，人离开自然就难以生存。人类实践活动的最终目的，既是为满足人类生物自身生存发展的需要，实现人类自身的利益（包括人类的根本利益和长远利益），又是为了满足非人类生物生存发展的需要，实现非人类生物的存在利益和地球生物圈的整体利益。人类在社会实践活动中不断深化人与自然的关系，人与自然的关系由完全对立、

相互对抗、相互毁灭乃至人与自然和谐统一完全瓦解，到人与自然和谐相处、共同生息、协同进化，乃至重建人与自然有机统一体。重建人与自然和谐统一是现代经济社会巨大变革的伟大实践。

按照马克思的人的二重性学说，人作为一种生命物种，既是自然的人，属于自然界，是自然存在物，成为自然生态系统的一个成员。又不是一种纯粹的生物，而是一种社会性的生物，是社会的人，属于社会，成为社会经济系统的主体。因此，人作为一种生命物种与其他生命物种的不同，就是人生活在两个世界：自然的世界和社会的世界。人的两重性是人、社会和自然相互融合的有机统一体。人在实践活动中与自然共同进化，促进人的全面发展。只有坚持从自然生态和社会经济这个统一客观世界运动中来考察人的双重属性，才有利于重建人、社会和自然相互交织与相互融合的有机统一体。

二、马克思的全面生产理论指引人类走绿色发展道路

在马克思主义经济学哲学理论框架里，马克思、恩格斯提出了全面生产理论。全面生产是构成社会各个要素的系统整体的生产，主要包括物质生活资料的生产和再生产、精神的生产和再生产、人口自身的生产与再生产、生态环境的生产与再生产以及社会关系的生产与再生产等。在当代，这五种生产与再生产之间的关系越来越相互适应，越来越相互协调。

物质生活资料的生产与再生产是人们创造物质财富的生产活动与过程。物质生产是人类最基本的实践活动，是人类的经济社会活动的基本内容，是整个社会生产与再生产得以进行的首要条件和基本前提。人类要生存下去，就必须反复地、不断地进行生产与再生产，不只是维持原有的生产规模，还需要扩大已有的生产规模，以满足人们物质生活需要的生活资料以及为此所必需的生产资料。马克思、恩格斯称这种物质生活资料的生产与再生产是"物质生活本身"的生产，并把它划分为第一部类生产资料生产与再生产和第二部类消费资料生产与再生产。

精神的生产与再生产是指精神产品的生产，是指人们通过大脑的创造性思维，进行思想、观念和意识的生产以及"科学和艺术的生产"，

是指人们创造精神财富的活动和过程。马克思、恩格斯在《德意志意识形态》中深刻地阐明了物质生活资料生产和精神生产的相互关系，认为物质生活资料生产决定精神生产，精神生产对物质生活资料生产具有巨大的能动的反作用。精神的生产与再生产划分为第一部类物化在物质生产技术中科技知识生产与再生产，第二部类物化在劳动者身上科学文化技术教育生产与再生产，即智力生产与再生产。

人口自身的生产与再生产是指未来维持和延续人类自身而进行的生产。根据马克思、恩格斯在《德意志意识形态》和《资本论》等有关著作中的论述，人口自身的生产有两层含义：一是自己生产的生产，这是通过消费使人的体力和智力得以恢复，维持人的生命存在；二是他人生命的生产，使人类得以世代延续下去。因此，人口自身的生产与再生产可以划分为：第一部类原有人口的生命生产与再生产，即现有劳动力生产与再生产；第二部类新增人口的生命生产与再生产，即后备劳动力生产与再生产。

生态环境的生产与再生产是指人类和自然界创造生态财富的活动和过程。它主要是自然（人工）生态系统的物质能量生产与再生产。马克思、恩格斯关于自然界物质变换的思想，如"自然界中元素和化学物质的消费是植物的生产"，"生命，即通过摄取和排泄来实现的新陈代谢，是一种自我完成的过程"，"没有这种过程，蛋白质就不能存在"，这实质上就是自然生态系统的生态生产。马克思把这种生态生产的生理学规律引申到"人化的自然界"中来，考察人工生态系统的生产与再生产。在人工生态系统中的生态生产，实质上是人工生态生产，这也是生态产品的生产，在本质上是生态环境本身的生产与再生产。

社会关系的生产与再生产是为了保障和维持他生产和再生产的顺利进行。马克思在分析资本主义再生产时指出："资本主义生产过程不仅生产商品和剩余价值，而且还生产和再生产资本关系本身，一方面是资本家，另一方面是雇佣工人。"总之，社会联系和社会关系是一切生产的基本前提，没有它就没有任何生产，也就没有整个社会生活的生产和再生产，当然，也就没有现实自然界的、人工的生产与再生产。

马克思全面生产理论揭示了五种再生产运动是一切社会形态的共同规律，研究了人类经济社会活动与自然生态环境之间的相互关系及其发展趋势。世界系统中人与自然、经济社会与生态自然之间的相互依存关系越来越复杂，相互作用关系越来越深化。社会生产体系核心问题是物质、精神、生态和人的生产与再生产的相互适应与协调发展。这是生态经济再生产的根本问题，也正是马克思全面生产理论的生态经济意蕴。

马克思全面生产理论在当代中国学界有了新的发展。"两种生产理论"（即物质的生产和人类自身的生产）是马克思首先提出来的，由恩格斯最终完成。马克思、恩格斯指出："两种生产"是同时并存的，物质资料的生产是通过劳动来完成的，人类自身的生产是通过生育来完成的。"两种生产"都既包括自然关系，也包括社会关系。马克思、恩格斯在创立马克思主义经济学说体系的过程中，不仅把两种生产理论，而且把三种生产理论引入政治经济学体系。马克思、恩格斯把环境生产纳入了生产的范畴。三种生产理论将人们的经济活动和环境系统作为一个有机整体，研究以人为主体的经济活动与环境系统之间最基本的环境经济关系，克服了生态与经济相脱离的传统社会再生产理论的缺陷，为建立生态与经济有机统一的现代经济社会再生产理论，迈出了决定性的一步。但它没有如实地、全面地反映现代经济社会再生产运动及其规律。20世纪80年代中期，中国生态经济科学工作者从宏观的角度对现代经济社会总的生产过程进行全面考察，把社会生产关系的生产与再生产作为生态经济运行的既定前提，不仅把人的生产和生态生产纳入社会生产范畴，而且把精神生产纳入社会生产范畴，明确提出并初步论证了四种再生产有机统一的生态经济模式，即人口自身生产、物质生活资料生产、精神生产和生态环境生产。四种再生产理论就是人口自身再生产、物质生活资料再生产、精神再生产和生态环境再生产相互适应与协调发展的生态经济理论。

三、马克思物质循环理论是循环经济本质最充分体现

马克思物质循环理论揭示的是作为劳动过程的再生产过程中人与自然之间物质变换的生态与生态经济关系，是社会生态循环与自然生态循环的统一，从而提出了物质循环利用思想，强调了物质循环的生态利用原则。

（一）马克思的物质循环理论使人类经济活动与自然生态环境的各种物质资源要素融合为一个密不可分的有机整体

物质循环运动是客观世界系统运动的基本形式。"整个自然界，从最小的东西到最大的东西，从沙粒到太阳，从原生生物到人，都处于永恒的产生和消失中，处于不断地流动中，处于不息的运动和变化中。"因此，"整个自然界被证明是在永恒的流动和循环中运动着。"由此可知，整个生态系统（生物圈）是在永恒的运动，它是一个由低级向高级的不断上升发展的过程，是一个周而复始的不断循环的过程。在整个自然界中，生态系统的物质循环和能量转化是同时进行、互为条件的。能量在不断地流动与转化和物质在不断地循环与转换的统一运动，形成了无限循环的生态系统的总循环，即自然生态系统的生态循环。这是自然生态系统永续不断地循环运动的自然历史过程。

循环运动是人类社会经济发展的普遍现象。任何社会的生产过程，都不是一次的生产过程，而是不断重复、不断更新的过程。马克思说："不管生产过程的社会形式怎样，它必须是连续不断的，或者说，必须是周而复始地经过同样一些阶段。一个社会不能停止消费，同样，它也不能停止生产。因此，每一个社会生产过程，同时也就是再生产过程。"在社会再生产的循环运动中，生产是过程的起点，决定交换、分配、消费。而交换、分配、消费对生产具有巨大的反作用。社会经济系统中的经济循环运动，就是生产、交换、分配、消费四个环节的相互作用，使物质在系统内循环，进一步推动社会再生产的发展。

物质循环与物质变换是内在统一的。无论是生态系统还是经济系统，都是处于永恒的流动和循环中，循环运动不仅是生态系统运动发展的形式，而且是经济系统运动发展的形式，因此，作为生态系统和经济系统复合的生态经济系统，也是在永恒的流动和循环中运动着。马克思的物质变换理论揭示了作为流动过程的生产过程中人与自然之间物质变换的生态与生态经济的关系，而马克思的物质循环理论揭示了作为流动过程的再生产过程中人与自然之间物质变换的生态与生态经济的关系，两者具有内在关联性，是一个统一整体。这种统一性突出体现在物质变换和物质循环的内在统一，即自然生态系统的生态循环和社会经济系统的经济循环的统一。

生态循环和经济循环的相互转化，是生态经济系统物质循环运动的重要表现，是生态经济循环的基本内容，反映了生态经济系统内的生态系统和经济系统之间的内在的循环关系。社会生产和再生产不断运动，实质上是人类不断占有自然物质的有用形态，不断将排泄物返回自然的过程，是在人类劳动中实现人与自然之间的物质变换的过程。社会生产和再生产就是在经济系统将经济物质和经济能量与生态系统的自然物质和自然能量相互转化的过程中实现的。

（二）物质循环的生态利用使现代生态经济系统建立在良性循环基础上，实现"生态—经济—社会"有机整体的可持续发展

社会生产和再生产过程中，要使生态循环和经济循环在生态系统实现有机统一与良性循环，就必须有效消除物质循环过程中的污染物质，化废弃物为原料。物质循环的核心就是强调对社会生产和社会生活的排泄物要进行"分解"和"再利用"，这就是马克思的物质循环的生态利用原则。

社会生产和社会生活的排泄物是人与自然之间物质变换的产物。人类在社会生产和再生产过程中，一方面要不断从自然生态系统中取出自然物质，投入到经济再生产过程中，加工成满足人们需要的物质产品；另一方面不断把在生产和生活中的排泄物投入到自然环境之中，利用生态系统的净化机能参与自然再生产。马克思说："我们所说的生产排泄物，是指工业和农业的废料。消费排泄物则是指人的自然的新陈代谢所产生的排泄物，部分指消费品消费以后残留下来的东西。"马克思认为，如果这两种消费排泄物不加以处理，且排泄物积累超过了自然生态系统的自净能力，则生态循环受阻，导致环境污染、生态失调的生态经济恶性循环。如果人们对这种"排泄物"进行"分解"和"再利用"，那么，"消费排泄物对农业来说最为重要"。马克思所说的"最为重要"是指消费排泄物的利用，可以保持和改良土壤，提高土地的肥力，并保护生态环境。马克思所阐述的物质循环与转换过程中已包含生态农业的思想，用今天的话来讲就是"农业生产的生态化"。工业生产排泄物的生态利用，最根本的是发展生态工业，实现工业生产的生态化，这是消灭生态经济恶性循环的基本途径。

物质循环转化利用的发展过程必须遵循物质循环和物质转化的规

律。依据马克思、恩格斯物质循环与转化思想,真正的废物是不存在的。马克思认为,生产和生活的排泄物只是"所谓的废料",并指出,"所谓的废料,几乎在每一种产业中都起着重要的作用。"这就是说,排泄物是一个可变的物质,通过人们的再利用,投入新的生产过程,可以转化为同一个产业部门或另一个产业部门的新的生产要素。原来的排泄物就不成为废料,而成为既有使用价值又有价值的物质资源。这种物质生产过程中物质循环的生态利用,不管是工业和农业产生的废料,还是消费品消费后残留的废物都可以重新加入生产过程,成为新的生产运动要素。马克思阐明的物质循环利用的生态经济原则,就是最大限度地提高资源利用效率。马克思还认为,废物的减少,主要"取决于所使用的机器和工具的质量","还要取决于原料本身的质量。而原料的质量又部分地取决于市场原料的采掘工业和农业的发展,部分地取决于原料在进入制造厂以前所经历的过程的发达程度"。显然,科学技术对于这种再生产的循环利用过程的发展具有决定作用。人类依靠科学技术进步,提高工业和农业生产的生态化的发达程度,可以有效地减少废弃物的排放量。

根据马克思、恩格斯物质循环的生态利用原则,废物循环不仅是指社会生产中的废物再利用,实现废物资源化,而且还指社会生活中的废弃物的再利用,实现废物资源化,这两种废物的生态利用,就是废物资源综合利用。实现经济活动的生态化,即社会生产与再生产的全过程、全方位的生态化,正是循环经济的本质特征,这与马克思、恩格斯生态经济与物质循环思想是相符的。马克思这个理论的现代含义集中到一点,就是发展循环经济及废物循环再利用,促进现代生态经济系统的良性循环,实现"生态—经济—社会"有机整体的可持续发展。

第二节　生态经济协调可持续发展理论

生态经济协调可持续发展理论,是依据马克思主义的基本原理,对当今世界上客观存在的全球问题进行科学分析,对人类社会发展特别是进入现代化社会之后的世界经济社会全部因素和整个自然因素相互作用的发展进程的具体情况进行分析,是针对社会经济走向与自然生态环境脱节的非持续发展道路而建立的。生态经济协调发展理论是中国学者创立的，是中国生态经济学理论的精华，是具有中国特色的生态经济协调发展理论，是中国新时期现代化建设发展的客观要求和必然产物。

一、用生态经济学的视野来考察现代经济发展，凸显了现代经济发展的有机整体性

现代经济社会是一个由经济社会和自然生态融合而成的生态经济有机整体。在古代，由于生产方式落后、生产工具简陋，人类征服和改造自然的能力有限，因而对自然过程的干预还保持在一个有限的范围内。自然界可以依靠自身稳定恢复机制自发调节。随着人口的迅速增加、生产力水平的提高和科学技术的进步，人类与自然的关系发生了戏剧性的变化，人类以自然界主宰者的身份，对自然资源进行开发利用，因而人、社会和自然界的依存关系逐渐削弱，经济凌驾于生态之上，经济与地球生态系统的关系日益紧张。越来越多的证据和事实表明，无论社会怎样进步，其经济发展所必需的一切物质资源，归根到底都要来自自然界。无论技术怎样先进，人类生存与发展所进行的经济活动和繁衍，总是离不开一定的生态系统，还和一切与物质资料有关的周围的环境存在着一个互相平衡和协同发展的问题。

现代生态经济系统是由生态系统和经济系统相互联系、相互制约、相互作用而形成的不可分割的统一体。人类必须通过自己的经济活动持续不断地为生态系统输入、输出物质和能量，调整自身的生态经济行为，以激活和增强生态环境的自我更新能力和自然资源的持续供给能力，以维持生态系统的动态平衡。现在人类提高了生态意识，认清了经济与地球生态系统的内在依存关系。理论与实践都证明，社会越进步，经济越发展，技术越先进，生物圈、技术圈和智慧圈之间就越相互依存、相互融合、相互作用，三者成为不可分割的经济有机整体。

二、人是物质、精神与生态的统一体，现代经济社会的人类需求是一个生态经济体系

现代经济社会中人的需求是多要素统一的需求综合体系，现代人的需求不仅是对物质、文化消费的需求，而且还包括对生态健全的环境以及环境补偿价值等方面的生态需求。现代人的全面需求是以生态需求为

显著特征的。生态需求有狭义和广义之分。广义的生态需求,包括人类为满足自身生存和发展的一切需求。这是因为人作为物质、精神、社会与生态"四位一体"的生态需求,四种需求都是维持人本身这个生态系统必不可少的有机组成部分,所以都属于生态需求的范畴。狭义的生态需求,则是除物质需求、精神需求和社会需求外的那部分生态需求。生态需求的本质,就是维系人的内在平衡及其与生存环境之间的稳定生态关系,保证人类的持续生存和实现人类的最大福利。生态需求的满足程度不仅关系到人的生存安全,而且因稀缺而成为衡量人们生活质量和社会地位高低的标志。生态需求不仅是一种最基本需求,而且是一种高级需求。

现代经济社会中人的全面需求是现代经济社会的变革与发展以及人类自身生存与发展的强大推动力,是现代生态经济系统进化与发展的内在动力。当物质需求和精神需求在持续的经济增长中得到较大程度地满足时,人类开始关心生态产品的需求。生态产品的需求是人类最高的需求。生态产品是指维系生态安全、保障生态调节功能、提供良好人居环境的自然要素,其特点在于节约能源、无公害、可再生,主要包括清新的空气、清洁的水源和宜人的气候等。生态产品不仅包括那些可见的和我们能够直接感觉到的由自然界自然生产的产品,而且还包括许多无形、我们不能直接感觉的生态产品。这充分说明了生态需求不仅是对满足人类维持基本生理需求的各种生态产品的需求,而且包括对维持人本身这个生态系统保持完好状态并且能够持续生存的各种生态产品的需求。作为生态的人,他必然要产生对良好生态产品的消费需求。满足人的全面需求、实现人的全面需求是社会主义社会发展的客观要求和必然趋势。

三、现代经济发展是社会经济系统和自然生态系统的协调发展

现代经济社会再生产是生态经济有机系统再生产,它不仅包括物质资料再生产和精神再生产,还包括人类自身再生产和自然生态再生产。自然生态再生产是人口再生产、物质再生产和精神再生产的物质基础。在生态经济系统中不仅有自然力的投入,而且有人类劳动力的投入,是

在人的主导作用下，由自然力和人类劳动相结合，共同创造使用价值。这里问题的关键在于人工导向的作用力一定要和生态系统相协调，而不能超越生态经济阈的限度。

现代经济社会再生产过程是自然生态过程和社会经济过程相互交织与相互作用的生态经济再生产过程，是社会经济系统与自然生态系统不断进行生态耦合、结构整合和功能整合的过程。自然子系统是由水、土、气、矿及其间的相互关系来构成的人类赖以生存、繁衍的生存环境。经济子系统是指人类主动地为自身生存和发展组织有目的的生产、流通、消费、还原和调控活动。社会生态子系统是由人的观念、体制及文化构成。这三个子系统相生相克、相辅相成。社会经济系统和自然生态系统是相互耦合而非从属关系，虽功能不同，但缺一不可。实现生态经济有机系统再生产的核心是经济再生产的总需求和生态再生产的总供给的互相平衡协调发展。这种总需求与总供给的严重失衡，导致当代生态经济再生产陷入严重的困境，直接威胁着人类的生存和发展。

四、生态经济协调发展规律是人类社会经济活动所共有的生态经济规律

生态经济系统的运动过程是不断打破旧平衡和不断建立新平衡的过程。人的一切经济活动都离不开自然生态系统。人的经济活动是利用特定的自然环境，改善生态条件，使之适应人类生存和发展的需要而进行的。如果离开了生态、经济两个系统的相互作用，就没有生态经济及其运动的规律。人类及其经济活动不仅是社会经济系统的主体，而且是自然生态系统的控制者和协调者，推动着生态经济系统按照它本身所固有的规律不断运动、变化，并向前发展。因此，社会经济系统的社会物质再生产和自然生态系统的自然环境再生产之间相互平衡和协调发展，是生态经济系统进化发展的总体趋势。两种再生产相互平衡和发展的规律是支配生态经济发展全局的规律，也是一切经济社会形态下人类社会经济活动所共有的生态经济规律。

人类已经认识到这个规律并利用该规律为社会经济发展服务，人类正在把一个朝着恶性循环演变的生态经济系统，建设成一个持续、稳定、协调及适度发展的生态经济系统。社会主义制度不断地为生态经济协调

发展规律开辟充分发生作用的广阔道路。党的十八大提出的"大力推进社会主义生态文明建设，努力建设美丽中国，实现中华民族永续发展"，是中国社会主义经济社会发展的新战略目标，并把改善人民生活环境、提高人民生活质量规定为经济社会发展的主要奋斗目标。这些标志着中国经济社会发展战略转移到人与自然、社会经济与生态和睦相处、协同发展的轨道上来。

生态经济协调可持续发展就是把自然生态和社会经济视为一个密不可分的有机整体系统，包含人口、资源、环境和经济、科技、文教、社会综合与协调发展观念，构筑一种"生态—社会—经济"相互协调的、良性循环的生态经济系统。可持续发展经济，既要考虑当前经济发展的需要，又要考虑未来经济发展的需要，而且不以牺牲后代人的经济福利为代价。可持续发展经济在现实生活中表现为可持续经济的运行与发展，所以，从现实形态来说，可持续发展经济就是可持续经济发展。可持续发展经济的理论体系与生态经济协调发展论是统一的。生态经济协调发展学说为可持续发展理论奠定了科学基础。20世纪90年代中期以来，中国生态经济协调发展理论与实践向深度与广度扩展的最重要、最显著的特点就是向可持续发展领域渗透与融合，逐步形成了一种将引起现代经济社会巨大变革的可持续发展经济理论。

五、生态经济协调可持续发展是经济、社会、自然生态及环境的协调发展

生态经济协调可持续发展过程，必须遵循人与自然、经济与生态环境相协调的基本原则，对可持续发展经济系统的功能结构进行不断地调整、重组和优化，使经济发展按照可持续发展经济原理增强经济可持续发展能力，既符合经济规律又适应生态规律的客观要求，才能确保经济发展必须在生态环境的承受能力允许范围内满足当代人发展和后代人发展的需要。

可持续经济发展是一种划时代的全新的经济发展理论，要求现代经济社会发展必须处理好发展经济和控制人口、节约资源、保护环境的相互关系，使四者密切结合与协调、持续发展。因此，可持续发展的经济是经济、社会、自然生态以及环境资源的协调发展、统一共进的经济。

生态经济协调可持续发展过程强调绿色运行，是以高产、优质、高效、无废弃物或少废弃物的生产模式和适度消费模式为核心，并以合理分配、力求代际平等与代内平等以及消除贫困为宗旨的经济发展过程。可持续经济发展的价值取向与最终目的是满足人的生态、物质、精神的基本需要。可持续经济发展的价值观和财富观，在本质上是生态文明的价值观和财富观。生态文明要求现代经济社会的发展必须使经济发展与生态发展构成一个完整的有机统一体，从而使人与自然重新成为有机统一体，达到生态与经济、人与自然和谐统一与协调发展。所以，对人类的一切经济活动都要以其对实现生态与经济、人与自然和谐统一与协调发展的作用来衡量其财富和判断其价值。

可持续经济发展就是不留后遗症，不断子孙之路。如果希望实现人类共同永续发展，必须突破可持续发展的局限性，创新绿色发展理念，将可持续发展转向绿色发展。从财富的角度讲，可持续经济发展就是社会的总财富随着时间推移有所增加，至少不减少。

从绿色经济发展的理念出发，国民财富积累不仅仅在于GDP的数量大小和增速高低，关键更在于是用何种方式、何种途径、何种成本生成的GDP。人类不仅要不断追求财富，而且要懂得如何衡量财富，如何创造财富。人类财富的积累不只做加法，还要做减法，要扣除经济成本、社会成本和自然损失。可持续发展希望一个国家或地区不断创造与积累出理性高效、均衡持续、少用资源、少用能源、少牺牲生态环境，在综合降低经济成本、社会成本、自然成本的前提下，最终实现新增财富的内在质量连续地加以改善和提高，实际上就是资源消耗越来越少，总体收益越来越多。为此，必须摒弃以资源消耗、污染排放、生态破坏为特征的黑色经济模式；必须破除以牺牲生态环境为代价去攫取财富；必须破除忽视增长质量和发展成本的畸形增长；必须反对不顾一切条件提倡过分增长。

增进自然生态资本，是可持续发展的基本要求。在既考虑自然生态成本，也考虑社会成本的双重关系中，在统一思考资源环境成本的超额损耗、社会成本的超额损耗、可持续能力建设投入欠账的三重制约下，可持续发展将体现由经济系统、社会系统、生态系统共同组成的绿色运行。经济系统表明社会财富生成过程中的综合效率以及对于物质能量的代谢水平，社会系统表明社会财富生成过程中对人类进步贡献的能力大小以及社会和谐对于财富生成的反馈效应,生态系统表明社会财富生成过程中生态环境的代价及其成本外部化的程度。可持续发展不仅注重对发展质量和成本的考量,而且更加注重生态建设和环境保护对经济发展的影响。经济系统的绿色发展目标是指经济系统发展从增长最大化转向净福利最大化;社会系统的绿色发展目标是指社会系统发展从不公平发展转向公平发展;生态系统的绿色发展目标是从自然生态资本不断衰减到自然生态资本的不断增加。

六、生态经济协调可持续发展要求建设资源节约型、环境友好型和生态安全型社会

从世界范围来看,人类进入20世纪以来,尤其20世纪下半叶以来,出现人口膨胀、人类活动无限扩大的趋势,地球生态系统的容纳力已经达到极限,正在超过人类赖以生存的自然资源基础所能承载的极限。中国环境资源系统的主要生物资源承载力已接近超负荷的临界状态,一些有限自然资源进入了承载力的临界点。自然资源的日益短缺成为中国社会经济持续、快速、健康发展的重要制约因素。缓解乃至解决生态与经济不协调、人与自然不和谐的问题,就是要在经济发展过程中,必须坚持资源开发和节约并举,把节约放在首位。生产、建设、流通、消费等各个领域,都必须节约和合理利用各种资源,千方百计减少资源的占用和消耗。

资源节约就是通过经济与技术手段,不断提高资源的利用效率,以更少的资源投入获得更多的产出。建设资源节约型社会,就是通过资源的合理配置、高效和循环利用、有效保护与替代,使经济社会发展与资源承载力相适应,塑造可持续发展的社会。建设资源节约型社会的核心就是建立节约、高效、绿色的资源利用体系。切实保护和合理利用各种资源,提高资源利用效率、资源生产效率和生态效率,减少污染,保护环境。实现可持续发展战略的关键就是走提高资源利用效率的资源节约型经济发展的道路。

环境友好的理念是在1992年联合国环境与发展大会通过的《21世纪议程》中正式提出的。随后,"环境友好"在世界的认同程度进一步得到强化。"环境友好"首次进入中国公众视野,是胡锦涛同志在2005

年中央人口资源环境工作座谈会上提出的,"大力推进循环经济,建立资源节约型、环境友好型社会"。环境友好型社会致力于倡导人与自然、人与人和谐的社会形态,其核心内容是人类必须将其活动对自然攫取的范围与强度,限制在生态环境的承载能力范围之内。环境友好型社会更为强调生产和消费活动对自然生态和环境的影响,强调人类的生产和生活强度控制在自然生态与环境的承载能力范围之内,强调综合运用技术、经济、管理等多种措施降低经济社会的环境影响。资源节约关注社会经济活动中的资源使用效率,"环境友好"从开源和节流两个方面统筹社会经济活动的综合发展。

生态安全是世界各国关注的热点问题。生态安全是指维系人类生存和社会经济文化发展的生态环境不受侵扰和破坏的一种状态。它包括两层含义:一是防止生态环境质量状况和自然资源的减少和退化削弱经济可持续发展的支撑能力;二是防止环境问题引发人民群众的不满,特别是导致环境难民的大量产生,从而影响安全。生态安全是国家安全和社会稳定的重要组成部分。实现生态安全,有利于生态环境支撑经济增长,有利于人们健康状况改善和生活质量的提高,有利于最终建立资源节约型社会和环境友好型社会。面对国土生态安全方面的挑战和区域生态安全严峻的形势,应当在国家层面上确定不同区域的生态功能,对国家生态安全至关重要的区域严加保护,划定一定比例的生态红线区域,形成国土生态安全格局。构建整体的、连续的自然生态体系,保障生态过程的连续性。作为发展中国家,中国的行动证明了中国是一个具有生态安全观的负责任的大国,生态文明的提出和建设说明了中国政府对维护生态环境的态度和决心。

第三节　绿色经济发展理论

在人类的发展进程中,随着人们对发展认识的拓展和深化,在不同的发展阶段形成了工业文明的发展观和绿色经济发展观,呈现出了不同的发展特点。工业革命以后形成的发展观是传统的发展观,这种传统发展观追求"GDP第一"、增长至上。传统发展观的两种基本现实形态是工业文明发展观和价值观下产生的经济功利主义和物质享乐主义。工业文明的发展方式是高消耗、高污染、高排放、低产出("三高一低")的生产方式和高享受、高浪费的生活方式，人类的这种生存方式必然具有"反社会"和"反自然"的性质。很显然，工业文明的经济发展模式是没有前途的和不可持续的，人类必须开辟新模式和寻找新方向，以适应当今世界"生态—经济—社会"复合系统健康运行与可持续发展的客观需要。尽管联合国在 1987 年提出可持续发展理念，又在 1992 年的联合国环境与发展大会上提出可持续发展取得的共识具有进步性，但是可持续发展仍然是人类中心主义的发展观，仍然是强调人类开发自然、控制自然的模式，只是修正而不是扭转传统经济发展模式。绿色经济发展观是对传统工业化模式的根本性变革，其显著特征是以科技、能源、资本的绿色化来提高绿色经济的比重，经济增长模式强调低资源消耗、低污染排放，实现经济增长、生态改善、社会进步的有机统一。这充分体现了绿色经济发展的属性和特征。

一、工业文明的绿色经济

早在 17 世纪末 18 世纪初，古典经济学家就有关于经济增长与资源环境间关系的思想观点。主流经济学一直主张生态环境对经济增长的制约是微不足道的。到了 19 世纪 20 年代末，以煤炭为主要能源、以蒸汽机为主要动力的近代大机器工业生产体系得以确立，资本主义的工业化造成的"工业黑化"，不仅破坏了自然生态，而且破坏了人体生态。人们逐渐认识到经济活动不能不考虑生态学过程。20 世纪中期之后以全球八大公害事件为代表的环境污染事件的集中爆发，以及 1962 年美国海洋生物学家蕾切尔·卡逊（Rachel Carson）撰写的《寂静的春天》、1972 年罗马俱乐部提交的著名报告《增长的极限》等揭示了工业化发展带来的生态环境灾难，促使人类世界开始对经典经济增长方式进行全面而深刻的反思与批判。此后越来越多的经济学家和生态学家试图重新考量传统经济学的局限性。

西方发达国家学界考虑如何克服工业文明的黑色发展的弊病，思考发展什么样的经济才能使工业文明经济不黑色化，于是，有学者提出了发展绿色经济。1998 年英国学者约翰·艾尔金顿（John Elkingon）提出著名的"三重底线"原则，即"人类、地球、利润"原则。"人类"是指人力资本，涉及对劳动者以及公司开展业务的社区和地区的公平与互利的商业行为。"地球"是指自然资本，是可持续的环境行为。"利润"是指经济价值，是在可持续框架下，可实现的经济上的社会利润。目前，以"三重底线"为基础对绿色经济的定义已成为国际社会的共识。

中国学者对绿色经济的研究从20世纪80年代开始，研究范畴主要集中于绿色经济内涵界定、理论探讨，对国外绿色经济发展实践与政策经验的介绍，以及国外发展绿色经济的经验对中国发展绿色经济的政策启示等方面进行一般性的分析。从绿色经济的外延看，有狭义的绿色经济和广义的绿色经济。狭义的绿色经济是指与绿色生物资源开发相关的绿色产业、绿色产品和服务，绿色营销通道建设，引导和满足绿色消费时尚需求的经济活动过程或经济模式。从这个意义上讲，发展绿色经济也就是大力发展绿色产业，包括环保产业和生态产业。广义的绿色经济涵盖了社会经济活动的各个方面。就其实质而言，绿色经济就是建立在保证各类资源可循环、可持续利用基础上，不产生环境破坏和环境污染，使自然生态获得良性循环和协调发展的经济。早期的绿色经济是以环境经济学为基础、以环境保护为目的的经济，是以治理污染和改善生态环境为特征的经济。随着研究的深入，人们开始考虑经济不能脱离生态，经济与生态应保持协调，并谋求在经济发展、环境保护和社会和谐之间实现一种有机的平衡。

纵观国内外学者关于环境与经济发展观点的研究，更多的是提及绿色经济的概念，而对绿色经济并没有进行深入研究，更谈不上有系统的理论。然而，前人的一系列研究观点又都与绿色经济存在着内在的一致性。总的来看，绿色经济的概念多与环境保护等绿色议题有关，多半是因环境保护而引发的工业和农业生产方式的变革。实际上，最早提出"绿色经济"这一名词的是英国经济学家皮尔斯，他把绿色经济作为环境保护的代名词来使用。人们普遍认为资源枯竭、环境污染问题是工业文明发展的结果，因此要从环境经济学的理论框架中去寻找环境问题产生的根源，探索评估环境问题的经济学方法。

以环境经济学为理论基础的绿色经济，实质上是工业文明框架内的绿色经济。工业文明时代的理论和实践表明，工业文明是反人性（社会）和反自然（生态）的文明形态，工业文明时代的经济是"黑色经济"，"黑色经济"是反人性（社会）和反自然（生态）的现代经济。世界工业文明发展的历史告诉我们，资本主义工业化和社会主义工业化、发达国家工业化和发展中国家工业化，走的都是一条工业经济"黑化"的黑色发展道路。工业文明时代的黑色经济，是为了追求物质利益最大化，是以消耗大量的自然资本和生态资本、牺牲生态环境为代价的，用消灭生态价值去创造经济价值，即在创造了生态价值的同时消灭了生态生产力。这条"黑色经济"发展道路是建立在自由竞争与自利的市场基础之上，它是依靠资本来驱动的发展道路，其特征是增长速度与资源消耗强度、GDP增加速率与环境负荷增大速率成正比例状态，是一种"资源—产品—污染排放"的直线型、开放式经济发展过程。工业文明的黑色经济发展道路形成的是高增长、高代价的经济发展态势。随着社会生产规模的扩大、人口的增长，环境的自净能力不断变弱乃至丧失，这种发展模式导致环境危机、能源危机、资源短缺危机并发。在工业革命过了200多年之后，大量二氧化碳的排放，成为全球气候变化的根源。从本质上来说，西方工业文明的传统经济发展模式，是"先污染、后治理""先致富、后清理""以增长优先"的黑色经济发展模式，是以"掠夺"自然资源、损失自然资本为核心的经济发展模式，也是不可持续的经济发展模式。为了遏制环境污染和生态破坏，人们开始反思工业文明的发展道路，希望能够采用一些环境经济政策和经济激励手段来解决经济发展过程中出现的环境问题。一些学者想利用发展绿色经济去转变这种资源消耗型、环境污染型和生态毁灭型的工业文明发展模式。绿色经济是以市场为导向、以传统产业经济为基础、以经济与环境的和谐为目的而发展起来的一种新型的经济形式，是市场化和生态化有机结合的经济，是产业经济为适应人类环保与健康需要而产生的一种新的经济形式。这样的绿色经济表述，仍然探讨的是经济与环境的相互作用、相互影响的问题，仍然是想通过"绿色"去改变市场、分配、交换和消费的全过程，并想通过有益于环境或与环境无对抗的经济行为实现经济的可持续增长。这种探讨还是在工业文明的框架内研究发展绿色经济，这种绿色经济发展治标不治本，只能暂时地、局部地缓解生态环境恶化，不可能从根本上解决人与自然的矛盾。

二、生态文明的绿色经济

中国生态经济学家刘思华教授在他的一系列论著中对绿色经济作

了生态经济学诠释，使它成为生态经济学与可持续发展经济学的代名词，把绿色经济纳入生态经济学与可持续发展经济学的理论框架。1994年，刘思华在《当代中国的绿色道路——市场经济条件下生态经济协调发展论》一书中，把生态经济协调理论作为研究绿色经济发展的理论支撑点，这就为绿色经济与绿色发展道路提供了生态经济学的理论基础。刘思华教授首次把绿色经济与绿色发展道路纳入生态经济学的理论框架，使之成为生态经济学的范畴。2001年，刘思华教授在《绿色经济论》一书中，深刻阐明了绿色经济理论前沿和现实前沿问题，并做出这样的概括："绿色经济是可持续经济的实现形态和形象概括。它的本质是以生态经济协调发展为核心的可持续发展经济。"2002年，刘思华教授在湖北省绿色经济发展战略研讨会上作了《发展绿色经济的理论与实践探索》的学术报告，强调绿色经济发展是人类由工业文明时代进入生态文明时代的必然进程，是生态文明时代的最佳经济发展模式。2011年，刘思华教授在《生态文明与绿色低碳经济发展总论》一书的总序中指出，"我们所说的绿色经济是广义的，不仅包括广义的绿色产业，而且包括低碳经济、循环经济、清洁能源与可再生能源经济、碳汇经济以及其他节约能源与保护环境生态的经济等。"并对绿色经济重新界定为：以生态文明为价值取向，以生态、知识、智力资本为基本要素，以人与自然和谐发展和生态经济协调发展为根本目标，实现生态资本增值的可持续经济。因此，生态文明的绿色经济发展必将使人类文明进步和经济社会发展更加符合自然生态规律、社会经济规律和人自身的规律。

20世纪90年代以后，生态经济理论和可持续发展理论受到各国学者密切关注和重视。各国对环境、经济、社会问题都做出反应，直面现实问题。2001年11月，美国地球政策研究所莱斯特·R·布朗教授在《生态经济——有利于地球的经济构想》一书提出"经济系统是生态系统的一个子系统"的观点，提出人类经济摆脱目前困境走向可持续发展道路的具体方案，根据生态规律勾画人类未来生态经济蓝图，给我们提供了一个全新的研究视角。2003年，莱斯特·R·布朗教授撰写的《B模式：拯救地球延续文明》一书问世，以及2006年的《B模式3.0：紧急动员拯救文明》、2010年的《B模式4.0：起来，拯救文明》、2011年的《崩溃边缘的世界——如何拯救我们的生态和经济环境》的相继出版，告诉人们怎样用一种实际可行、明白易懂的方法，去建设更加公正的世界,并且从气候变化中拯救地球。布朗所构架的新经济——生态经济,是一个能够维系生态永续不衰的经济,或者说是一个生态可持续发展的经济,是把过去经济凌驾于生态环境之上转变为生态环境凌驾于经济之上。布朗认为,生态经济能够充分表达生态学的真理,因此,我们必须将经济归属于生态理念,使生态与经济从过去的相互分离走向有机结合并协调发展。自2010年开始,联合国环境规划署、联合国开发计划署、世界银行等诸多国际组织多次发表绿色经济相关研究报告,号召全球向绿色经济过渡。并将绿色经济界定为,"可促成提高人类福祉和社会公平,同时显著降低环境风险与生态稀缺的经济。"要实现绿色经济,必须在保持较高人类发展水平的同时拥有合理的生态足迹。

绿色经济是一种低碳、资源高效和社会包容的经济。与传统经济相比,绿色经济更注重对自然资本运营和生态系统服务的经济学价值进行评估,注重进行全面的社会成本评估,包括生态系统的可靠性、高效性、稳定性等。从国内外学界和实业界的观点可知,绿色经济概念的演进和研究是随着人类对发展方式的反思而不断深入推进的过程。绿色经济是现代经济发展理论创新的伟大成果,它不是环境经济学倡导的理念,而是生态经济学与可持续发展经济学倡导的新理念。

以生态经济学与可持续发展经济学为基础的绿色经济摒弃了工业文明的黑色弊端,克服和消除了工业文明及其黑色经济形态特征。刘思华教授在《生态文明与绿色低碳经济发展总论》及其他论著中,反复论证了绿色经济是生态文明时代倡导和主导的经济形态与经济发展模式。生态文明视域下的绿色经济,要求将现有产业进行绿色转型,创造有利于绿色发展的市场空间,建立起经济增长与生态环境优化相结合的"三低一高"的经济发展道路,即低(资源)消耗、低污染、低排放(包括低碳甚至零碳排放)和高增长。这种生态与经济协调互促型的现代经济发展模式,必然形成低代价、高发展的经济发展态势。绿色经济发展强调人与自然之间的和谐相处,强调人类要从过去对自然的掠夺性、肆意性地开发利用转变为和谐性、自律性、科学性地开发利用,强调过去以经济中心主义和单纯经济利益为导向的发展转变为对于生态失衡经济的全面衡量和对于人类和自然的全面尊重的发展。人类正迈入生态文明时代,生态文明的发展观与实现观要求:人类必须坚持在生态环境承受能力的阈值范围内解决当代经济社会和生态发展的协调关系;人类必须坚持在不危及后代人的需要的前提下解决当代经济发展的协调关系；人类必须坚持在不危害全人类整体经济发展的前提下，解决当代不同国家、不同地区以及各国内部、各地和各种经济发展的协调关系。生态文明时代的本质特征，就是把现代经济社会发展切实转移到经济社会良性循环的可持续发展轨道上来，使人、社会与自然重新成为一个有机统一体，实现人与自然、生态与经济相互和谐、相互协调的发展。作为生态文明时代的主导经济形态，绿色经济是当今世界和当今中国实现生态经济社会健康运行与可持续发展的最佳经济模式，是从工业文明的黑色经济向生态文明的绿色经济转型的经济形态。生态文明框架内的绿色经济是建立在人与自然内在统一、社会与自然和谐共生、生态与经济和谐协调的基础上。因此，绿色经济发展是以人与自然和谐发展、生态与经济协调发展为根本目标，是人、社会、自然和谐共生共荣的现代经济。绿色经济发展就是生态经济的发展，其类型包括发展低碳经济、循环经济、生物经济、环境经济等多种形式。建设生态文明，发展绿色经济，既面临着克服、消除工业文明的黑色经济形态与发展模式的黑色弊端，将其改造成为绿色经济形态，又面临着构建与生态文明发展相适应的绿色经济形态与发展模式的双重压力。超越资本主义经济模式，形成与中国社会主义生态文明、和谐社会发展相适应的绿色经济模式，其本质是生态自然和经济社会协调可持续发展模式。不管是从理论视域还是从实践视域来说，绿色经济是生态文明发展的全新经济模式，低碳经济、循环经济都是绿色经济模式的现实体现。

三、生态文明绿色经济的本质和特征

国内外一些学者把绿色经济界定为环境经济学的范畴，实质上是在工业文明框架内对绿色经济作了工业文明狭隘的理解，他们看到绿色经济能克服消除工业文明的黑色经济发展模式的黑色弊端，但看不到乃至丢弃了绿色经济是超越工业文明的黑色经济，认识不到绿色经济的生态经济属性与可持续经济的本质内涵，使人们落入了"工业文明发展的陷阱"。刘思华教授豁然走出环境经济与工业文明发展的陷阱，对绿色经济重新定位，把它看作是生态经济学与可持续发展经济学的理论范畴。刘思华教授在其近20年来的一些论著和论文中反复强调绿色经济是生态文明时代全新的经济形态与发展模式。我们认为绿色经济就是绿色发展的经济。正如刘思华教授在"中国生态经济建设·2013 杭州论坛"上所做的题为《深化社会主义生态文明理论研究 促进中国特色社会主义文明绿色创新发展》的开幕词中，把绿色发展表述为："以生态和谐为价值取向，以生态承载力为基础，以有益于自然生态健康和人体生态健康为终极目的，以绿色创新为主要驱动力，以经济社会各个领域和全过程的全面生态化为基本路径，旨在追求人与自然、人与人、人与社会、人与自身和谐发展为根本宗旨，实现代价最小、成效最大的生态经济社会有机整体全面和谐协调可持续发展。"刘思华教授的这个表述，可以说是他对绿色经济的内涵与外延所做的一个最终概念界定。这个界定准确地体现了绿色经济是从工业文明的黑色经济向生态文明的绿色经济转型的经济形态。

第二章
绿色经济发展模式的构建与路径

建设美丽中国的中心环节就是走出一条生态文明的经济发展道路，其核心就是生态文明的经济建设模式，其本质就是绿色经济发展模式。时至今日，各国在绿色经济发展过程中，已经取得了一系列重要的成果，建立了各具特色的绿色经济发展模式，如丹麦以发展可再生能源为主的绿色经济发展模式，日本以核心技术为基础的经济与环境双赢模式，德国务实的循环经济发展模式，美国以太阳能、风能、智能电网、生物燃料开发以及节能增效技术为主的绿色经济模式。而中国的绿色经济发展模式仍需要借鉴世界各国的成功模式和经验，结合中国的国情，创造具有中国特色的、多元化的绿色经济发展模式。

第一节 绿色经济发展模式的原则

绿色经济实质上是一种生态经济可持续发展模式。现代经济发展的实践表明，任何可持续发展经济问题都涉及人口、科技、文化、教育、政治、制度、伦理、心理、资源、环境等许多领域。因此，在研究创建绿色经济发展模式的过程中，需要明晰绿色经济发展的基本原则，为构建绿色经济发展模式提供理论基础。绿色经济发展模式的本质特征是建立在生态良性循环基础上的生态经济协调可持续发展。因此，构建全新的现代经济发展模式必须遵循生态经济社会有机、整体、全面、和谐、协调、可持续发展的原则，即生态发展优先原则、公平性原则、共同性原则、协调性原则和绩效性原则。

一、生态发展优先原则

马克思多次声明自己的唯物主义立场,完全承认和坚持自然界对于人类优先地位的不可动摇性,明确提出了"外部自然界的优先地位"。马克思关于自然界对于人类及人类社会优先地位的科学论断,从根本上规定了自然界是人类及人类社会存在的根源性基础。按照马克思把自然作为全部存在的总和及最广义的物质世界来理解,自然界是最基础的存在。因而,就自然与人的关系来看,自然界无疑是人的存在及其一切实践活动的基础与前提。

自然界对于人类的优先地位"既表现在自然界对于人及其意识的先在性上,也表现在人的生存对自然界本质的依赖性上,更突出地表现在人对自然界及其物质的固有规律性地遵循上"。因此,生态应该也必须优先,这是生态在人类实践活动中享有优先权的一种内在的、本质的必然趋势和客观过程,是不以人们意志为转移的客观规律。所以,我们完全可以说,生态优先规律不仅是世界系统运行的基本规律,而且也是人类处理与自然关系的最高法则。因此,现代人类社会活动就应该首先遵循生态优先规律。

生态发展优先,追求的是人类实践活动及人类经济社会发展不能超越自然界生态环境的承载能力,保护世界系统运行的生态合理性。生态发展优先原则,就是生态经济学强调的"生态合理性优先"原则,包括生态规律优先、生态资本优先和生态效益优先基本原则。生态发展优先原则,是生态经济社会有机整体和谐协调的重要法则。

生态兴则文明兴,生态衰则文明衰。良好的生态环境是人类文明形成和发展的基础和条件。生态可载文明之舟,亦可覆舟。人类文明要想继续向前推进持续发展,就必须要正确认识人与自然的关系,解决好人与自然的矛盾和冲突,并将其置于文明根基的重要地位。在文明进步中,什么时候生态被牺牲掉了,生态危机就出现了。生态危机是人类文明的最大威胁。要走出生态危机困局,就必须排除经济发展遭遇的阻碍,寻找一条新的发展道路,而这条道路,正是生态文明建设。只有大力推进生态文明建设,不断满足人民群众对生态环境质量的需求,不断夯实经济社会发展的生态基础,才能实现真正意义上的全面小康。

良好的生态环境本身就是生产力,就是发展后劲,就是核心竞争力。蓝天白云、绿水青山是民生之基、民生所向。经济发展和碧水蓝天能否兼得,是对各级党委、政府的重大考验。

保护生态环境就是保护民生,改善生态环境就是改善民生。良好生态环境是最公平的公共产品,是最普惠的民生福祉。自 2012 年党的十八大首次提出"美丽中国"理念以来,生态将是中国未来发展的重要方向。

建设生态文明就是发展生产力。只有夯实生态文明的基石,保护好环境,才能解决生产力可持续发展中处于关键地位的资源要素问题,以循环经济的驱动力打破经济社会发展"瓶颈"。同时,绿色化的生产生活方式也在倒逼和助推产业结构转型升级。山清水秀但贫穷落后不是我们的目标,生活富裕但环境退化也不是我们的目标,只有蓝天白云、青山绿水,才是长远发展的最大本钱。所以,必须牢固树立保护生态环境就是保护生产力、改善生态环境就是发展生产力的理念,牢固树立绿色青山也是金山银山的生态理念,更加自觉地推动绿色发展、循环发展、低碳发展,构建与生态文明相适应的发展方式。这是先导,也是生态文明建设的本质要求。

我们必须遵循生态优先地位,自觉协调经济活动与生态环境发展关系,把保持生态系统良性循环放在现代经济社会发展的首要地位。一切都应该围绕"生态优先",使经济发展建立在生态环境资源的承载力所允许阈值的牢固基础之上。

二、公平性原则

公平是反映人与人之间相互关系的概念,它包括每个社会成员的人身平等、地位平等、权利平等、机会均等、分配公平。其中权利平等又包括生存权、发展权等。从社会的角度来看,公平意味着改善低收入者生活水平的同时也要抑制富人的消费;从生态文明的角度去看,公平意味着不同人群平等参与环境资源开发和保护的决策与行动。公平强调过程和结果的合理性,公正则强调制度、措施的正义性,是对政府决策的监督和约束。在可持续发展经济理论中的公平也包含这两层含义,并强调人类需求和合理欲望的满足是发展的主要目标,同时,在对待人类需求、供给、交换、分配过程中的许多不公平的因素时,可持续发展经济的公平原则归根到底就是人类在分配资源和占有财富上的"时空公平",他们对这一生存空间中的自然资源和社会财富拥有同等享用权,他们应该拥有同等的生存权。可持续发展中的公平性原则突出体现在国家范围之内同代人的公平、发达国家与不发达国家间的公平、代际间的公平三个方面。可持续发展要求社会从两方面满足人民需要,一是提高市场潜力,二是确保每个人都有平等的机会。

可持续发展是一种机会、利益均等的发展。它既包括同代内、区际间的均衡发展,即一个地区的发展不应以损害其他地区的发展为代价,也包括代际间的均衡发展,即既满足当代人的需要,又不损害后代人的发展能力。从生态文明角度讲,代内的公平正义应该是指同时代的所有人对于开发、利用和保护环境资源享有平等的权利和义务,主要体现为国际公平正义和国内公平正义两个方面。当前,全球性的生态环境危机正威胁着人类的生存和发展,要想解决这一全球性的问题,仅凭一己之力是行不通的,需要世界各国的通力合作。然而,由于代内之间的权利和责任不对等,致使各国之间、各地区之间分工不明,协作不力,沟通不畅,无法达到和实现全球的可持续、可协调的发展。代际公平强调当代人与后代人在生态资源的利用上要实现动态的平衡。合理的状态应该是自然资源的使用既满足当代人生存发展的需要,又不会对子孙后代生存与发展构成威胁,为子孙后代留下可供利用的生态资源和发展条件。归根到底是人类在分配资源和占有财富上的"时空公平",即自然资源如何在不同世代之间的合理配置。种际公平,它强调人类与大自然之间应该保持一种适度的开发与保护关系,既不能为了人类的利益破坏大自然生态环境,也不能为了保护自然生态环境而罔顾人类的生存与发展,人与自然环境之间构建一种共生共荣、相互协调、相互包容关系,在能量和物质交换上达到动态平衡,使人类社会能够可持续发展下去。种际公平要求人类敬畏生命,尊重其他物种生存的权利,其基本要求就是保持生物多样性,保护濒危动植物,寻求人与自然的和谐发展。

然而,每个社会、每个国家为了自身的生存和繁荣而奋斗时,很少考虑对其他国家的影响。当代人在发展过程中对地球资源的消耗,很少考虑对后代人的影响。按照现在有些国家消耗地球上资源的速度,留给后代的资源将所剩无几。因此,《我们共同的未来》呼吁,要给各国、各地区的人、世世代代的人以平等的发展权。

三、共同性原则

绿色发展是超越文化与历史的障碍来看待全球发展问题的。保护环境、稳定世界人口、缩小贫富差距和消除赤贫，这些可持续发展所面临的挑战已成为全球可持续发展工作的重心。不同国家、不同社会阶层背负着相同的责任，面临着同样的命运，将这一共识扩大到国际层面，以便尽量确保世界各地可持续发展。虽然各国国情不同，可持续发展的具体模式也会不同，但不约而同地有一个非常一致的共同利益，那就是整个世界范围内的人类经济社会的可持续发展。因而实现可持续发展是地球人类的共同责任。在全球范围内实现的目标是共同的：建立合理利用能源、土地以及资源的体系，阻止气候变化、物种灭绝、一级生态系统破坏等危险的发展趋势；通过使人们自愿降低生育率，到2050年将世界人口稳定在80亿或者80亿以下；到2025年消除赤贫，加强富裕国家的经济安全，并找到解决全球性难题的一种新方法，即基于各国合作与非政府部门能动性和创造性的一种新方法。

在现实世界，资源耗竭和环境压力等许多问题产生于经济和政治权利的不平等。生态系统的相互作用不会尊重个体所有制和政治管理权的界限。传统的社会制度承认这种相互依赖的某些方面，并使社区行使对农业方式以及对涉及水、森林和土地的传统权利的控制。虽然这种控制可能限制技术革新的接受和推广，但"共同利益"的控制并不一定妨碍经济的增长和发展。全球性繁荣未必受到日渐减少的自然资源的限制。行政管辖权限的范围与受影响的范围不一致导致影响共同利益的实现。在一个管辖范围内的能源政策造成另一个管辖范围内的酸沉降，一个国家的捕捞政策影响到另一个国家的捕捞量。无法超越国家权威当局来解决这样的问题。但只要加强国际合作，在全球范围内实现共同的目标、共同的利益是可以做到的，障碍在于我们的合作能力大小。因此，无论是富国还是穷国，公平性原则和共同性原则都是共同的，各个国家要实现可持续发展需要适当调整其国内和国际政策，正如《我们共同的未来》前言中所述，"人们的福利是所有的环境政策和发展政策的最终目标"。"只有全人类共同努力，才能将人类的局部利益和整体利益结合起来，才能实现可持续发展的总体目标。"

共同性原则反映了世界各国既要致力于达成尊重所有各方的利益，又要保护全球环境与发展体系的国际协定，认识到我们的家园——地球的整体性和相互依存性。

四、协调性原则

绿色发展系统是由人口、资源、环境、经济、社会等要素组成的协同系统，主要包括可持续发展生态系统、绿色发展经济系统和绿色发展社会系统三个子系统。各个子系统之间彼此相互联系、相互制约，共同组成一个整体。当某一个系统临近生态极限时，不平等状况更加明显。因此，绿色发展的关键就是要使经济社会发展同资源利用与环境保护相适应，协调经济社会发展同人口、资源、环境之间的关系。为了实现这一目标，需要人类通过不断理性化的行为和规范，协调人类社会经济行为与自然生态的关系，协调经济发展与环境的关系，协调人类的持久生存与资源长期利用的关系，做到经济发展与生态保护的和谐统一，经济发展对自然资源的需求和供给能力的和谐统一。

协调性原则实际上就是以绿色发展功能优化要求遵循的关系为原则，即绿色发展系统内在关系的协调，包括人地关系的协调、区际（代内）关系的协调、代际关系的协调。在现实经济活动中，人们通常说的生态恶化和环境污染主要是人地关系不协调，资源禀赋不同导致的贫富分化与地区冲突主要是区际（代内）关系不协调，滥用、浪费从后代那里借用的自然资源和环境资本，主要是指代际关系不协调。贫穷、不公正、环境退化和冲突都是不能持续发展的原因。绿色发展旨在促进人类之间以及人与自然之间的和谐，贯彻绿色发展需要在决策过程中必须将经济和生态结合起来考虑。贫穷、环境退化、冲突等这些不协调问题不可能在隔绝状态中加以解决，必须在协调性原则下加以解决。

五、绩效性原则

由于地球生态系统承载力有限，不可能承受人类对资源无限和无节制地开发利用以及由此而产生的污染排放的无限增长。由此，必须减少人类活动对资源或环境的影响。

传统经济发展模式下，世界各国的经济增长是以牺牲生态环境为代价的。自然生态系统与经济发展不相适应，就会加剧人类生存与生态环境之间的矛盾，就会制约整个社会的发展。如果试图通过降低经济增长率来缓解经济发展和生态环境之间的矛盾是不现实的。绿色增长就是要在追求经济增长的同时，不仅是不能增加对环境影响，更要将对环境影响削减至一定的限度内或者实现经济增长与环境影响之间的脱钩。要想在追求经济增长的同时降低对环境的影响，并能协调经济增长与环境可持续性发展问题，就必须依靠技术创新提高资源环境绩效。绿色发展的核心是提高资源环境绩效，而提高资源环境绩效又依赖于绿色创新。

绿色创新或可持续创新目前尚未有统一定义。微观层面的绿色创新通常是指企业在一个相当长的时间内，持续不断地实施旨在节能、降耗、减排、改善环境质量的绿色创新项目，并不断实现创新经济效益的过程。宏观层面的绿色创新则指人类社会关注环境—经济—社会协调发展并使之得以实现的创新性活动。由于资源环境绩效更多地受到技术、结构、制度的影响，因此旨在提高资源环境绩效的绿色创新必然涉及技术创新、结构创新和制度创新。根据《2010中国可持续发展战略报告》，提高资源环境绩效有三种路径：一是在短期内，通过研究和创新对已有的方法和途径进行微调以满足需求；二是在中期内（5~20年）依靠研究和创新对更多的产品进行综合技术改造或重组；三是形成一种全新的系统方案，采用与现有模式完全不同的技术和制度。前两种路径可以在一定范围内提高资源环境绩效，第三种路径暗含着发展方向的改变并且创造了一种新的模式，该路径对应于可持续性创新。

第二节　绿色经济发展模式的基础——绿色能源

能源是实现人类社会可持续发展的关键因素之一。中国有丰富的煤炭资源，但油、气资源相对短缺。这种"富煤、贫油、少气"的资源禀赋特点，决定了中国长期以煤炭作为主要能源，严重偏离了国际上以油、气资源为主的能源消费结构的主流。世界发达国家能源结构早于几十年前就完成了由煤向石油的转换，现在正朝着高效、清洁、低碳或无碳的天然气、核能、太阳能、风能等方向发展。

绿色能源，也称新能源、可再生能源。长期以来，国际和国内关于"新能源"的定义都存在着一定的争议，其定义内容、范围不够清晰。

在联合国新能源与可再生能源会议上新能源被正式定义为"以新技术和新材料作为基础,将传统的可再生能源通过现代化的开发与利用,不断替代资源有限且对环境有污染的化石能源,获得取之不尽、用之不竭的可再生能源"。如水能、太阳能、风能、核能、氢能、生物质能、天然气、清洁煤炭等这些可再生能源,储存量丰富,基本上不会对环境造成污染,还可以就地使用,在利用形式上可以集中建设,也可以分散建设。

未来几年,中国对能源需求的刚性增长难以改变,煤炭仍是能源消费的主力,环境污染压力持续增加,环境约束不断加大。中国是世界上的能源消费大国,人均二氧化碳排放量超过世界平均水平。能源方面自主创新基础比较薄弱,可再生能源整体开发障碍重重。因此,在如此严峻的能源形势面前,我们只有尽快转变能源消费结构,改用高效、低碳的清洁能源,才能提高效率、减少污染、消除能源安全隐患,夯实绿色能源基础。

一、绿色能源与绿色经济发展

绿色能源是环境保护和良好生态系统的象征和代名词。绿色能源既是解决环保和能源的危机,也是绿色经济发展的最好切入点和新的增长点。绿色经济发展需要绿色能源作支撑,绿色能源保障社会经济可持续发展。因此,世界金融危机和能源危机之后,各国政府都在反思能源发展策略并采取应对措施,从发达国家的历史经验来看,主要有开源和节流两种策略思路。

美国出台的《2009 年美国绿色能源与安全保障法》(以下简称法案),该法案的绿色能源部分包括可再生能源、二氧化碳回收与储藏、低碳交通和智能电网四个内容。在可再生能源领域,法案要求风能、生物能、太阳能和地热等可再生能源所产生的电力在电力公司的发电量中占到一定的比例,以此促进可再生能源的发展。在二氧化碳回收与储藏领域,法案为确保煤炭在美国未来能源中持续占有主要地位,把促进二氧化碳回收与储藏技术的发展作为重要的战略目标。在低碳交通领域,法案要求联邦政府制定一个低碳交通运输燃料标准,以便促进现今的生物质燃料和其他清洁交通运输燃料的发展。法案批准向城市、州或公营公司提供拨款或贷款担保,以扶持电动汽车的大规模示范项目。并且批准扶持汽车厂商对其生产制造设备进行改组以便能够生产电动汽车。在智能电网领域，法案规定采取措施促进智能电网的推广和使用，法案还指示联邦能源管理委员会改革地区规划流程以便实现电网现代化，并做好准备敷设新型输电线以便传输可再生能源产生的电力。法案允许各州能源办公室建立州能源与环境发展基金，以便共同赞助联邦政府扶持清洁能源和能效项目。

日本是一个能源稀缺的国家，历来重视节能减排，是新能源开发技术最领先的国家之一。早在2004年日本就提出了建设低碳社会，2008年"福田蓝图"的提出，标志着日本低碳战略形成，其内容包括改革工业结构，加快低碳汽车的技术开发；促进可再生能源的开发与普及，重点发展核电与太阳能等低碳能源；鼓励节能技术与低碳能源技术创新；大力支持CCS技术。2008年，日本首相福田康夫以政府的名义提出日本新的防止全球气候变暖对策，即"福田蓝图"，是日本低碳战略正式形成的标志。2009年，《绿色经济与社会变革》政策草案，要求采取环境、能源措施刺激经济，并提出实现低碳社会、实现与自然和谐共生的社会等中长期方针，提议实施温室气体排放权交易制和征收环境税等。2010年，《能源基本计划修正案》是日本2030年前的能源政策方针。2011年，《新的能源和环境战略》受当年福岛第一核电站事故的影响，日本调整能源策略，在现有核能和化石能源这两大能源支柱上，新增可再生能源和能效两大支柱。

欧盟把绿色低碳经济作为未来发展方向，视其为一场"新的工业革命"，并提出了开发廉价、清洁、高效和低排放的能源技术，确保和推广碳捕集与封存技术（Carbon Capture and Storage，CCS）的安全使用，以法规的方式强制要求各成员国发展可再生能源，鼓励成员国采取各种优惠政策支持可再生能源发展等绿色低碳战略规划。2008年，欧盟制定的《欧盟能源气候一揽子计划》，是低碳经济政策框架，包括排放权交易机制修正案、欧盟成员国配套措施任务分配的决定、CCS的法律框架、可再生能源指令、汽车CO_2排放法规、燃料质量指令等六项内容。2010年，《能源2020：有竞争力、可持续和确保安全的发展战略》，将节能革新、提高能源效率作为第一大能源战略。2011年，《2050年能源路线图》，将通过提高能源利用效率、发展可再生能源、发展核能以及采用CCS技术，实现绿色低碳发展。

英国作为第一次工业革命先驱，进入 21 世纪后，其绿色能源战略重在提高能源效率，开发低碳发电技术，包括对燃煤电厂进行"绿色改造"，开发和利用新兴能源技术，重点发展可再生能源，开发和推广 CCS。2003 年，《我们能源的未来：创建低碳经济》首次提出低碳经济的概念，并将实现低碳经济作为英国能源战略的首要目标。2008 年，《气候变化法案》，使其成为世界上第一个为减少温室气体排放、适应气候变化而建立具有法律约束力长期框架的国家。《英国低碳转换计划》《英国可再生能源战略》，使其成为世界上第一个在政府预算框架内特别设立碳排放管理规划的国家。2010 年，《2010 年能源法》，规范 CCS 技术示范、评估与利用的相关活动，规范电厂发电碳化与采用 CCS 技术相关事宜等。2011 年，《碳行动计划草案》《英国可再生能源发展路线图》公布了世界首个低碳热能激励计划《可再生热能激励计划》。

中国为了保障未来能源可持续发展，主要采取以下四种措施。第一，积极、稳妥、有序地开发水电。中国目前水电开发强度仍远远低于发达国家的水平。未来，要重视水能开发和生态环境的关系，重视地质结构对水电工程的影响，建立稳妥的政策促进水电开发。第二，有效发展风能、太阳能。目前太阳能主要利用方式为太阳能的热利用，最具代表性的是太阳能热水器利用；太阳能的光电利用，最有代表性的是光伏发电；太阳能的光化学利用，主要用于太阳能发电和电池的生产等。中国对太阳能产业的发展制定了一系列的有效措施，如电价补贴、税收补贴、所得税补贴都在一定程度上支持了太阳能产业。第三，积极发展生物质能。生物质能主要是指植物借助光合作用将光照转化为生物体内的能源利用方式，人们很早就开始利用生物质能生火、取暖等，在中国农村生物质能得到广泛应用，如利用其作为燃料，将其发酵生产沼气等，因此，生物质能在中国目前的能源体系中不可或缺，目前生物质能的利用方式主要有发电，生物液体燃料。第四，在确保安全的基础上高效发展核能。核能是安全、经济、清洁的能源，目前中国核电装机容量仅占发电总装机容量的 1% 左右，与美国、法国、日本等核电大国相比，仍有很大的发展空间。因此，我国必须实施热中子堆、快中子堆、聚变堆"三步走"的发展道路，尽快研发、掌握快中子增殖堆核电技术及快中子堆核燃料循环技术。

二、可再生能源发展与能源革命

可再生能源在世界能源消费中占据重要地位，在发电、供热及交通等领域得到了广泛应用。

尽管可再生能源有所发展，但不尽如人意。根据国际能源署和世界银行联合发布的关于联合国"人人享有持续能源"倡议的报告，可再生能源发展的速度远低于2030年的全球目标。中国未来的经济发展面临严峻的挑战和能源约束。

中国单位GDP能耗远高于俄罗斯和印度以外的主要经济体，是意大利和英国的4倍，德国和法国的3.5倍，日本的3.2倍，巴西的2.5倍，世界平均水平的1.8倍多。中国能源发展面临的结构不合理问题和能源使用效率低下问题之所以难以解决，主要是难以对能源领域进行深入改革。

纵观世界历次工业革命，都伴随着新的能源革命，能源和能源革命是人类社会发展的根本动力，只有依靠新能源替代化石能源的"能源革命"，才能从根本上解决能源安全问题，以及解决由此带来的气候、环境等一系列问题。新常态下中国能源革命蓄势待发。中国面临着能源需求压力巨大、能源供给制约较多、能源生产和消费对环境损害严重、能源技术水平总体落后等挑战，因此，中国必须推动能源消费、能源供给、能源技术和能源体制四方面的"革命"。能源革命将掀起绿色经济发展的浪潮。

能源革命，也就是"能源生产革命"，主要是指能源形态的变更，是人类能源开发和利用方式的重大突破。能源消费是一定时期内，物质生产与居民生活消费等部门消耗的各种能源资源。

能源技术创新是能源革命的基础支撑和动力源泉。中国要走出一条新型的能源发展道路，构建起高效、绿色、安全的能源系统，不仅需要新兴的可再生能源技术和智能能源技术，还需要传统的节能技术和煤炭清洁高效利用技术。能源技术创新对保障国家能源安全至关重要。能源技术创新需要政府的支持和投入，特别是在提高技术标准、制定鼓励性政策等方面。为了保证中国的能源安全，我们必须大力发展清洁能源技术。一方面，立足中国的国情，把握能源技术创新的重点方向和领域，依托重大工程，以重大科技专项攻关为抓手，力争突破页岩油气、深海油气、可燃冰、新一代核电能源领域的一批关键性技术。同时，加强国内能源创新体系和能源装备工业体系建设，推动能源装备国产化、产业化，并以能源装备制造创新平台建设为纽带，加快能源科技成果转化，抢占绿色能源技术的制高点。另一方面，紧跟国际能源技术革命新趋势，拓宽视野，积极吸收国际上成熟的技术和经验，推动页岩油气开采技术、大电网技术等国际先进技术在国内的应用，积极加强国际合作，有效利用国际能源资源，不断优化中国能源结构。优化能源结构的路径是降低煤炭消费比重，提高天然气消费比重，大力发展风电、太阳能、地热能等可再生能源，安全发展核电。

能源体制变革是能源革命的保证。能源领域的体制改革与制度创新，需要与技术创新同步推进，落后的体制机制会阻碍技术创新。中国能源领域的体制改革面临着复杂的情况，对能源领域该不该市场化、哪些领域该市场化、如何市场化和打破垄断等问题争论不休，相应监督管理机制的转型难以推进。因此，能源体制改革的重点和核心是，第一，加快政府职能转变，要真正做到政府职能的合理转变和政府作用的有效发挥，必须实现从"功能泛化的传统能源管理体系"向"功能分化的现代能源管理体系"的转变；第二，还原能源的产品属性，为市场在能源配置中起决定性作用创造条件。坚定不移地推进改革，构建有效竞争的市场结构和市场体系，放宽市场准入，推动能源投资主体多元化，形成主要由市场决定能源价格的机制，建立健全能源法律法规体系，建立节能减排长效机制，促进绿色能源的使用。

能源互联网作为一种新经济形态，其改造的逻辑是互联网思维占主导。能源系统的再分散和再集中都是能源技术和体制的新革命，其特点在于先"分"后"合"，其生产"终端"将变得更为多元化、小型化和智能化，交易主体数量更为庞大，竞争更为充分和透明，最终形成的大能源市场则更为一体化，资源配置自由化。最终完成和电信网、广播电视网、互联网、物联网之间的大融合。"互联网+能源"采用的是互联网理念、方法和技术实现能源基础设施架构本身的重大变革。能源革命的大众思维有可能产生新的社会推动力量和普惠机制，同样可能带来生态环境治理的新契机。

三、能源资源的多元化和低碳化发展

当前,中国能源发展呈现多元化的发展趋势,主要体现为基础能源体系形成多元发展态势、能源结构层次呈现低碳多元化格局和能源的开发形成区域化战略三个方面。与此同时,近年来,在中国能源领域也已悄然发生了以下变化:由高成本的粗放型能源利用方式向集约化使用能源方式转变、由负外部性非清洁化能源向清洁化能源模式转变、由非市场化向市场化的目标转变。

改革开放以来,中国能源消耗过程中产生的各类污染物均占世界第一,温室气体排放量超过了许多发达国家,如果不抓紧进行清洁化和低碳化的能源革命,中国的能源出路和回旋的余地将很小。因此,必须通过自主创新,推动能源利用的多元化和低碳化发展。

(一)通过技术创新引领能源的多元化和低碳化发展

1. 突破太阳能光伏的核心技术

多晶硅是太阳能光伏产业的核心,其有多种技术线路。目前世界上多数国家(包括中国)采用的是改良西门子法,这一技术能耗高、生产成本高,正逐步被能耗低、成本低的流化床法、冶金法替代。中国正积极研发或引进冶金法、薄膜太阳能光伏等技术、工艺和设备,并力争在3年内实现大规模产业化。

2. 突破风电装备的核心技术

目前,中国风电装备技术大多是技术引进、技术许可等方式,尚不具备核心技术。因此,中国必须在引进国外先进技术的同时,加强消化吸收再创新,形成具有自主知识产权的核心技术。

(二)通过优势领域的重点项目和企业引领能源的多元化和低碳化发展

目前,国内外在绿色能源及环保产业领域的竞争激烈,中国要想在竞争中赢得主动,应学习借鉴外国政府的经验,大力支持大企业、大力发展信息产业,凭借政府的强力支持,培养一批低碳能源企业。在太阳能光伏领域,加大资金投入力度,积极创造条件,争取外国太阳能行业在中国设立研发中心、运营中心。在风电领域,重点扶持大中型国有电力企业发展风电装备,建设风能电厂,开展风电运营。在核电领域,重点支持国家级的核能发电企业,通过建立大型核电站满足中国的供电需求。在生物质能领域,尽快解决国家重点扶持企业配套的木本油料生产基地建设、秸秆稳定供应、低碳能源指标及价格补贴、电力上网等问题。显而易见,低碳能源产业成本较高,但具有低污染、可再生、可持续的特点,政府应对低碳能源产业给予适当的减税或财政补贴等政策支持。

四、能源利用的效率化与能源消费的低碳化

(一)提高能源利用效率

节能并不是不用能源,而是合理用能,提高能源利用效率、减少能源浪费,在使用同样多的能源条件下产出最大,或使人民享受的能源服务最大化。为此,要重点抓好以下工作。第一,转变经济增长方式,引导能源消费结构升级。坚持把节能减排作为落实科学发展观、加快转变经济发展方式的重要着力点,把节能当作继石油、天然气、煤炭和非化石能源后的第五大"能源"来开发。加快构建资源节约、环境友好的生产方式和消费方式,增强可持续发展能力。加快促进天然气产量的增长,推进煤层气、页岩气等非常规油气资源的开发利用,加强油气战略进口通道、国内主干管网、城市配网和储备库建设。结合产业布局调整,有序引导高耗能企业向能源产地适度集中,减少长距离输煤输电。大力调整出口结构,顺利实现向高附加值、高技术含量产品出口模式的转变。第二,大力推进节能技术进步,提高能源使用效率。长期以来的粗放型增长方式,使中国能源利用效率很低,与国际先进水平差距较大。据初步分析,中国技术上可行、经济上合理的节能潜力高达6亿多吨标煤。因此,必须完善节能环保技术创新体系,加强基础性、前沿性和共生性技术研发,在节能环保关键技术领域取得新突破。建立节能的长效机制,加强政府指导、推动建立以企业为主体、市场为导向、多种形式的产学研战略联盟,鼓励企业加大研发投入。第三,夯实节能工作基础。完善节能环保法律、法规和标准体系。推动加快制定《固定资产投资节能评估与审查条例》《节能监察条例》等配套法规,修订《重点用能单位节能管理办法》《能效标识管理办法》等文件,提高法律法规的可操作性。健全节能和环保产品及装备标准,完善环境质量标准。加快重点行业单

位产品能耗限额、建筑节能标准和设计规范等一系列节能标准的建立和完善，为促进全社会节约能源、提高能效、提供更加完善的法律依据和标准基础。

（二）能源低碳化消费的领域

目前，世界上一些国家的能源消费结构已经向着高效、清洁、低碳或无碳排放的新能源和可再生能源的方向转变。中国在能源消费领域全面推广和普及节约技术，鼓励消费者选择能源消费节约型产品。

智能电网是指把信息通信网和电网融合在一起的双向控制电力供应系统，该系统可以使消费者与可再生能源等相关信息结合，从而构筑高可靠性、高效率、高质量的供电系统。智能电网的配电自动化系统可以控制普通家庭和办公大楼，甚至可以控制室内空调的温度。用户也可以通过智能电网上的智能电表掌握家中电器的电力使用状况，管理自己的电力消费，从而削减电力的使用量。智能电网还可以通过双向通信把消费者的需求传送给电力公司。智能电网的目的在于实现电网能力的整体提升，其目标是优化资源配置，促进资源节约型、环境友好型社会的建设和发展。

节能型家用电器的推广与使用早就得到发达国家的高度重视。1987年，美国通过全国电器节能法案，制定家电产品的能耗限额标准，通过"能源之星"标识制度，淘汰了市场上非节能家用电器产品。随后，欧洲国家设立 A 级节能认证制度，控制不节能家电产品的生产和销售。美国、日本、澳大利亚、欧盟等发达国家和地区，相继出台或修订家电产品节能标准，有效促进了节能家电产品的生产和销售。近年来，中国节能家电产品得到了快速发展，逐渐成为市场主流产品。不少厂家的变频空调、冰箱达到了欧洲能效标准，但与国际先进水平仍存在一定差距。提高节能家电产品的技术水平势在必行。空调变频技术、燃气灶内燃火技术、热水器冷凝技术等节能技术先后投入运用。国家先后针对空调、冰箱、洗衣机、电脑等产品设定了能效标准，强制加贴能效标识。届时，对达不到标准的小家电将被禁止生产和销售。居民生活中节能产品的节能效果非常明显。

节能建筑是指建筑项目从设计到施工的所有环节都考虑环境负荷并尽可能地减少环境负荷。节能建筑采用新材料新工艺，节能环保又安全。从宏观来说，节能建筑是建设节约型社会的关键，关系到国家的未来；从微观来说，节能建筑可以让普通老百姓得到实惠，节约生活中的电费或燃气费。随着人们对节能环保意识逐渐增强，以及中国政府的极力推动，节能建筑在中国得到大力推广及应用。

第三节 绿色经济发展模式的产业形式

21世纪的产业经济正由以物质经济为主的经济发展模式向以智力经济为主的经济发展模式转换。因而产业经济发展的重心从物质生产部门向非物质生产部门转移，使脑力劳动、信息与知识产业在现代经济活动中日益占据主导地位。以信息经济为代表的知识经济的兴起，使信息技术产业在产业经济发展中起主导作用，并成为整个国民经济快速、持续、稳定发展的基础。产业经济发展的巨大变革归根到底是产业结构的绿色化，即产业结构的知识化与生态化及其相互协调与融合发展，这是21世纪世界产业革命的方向。

一、产业结构绿化与绿色产业崛起

产业结构调整转换与优化升级的过程，实质上是产业知识化和知识产业化与产业生态化和生态产业化的相互协调、融合发展的过程。

产业结构绿化，是指在社会生产与再生产过程中投入资源少，资源利用率高，产出的产品或服务多，废物最少，污染最轻，甚至无环境污染与生态破坏，因此，产业结构绿化是组织生态化的物质生产和知识生产过程，使整个社会生产技术工艺过程和经营管理过程生态化，变社会生产或服务过程为自然生态过程或纳入自然生态过程，即社会生产、分配、流通、消费、再生产各个环节生态化过程，这是21世纪产业经济发展和产业结构演变的总趋势，是历史趋势，也是现实追求的目标。

绿色崛起，产业先行。绿色崛起需要绿色产业崛起。所谓绿色产业崛起，是以产业结构生态化为前提，以最小的环境代价和最合理的资源消耗获得最大的社会经济效益，实现社会效益、经济效益和生态效益的有机统一。绿色产业是把绿色理念贯穿到社会生产过程中，既对传统产业加以改造，发展零污染或低污染的产业。也就是说，绿色产业既可能覆盖所有战略性新兴产业，也可能仅仅是节能环保产业，本质是产业结构调整和转型升级，这不仅顺应了国际潮流，而且还可缓解资源环境约束。

二、用生态化改造第一产业，构建绿色农业产业模式

绿色农业是指充分运用先进科学技术、先进工业装备和先进管理理念，以促进农产品安全、生态安全、资源安全和提高农业综合经济效益的协调统一为目标，以倡导农产品标准化为手段，推动人类社会和经济全面、协调、可持续发展的农业发展模式。绿色农业就是要在改善生态环境的前提下，使粮食和食品生产的全过程实现三个零，即零公害、零污染、零废弃物，形成农业经济的良性循环。构建绿色农业体系，就是要大力推动农业生产资源利用节约化、生产过程清洁化、废物处理资源化和无害化、产业链条循环化，促进农业生产方式转变。大力发展生态农业，扩大无公害农产品、绿色食品和有机食品生产基地规模。

发展节约集约型农业。推广节水农业技术，治理水土流失。发展农作物间作套种技术模式，提高复种指数，大力推进中低产田地改造、土地整治和高标准基本农田建设，转变经济发展方式。

推行农业清洁生产。加强农产品产地污染的源头预防，控制城市和工业"三废"污染，加强对重金属污染的监管，加强对农业投入品（如化肥、农药、农膜和饲料添加剂等）的监管。加强农业废弃物综合利用，推动秸秆、废旧农膜、畜禽粪污、林业"三剩物"等废弃物的高值化利用，因地制宜发展农村沼气工程。加快推进农业生产过程清洁化，推广节肥节药技术，推广绿色植保技术，发展畜禽清洁养殖，推进水产健康养殖。加快建立农业清洁生产的技术体系。

鼓励延伸农业产业链。农业产业链是按照现代化大生产的要求，在纵向上实行产销一体化，将农业生产资料供应，农产品生产、加工、储运、销售等环节链接成一个有机整体，并对其中人、财、物、信息、技术等要素的流动进行组织、协调和控制，以期获得农产品价值增值。延伸农业产业链，必须大力推广农业循环经济模式（如养殖食物链型模式、立体水面混养模式），形成农、林、牧、渔多业共生、三次产业联动发展、农工社产业复合发展的循环经济产业体系。

三、用生态化改造第二产业，构建绿色工业产业模式

在第二产业的生态化改造中，大力推动战略性新兴产业和节能环保、可再生能源、再制造、资源回收利用等绿色新兴产业的发展，坚持绿色生产，丰富绿色产品，打造绿色工业品牌。构建绿色工业体系，就是要在工业领域全面推行"源头减量、过程控制、纵向延伸、横向耦合、末端再生"的绿色生产方式，从原料—生产过程—产品加废弃物的线性生产方式转变为原料—生产过程—产品加原料的循环生产方式。

加快对传统工业实施生态化改造，逐步淘汰不符合低碳发展理念、高耗能、高污染、低效益的产业、技术和产能。在生产过程中，大力推行生产设计，推行清洁生产，加强工业污染防治。大力推进重点行业清洁生产和结构优化，减少大气污染物排放。强化重点行业节能减排和节水技术改造，提高工业集约用地水平。大力推行大气污染防治工业清洁生产技术方案，在钢铁、建材、石化化工、有色金属冶炼等重点行业推广先进适用的清洁生产技术，大幅度削减二氧化硫、氮氧化物、烟粉尘和挥发性有机物的排放，从源头上解决污染排放问题。

突出循环发展，推进工业资源循环利用，积极打造循环经济产业链。推进工业"三废"综合利用，指导企业开展冶炼废渣、化工碱渣、尾矿等工业废渣的资源化利用，提高综合利用率。积极落实资源综合利用税收优惠政策，推动建立减量化、再利用、再循环的资源综合利用型企业。

实行生产责任延伸制度，该制度强调生产者的主导作用。在一些重点行业实行生产责任延伸制度，提高生产者对产品的整个生命周期，特别是对产品的包装物和消费后废弃的产品进行回收和再生利用。

四、用生态化改造第三产业，构建绿色服务业产业模式

现代服务业需要以绿色农业、绿色工业为载体，绿色产业需要绿色服务业的支撑，有了绿色服务业，绿色产业才可以得到更好的发展。

加快传统产业生态转型，构建绿色服务业产业体系。大力提升服务业发展水平，大力发展金融、电子商务、文化、健康、养老等低消耗低污染的服务业，推进零售批发、物流、餐饮、住宿、旅游等行业服务主体生态化、服务过程清洁化、消费模式绿色化。加快发展第三产业，全

力构建绿色服务业产业链。

加快发展绿色物流。开展零售业等流通领域节能减排行动。优化运输结构，发展多式联运。发展高效节约型现代物流业，合理布局物流节点空间，整合物流资源。发展资源再生利用产业和大型废弃物回收产业。开展废弃物管理、交易和再生利用工作，建立工业固体废物系统、社区垃圾收集系统的信息交流渠道，建立资源综合回收利用系统。

加快发展绿色旅游。绿色旅游提倡尊重自然环境，强调对自然环境的保护，要求旅游者约束自己的行为以保护自然环境。发展生态旅游业，进一步优化旅游产业区域布局。加强旅游生态环境建设，开发适宜的旅游产品，提升旅游产业竞争力。推进餐饮住宿业绿色发展，实施绿色设计、绿色采购、节能降耗，引领绿色消费。

着力发展绿色金融服务业。积极开展金融创新，加大对环保产业的支持力度。建立银行绿色评级制度，将绿色信贷成效作为对银行机构进行监管和绩效评价的要素。建立银行绿色核算体系，将生态因素纳入金融业的核算和决策体系中。支持民间资本进入污水、垃圾处理等市政公用事业建设。鼓励信用担保机构加大对资质好、管理规范的环保服务企业的融资担保力度。

五、加快发展绿色知识产业，构建绿色信息产业模式

现代经济形态已由传统的工业经济转向现代的知识经济，即进入到以信息、知识和技术为主的经济。以信息经济为代表的知识经济兴起，必然引起产业经济发展所需劳动者由大众劳动型向精英劳动型的转变。技术密集型产业将逐步取代资源、劳动密集型产业，第一、第二产业的蓝领工人所占比重不断下降，而从事研究、技术开发、管理、信息咨询等新兴的第三产业、知识产业和生态产业的白领工人所占比重越来越大。这必然导致世界范围内产业经济结构调整与产业转型升级。

当今世界，信息技术革命日新月异，信息产业已成为国民经济的基础产业、支柱产业、先导产业和战略性产业，信息产业是高技术、高效益、高增值型产业，是知识密集和技术密集型产业。随着国民经济和社会信息化进程的加快，中国信息产业进入了持续快速发展的新时期，信息产业对于国民经济的增长做出极大贡献。

信息产业作为一个新兴的产业部门，自身也在寻找低成本、高效益的发展道路，着力构建绿色信息产业模式。加快促进工业化经济向信息型知识经济转变。知识经济源于20世纪80年代兴起的高科技革命，而信息技术是高科技的核心。因此，我们一方面必须以高于国民经济增长的速度发展以信息技术为核心的高新技术产业，不断提高该产业在国民生产总值中所占比例；另一方面，加速利用信息技术对传统产业进行改造，加快经济结构重组。促进信息产业向节能和高效的方向转型。加强技术创新，逐步淘汰落后的工艺装置和技术设备；发展电子信息产品使用过程中有害物质排放的控制技术，提高废旧电子产品回收效率，减少处理过程中的二次污染；严格控制洋电子垃圾的涌入，发布禁止进口污染环境的电子垃圾目录，进一步增强监督执法力度。

信息技术和信息产业的迅猛发展极大地影响了经济的增长方式和结构。中国通过颁布关于促进信息产业发展的政策，推动信息产业的健康发展。

第四节　创建多元性的绿色经济发展模式

工业文明主导的经济形态可以形象概括为黑色经济形态。而生态文明开辟了生态化的绿色发展道路，最终形成绿色经济形态。实现生态文明的绿色经济形态，可以创新多种绿色经济发展模式。

一、生态经济省：省域生态建设与绿色经济发展模式

（一）生态经济省的基本内涵

生态经济省的建设标志着生态问题已经被中国省级政府提升到了战略层面的高度。生态经济省代表的是一种地方经济发展理念的创新，更是一种区域发展模式的变革。其发展与建设的思路和理念是根据各自特有的生态区位、经济社会发展程度、生态与环境质量和生物资源状况等，实现经济社会与生态环境相协调的一种符合绿色发展要求的省级行政区域的发展。生态经济省是地方政府在实践基础上的经验总结，更是理论探索道路上的反思升华，生态经济省绝不是空洞的口号，而是对实践有着巨大指导意义的理论纲领。

1. 生态经济省是以绿色发展为目标的经济发展模式

生态经济省建设的根本要求是全面实施可持续发展战略，实现经济效益、社会效益和生态效益的统一，实现近期目标和长远目标的统一，实现局部利益和整体利益的统一。可持续发展是当代经济社会发展的必由之路，也是人类文明发展的共同追求。可持续发展的内涵是追求经济和社会发展的长久性，不以牺牲长远利益为代价来获取眼前利益。可持续发展既注重当代人的利益，更要保护后代人的权益，可持续发展要求在保证当代人生活品质的同时，必须为后代人预留足够的生存和发展空间。生态经济省的理念和可持续发展思想在本质上是相互贯通的。生态经济省的目的是运用可持续发展理论和生态学、生态经济学原理，以促进经济增长方式的转变和改善环境为前提，建立"资源消耗低，环境污染少"的经济体系，把生态环境保护和建设融入经济和社会发展之中，大力发展循环经济、低碳经济和生态经济，建设生态社会和改善生态环境，实现区域经济的可持续发展。生态经济省的区域发展战略体现了可持续发展的思想精髓，是可持续发展理念在省级行政区域内的具体实践。生态经济省的建设要求，始终以可持续发展思想作为一切工作的政策指导，同时，将是否符合可持续发展目标作为评价所有工作成功与否的重要标准。

2. 生态经济省的本质内涵是发展生态经济

生态经济省的建设必然要求对生态问题给予高度重视，生态保护是生态经济省建设工作的前提条件，但这绝不意味着为了保护生态环境就必须放缓甚至放弃地方经济发展。相反，生态经济省建设过程中经济发展和生态保护是和谐统一的，因为建设生态经济省的本质和根本途径正是大力发展生态经济。纵观历史，人类的文明历经了四个阶段，产生了四种经济形态，分别是原始社会阶段的原始经济形态、农业社会阶段的农业经济形态、工业社会阶段的工业经济形态、生态社会阶段的生态经济形态。在漫长的原始经济时期，人类行为对自然环境和生态系统的影响微乎其微，生态系统基本处于自然运行的良好状态。同时，由于此时生产力的发展水平十分低下，人类社会的生存和发展也受到了极大的威胁。进入农业经济时代，人类改造自然和利用自然的能力有了较大的提高，人类的经济行为对自然和生态系统造成了一定程度的负面影响，但同样由于人类社会的技术水平非常落后，生态系统的运行总体上仍处在自我修复的范围之内。到了近代的工业经济时代，由于工业革命带来的技术革新和机器的大规模使用，人类社会的生产力得到极大提高，物质财富的创造能力大为增强，人类社会的生活水平达到了前所未有的高度。随着经济高速发展带来的人口爆炸性增长以及技术的过度使用，使得人类社会对环境和生态系统的破坏达到了空前的高度，出现了臭氧层空洞、海平面上升、极端天气频现、生物多样性锐减等一系列全球性的生态安全问题，生态系统的总体性失衡已经威胁到了整个人类的生存，迫使人类社会必须进行经济发展模式的彻底变革。因此，源于现代社会方兴未艾的生态经济时代，就是为了纠正工业革命以来以牺牲环境为代价来换取经济高速发展的片面做法。相对于传统的工业经济来说，生态经济讲求的是经济可持续发展和生态环境有效保护的和谐统一。生态经济充分运用先进的生态技术和方法，改变人类社会传统的生产方式和消费模式，积极发展高效节能、低碳环保的绿色生态产业，大力推广健康合理的生态生活理念，实现经济发展与环境保护相协调，物质文明与生态文明相统一的经济社会发展新模式。生态经济强调人与自然关系，模拟自然生态系统运行方式和规律，通过生产、流通、消费等各个环节的技术和制度创新，提高资源利用效率，以环境保护优化经济增长。建设生态经济省，大力发展生态经济，必须做到生态保护和经济发展二者齐头并进，既要维护生态系统的安全稳定，同时也要保证经济的持续发展，逐步提高民众的生活质量。

（二）建设生态经济省是顺应时代潮流的需要

1. 建设生态经济省是"生态立国"战略国策的重要组成部分

近年来，中央政府对生态问题的重视程度越来越高，在政府工作报告中，涉及生态问题的比重逐步加大，甚至已将生态问题上升到基本国策的高度。所谓"生态立国"，就是将生态问题上升到国家战略的高度，将经济发展及社会生活中的各个子系统纳入整个生态系统当中，将短期经济效益与长远社会效益结合起来，将地区局部利益与国家整体利益结合起来，从宏观层面的产业结构调整及布局，到微观层面的国民日常生活消费，都要以维护生态系统安全与稳定为首要目标，确保中国经济社会的可持续发展。

建设生态经济省是"生态立国"发展战略的有机组成部分，建设生态经济省与"生态立国"二者之间并不是简单的局部与整体的隶属关系，而是相互联动的内在系统关系。"生态立国"的发展国策是中央政府在宏观层面的政策制定，是对中华民族未来发展方向的总体规划，同时也是对地方经济社会发展理念的纲领性指导，建设生态经济省是省级地方政府对中央"生态立国"战略的深刻理解和具体实施，是对"生态立国"总体目标的细化和分解。另外，建设生态经济省并不是省级地方政府对中央"生态立国"总体目标的盲目服从，而是各省份基于自身实际情况的改革和创新。"生态立国"规定了各省经济社会的发展方向，但却没有制定统一的实施模式和评判标准，也没有太多的成功经验可供借鉴。因此，各省在建设生态经济省的过程当中，首先要立足于自身的实际情况，深刻分析本省的资源优势及不足、主要环境问题类型、人口数量及结构特征、产业结构和经济增长模式等诸多方面的情况，在此基础上科学决策，合理规划，寻求准确的相对优势，走一条有自身特色的生态经济省建设之路。

2. 建设生态经济省是地方政府对以往单一经济发展模式的纠正和改良

在过去很长时间里，中央政府实行"以经济建设为中心"的国家发展战略，对地方政府的政绩考核以经济发展为主要指标，导致地方政府对经济总量和速度增长的片面追求，以至于对环境和生态问题基本处于忽视状态。经过几十年的积累，现阶段中国许多地方的环境和生态问题日益严重，生态平衡遭到极大破坏，生态安全受到严重威胁，不仅阻碍了地方经济的长远发展，而且在空气质量、饮水安全、疾病诱发等多个领域对普通民众构成明显威胁，已严重影响到了国民的正常生活。因此，生态经济省的建设，标志着地方政府开始逐步纠正自身过分偏重经济指标的片面发展道路，改良和转变区域经济发展模式，注重经济发展与生态系统的和谐统一，切实改善民众的生活质量。

3. 建设生态经济省是中国地方环境生态保护整体规划的需要

长期以来，中国省级行政区域内的环境生态系统保护存在诸多弊端，环境生态问题久拖不决，主要原因就是各级环境保护主管部门的条块分割现象严重，从而导致地方保护主义的蔓延。省内环境生态问题的治理往往只能取得较低程度的阶段性、区域性效果，并且环境生态问题的反弹和扩散现象比较严重，很难从根本上得到治理。因此，建设生态经济省，就是要站在省级行政区域的高度来重视和解决环境生态问题，打破各自为政的地方主义思想，高效整合全省的生态系统管理资源，厘清"多龙治水"的混乱格局，形成全省生态资源系统的统一规划和使用，切实提高省级行政区域的环境生态治理和管理水平。

（三）建设生态经济省的战略路径

生态经济省的建设不可能一蹴而就，它是一个动态的渐进过程，同时也是一个庞大的系统工程，不仅涉及环境生态领域，同时还辐射政治、经济、文化、科技等多方面内容。因此，生态经济省的建设需要省级政府亲自挂帅，从大局出发，统筹兼顾，全面指导，重点从以下几个方面着手。

1. 制定生态经济省建设的长远规划

生态经济省的建设是一个漫长而艰辛的过程，需要几十年甚至更长的时间才能显出成效。因此，在生态经济省开始建设之前，省级政府必须提前制定长远的发展目标和方案设计，并且严格遵照执行，以保持生态经济省建设的一致性和连续性，尤其是要确保生态经济省的建设不因政府更替和人员变换而发生变化，防止资源浪费甚至半途而废的情况出现。同时，生态经济省的正式建设过程中，在不违背生态经济省建设根本方针和总体规划的前提下，应当根据现实因素的变化进行局部调整和变通，因地制宜，最大限度地提高经济生态省建设的实际效果。

2. 注重省域之间的协调配合，充分利用省内外各类型优势资源

生态经济省的建设是一个蕴含着经济、社会、自然、技术四大要素的复杂工程，单靠一个省份自身的力量很难实现既定目标。此外，虽然生态经济省的建设以省级行政区域为主要划分标志，但由于生态系统天然的整体性和联动性，导致了不同省份之间在地理环境及生态结构方面不可避免地存在着千丝万缕的联系，这就决定了不同省份之间在建设生态经济省的时候必须紧密配合、统一协调，充分发挥各省份的资源和生态优势，实现优势资源的共享开发和互补利用，在经济产业布局、资源分配利用、生态技术研发、人口流动迁徙、社会舆论引导等诸多领域统筹规划，以生态系统的总体大局为重，从更加宏观和系统的角度提高生态经济省建设的整体效果。

3. 积极拓宽生态经济省建设资金的来源

生态经济省的建设是一项巨大的工程，需要的资金数量非常庞大，

仅靠省级政府的资金投入难免捉襟见肘。因此，在生态经济省的建设过程中，要高度重视资金流量问题，尽最大可能拓宽生态经济省建设资金的来源。除省级政府自身筹备和国家下拨的专项建设资金外，还要充分利用市场经济的力量，大力引导企业资金参与生态经济省的建设，必要时甚至可以考虑发行专门的生态彩票，以吸收民间的零散个人资金。除此之外，生态经济省的建设还可以通过广泛的国际交流与合作，积极利用外资渠道，借助世界银行、亚洲开发银行、全球环境基金、联合国开发计划署等国际组织以及各国政府及民间团体的低息贷款和无偿赠款，最大限度地为生态经济省的建设提供充裕的资金。

4. 实现传统省级生态环境保护模式的转型

中国现阶段省级行政区域内的生态系统破坏严重，除了受经济增长模式单一、政府对生态问题重视程度不够、居民环境生态意识不足的影响之外，传统省级生态系统保护模式存在的弊端也是一个非常重要的因素。中国许多省级政府在生态环境保护方面存在明显的滞后管理现象和局部思维模式，往往是等到某个地方出现严重环境污染和生态问题的时候，才能够引起省级政府在一定时期和一定范围内的重视，从长远来看，环境生态问题并未得到总体上的改善，甚至存在进一步恶化的可能。因此，生态经济省的建设要求必须改良传统生态环境保护模式，切实将环境生态问题作为经济社会可持续发展的一个核心内生变量进行认真考量，彻底改变传统环境生态领域的事后局部治理模式，始终将环境保护和生态安全作为省级政府工作的核心内容，对环境生态领域可能出现的破坏进行提前预防，对已经出现的环境生态问题进行整体治理。同时拓宽环境生态问题的监管和治理主体，除传统的各级政府环保部门之外，还要充分参考相关领域专家学者的意见，充分动员社会团体和民间人士的力量，加大对环境生态问题的常态监督，提高环境生态问题的预防效果和治理效率。

5. 实现省级区域经济的合理增长

生态经济省的建设离不开地方经济的基础性平台作用，地方经济的良性发展不仅能够提高民众的生活水平，也能为生态经济省的建设提供有力的资金支持。为此，生态经济省的建设必须坚定不移地走生态经济的发展之路，在有效保护地方生态环境的同时，充分保持地方经济发展的活力。具体而言，建设生态经济省就是要始终坚持可持续发展战略，充分运用生态学原理、系统工程方法和循环经济理念，以促进经济增长方式的转变和改善环境质量为前提，充分发挥区域生态、资源、产业和机制优势，大力发展生态经济和绿色产业，改善生态环境，培育生态文化，实现省域经济发展与生态环境的协调统一。

6. 提高生态技术研发的投入力度和管理水平

生态经济省的建设要求以生态经济模式为驱动，以绿色产业结构为支撑，这些都意味着生态经济省的建设离不开生态技术的支持。生态技术是推进生态经济省建设的动力和保障，生态技术的研发和利用情况在很大程度上决定了生态经济省建设的实际成效。由于现阶段的生态技术研发存在投资回收期长、市场风险较高的特点，因此，生态经济省的建设要求省级政府必须加大对生态领域的投入力度，为生态技术的研发提供有力的资金支持。同时，省级政府还应提高对生态技术的综合管理和利用水平，高效整合各部门、各层次的生态技术研发力量，避免生态科研资源的重复投入和浪费，提高生态科研资金的利用效率，加快生态技术成果转换的频率和时限，以科技的手段促进生态经济省建设的步伐。

7. 控制人口数量和优化人口结构

人口是整个生态系统中不可或缺的重要组成部分，无论是在生态领域还是经济领域，人口都是最具能动性、最有创造性的活力因素，人口因素既受生态系统和经济系统的制约，反过来也在很大程度上影响甚至决定着生态系统和经济系统运行的成效。因此，对于生态经济省的建设而言，绝不能忽视省内的人口因素。省级政府在制定生态经济省建设方案的时候，要充分了解本省人口的数量和结构特征，在本省资源总量及环境生态系统承载极限基础之上，制定合理的人口生育和流动政策，使本省的人口数量和增长速度与生态系统运行保持平衡。同时，省级政府还应当进一步优化人口结构，通过教育、培训、人才引入及调配等多种手段提升本省人口的总体素质，为生态经济省的建设打下坚实的人文素养基础。

8. 合理开发和利用自然资源

生态经济省的建设要求高度重视和保护省内环境和生态资源，但并不意味着自然资源的绝对保护和零开发利用，生态经济省的建设离不开自身资源的支撑，因此对自然资源的开发利用是不可避免的，生态经济省追求的是生态系统保护范围内的资源合理开发和有效利用。建设生态经济省的目的就是把省域范围内的经济发展、社会进步、环境保护有机结合起来，以较小的资源环境代价赢得经济社会的较快发展，实现资源高效利用，生态良性循环，经济社会发展和人口、资源、环境相协调的良好局面。

二、生态城市：市级生态建设与绿色经济发展模式

（一）生态城市是一种市级行政区域内社会—经济—自然复合生态系统的可持续发展模式

生态城市是指自然、技术、人文充分融合，物质、能量、信息高度利用，人的创造力和生产力得到最大限度的发挥，居民的身心健康和环境质量得到维护，建立生态、高效、和谐的人类聚居新环境。生态城市是从全局和系统的角度应用生态学基本原理而建立的，是人与自然和谐共处、物质循环良好、能量流通顺畅的生态系统。生态城市的建设以环境容量和生态承载力为前提，建立在人与自然和谐关系基础之上的一种人类社会生存理念，体现了人类社会新型的生产形式和生活方式。生态城市建设的宗旨是力求最大限度地保护自然生态系统的完整，尽最大可能减少人类聚集行为对环境生态系统造成的破坏。生态城市的理念是将传统的城市规划建设和城市日常管理放在更为宏观的生态系统中加以考虑，生态城市建设的核心思想是在人口不断增加的历史背景下维持人类社会的可持续发展，并进一步地提高人类社会的生活质量。

（二）生态城市的特征

生态城市建设作为人类社会对工业化以来大规模城市化进程的反思和纠正，标志着人类社会的发展由传统的经济增长模式向复合生态驱动模式的转变，是人类社会由工业文明走向生态文明的创新之举。

1. 可持续性

生态城市以可持续发展思想为指导，强调城市的运行和发展不能够超越城市生态系统的承载能力，注重调控城市经济产业布局的科学性和城市人口消费行为的合理性。因此，生态城市可持续性的内涵就是从整体上把握和解决环境—人口—经济—社会子系统之间以及城市系统与周边区域等外部系统间协调发展的问题，促进城市生态系统的最优发展，在结构上表现为增长与规模的适度性和协调性，在过程上表现为发

展的可持续性和高效性，在功能上表现为资源利用与环境状况持续改善、社会经济活动和自然环境高度和谐、城市福利水平不断提高。

2. 系统性

生态城市是一个庞大的复合系统，其建设和运行要求能够有效协调城市经济子系统、城市生活子系统、城市人口子系统、城市交通子系统、城市环境子系统等多个子系统之间的矛盾和冲突。因此，生态城市本身就是一个整体性的概念，生态城市是建立在各种因素相互制约、相互平衡的基础上，忽视其中任何一个因素就不是真正意义上的生态城市。

3. 循环性

生态城市将环境和生态系统的保护放在首位，在城市的建设和运营过程中力求资源能够得到最大限度的利用，同时将城市系统运行中的废弃物排放量降到最低。因此，生态城市的建设和运行必然要求大力发展循环经济、绿色经济和低碳经济，加大资源的重复使用频率，最大限度地提高资源的利用效率，减少资源消耗和环境污染。

4. 高效性

生态城市的建设以可持续发展思想为指导，要求在城市运行过程中将各个环节的损耗降到最低。为此，生态城市需要着重建设绿色低碳的循环经济产业，大力发展低碳环保的公共交通系统，积极提倡健康合理的居民消费理念，提高资源的利用效率，在物质流、能源流、信息流、价值流、人员流等各个领域减少价值损耗，真正实现生态城市的整体高效运行。

5. 技术性

生态城市走的是一条技术之路，生态城市无论是理念层面的规划设计还是现实世界的有效运行都离不开技术的支撑。生态城市的技术运用应当综合体现在城市功能结构布局、城市支柱产业培育、城市生活住宅设计、城市交通系统选择等多个领域。因此，可以说生态城市既是一座生态之城，同时也是一座科技之城。

6. 创新性

生态城市的建设，要求突破传统城市模式的束缚，在城市规划设计理念、城市建设模式、城市产业结构布局、城市交通系统设计、城市功能划分等多个方面进行大胆的尝试和创新，以新的理念、新的模式、新的技术、新的方法来构建经济、社会、环境三者和谐统一的全新城市格局。

（三）生态城市建设过程中的误区

中国生态城市的建设已经有了十几年的历程，生态城市的试点工作也在中国各地普遍开展，并已取得了一定成效，形成了一些有借鉴意义的生态城市建设经验。与此同时，中国生态城市的建设也存在明显的问题，尚有诸多需要改进和提高之处。

1. 对生态城市的理解存在偏差

生态城市概念内涵丰富，同时，生态城市涉及的领域很多，影响因素也非常广泛。所以有专家认为，生态城市至少要满足以下标准：城市结构合理，功能协调；产业结构合理，清洁生产；能源有较高的循环利用率；居民的生活质量和城市环境质量能够达到一定要求；尊重居民的文化和生活特征，居民身心健康，有自觉的生态意识和环境道德观念；建立完善的、动态的生态调控管理与决策系统。由此可见，生态城市的建设需要综合考虑多方面的因素，而现阶段中国试点的生态城市建设大多没有深刻理解生态城市的内涵，很多地方简单地将生态城市等同于"绿色城市""园林城市""森林城市"，在生态城市建设过程中基本以扩大绿化面积，扩大太阳能、风能适用范围为主，这种局限性不仅偏离了生态城市的本质，而且根本无法实现生态城市的整体功能。

2. 生态城市建设缺乏规模效应

中国现阶段的生态城市建设基本是以新城区的形式来呈现，由于新兴生态城区与老城区在地缘空间上相距较远，尤其在城市功能衔接上严重脱节，致使生态城市建设的规模过小，只能实现辐射范围较小、综合指标较低的低端生态化运行，无法取得生态城市建设的规模效应，同时直接导致了生态城市建设的成本过高，限制了生态城市的扩展和持续运行。

3. 生态城市建设的模式单一

生态城市遵循的是城市人工系统和自然生态系统的天然匹配，这就要求生态城市的建设必须立足于城市自然环境和生态系统的基础之上，走一条有自身地方特色的生态城市建设之路。现阶段中国的生态城市建设存在明显的趋同化现象，生态城市建设的模式过于单一，无法体现地域差异，很多生态城市的建设和运行根本未能契合本地的资源和环境优势，不仅使得生态城市建设缺乏可持续发展的能力，甚至造成城市原有生态系统的进一步破坏。

（四）生态城市的建设原则

生态城市的兴起昭示着人类社会聚居形式发展的必然趋势，对许多地方政府来说，生态城市建设既是当地经济社会发展的机遇，同时也是一项艰巨的任务。为更大范围地推动生态城市发展的步伐，生态城市的建设应当基于以下几个原则。

1. 和谐便利原则

城市的运行不能对自然生态系统造成威胁和破坏，这是生态城市建设的基本前提和首要目标。因此，生态城市的规划要以城市生态学为理论基础，在实际建设过程中始终坚持"人与自然和谐统一"的原则，充分尊重和利用自然生态规律，尽最大努力将对生态系统的影响和干扰降至最低。同时，生态城市的建设还要充分体现"以人为本"的思想，因为"人"始终都是生态城市的主体，生态城市建设的目的不是为了单纯地保护生态环境，而是在保护生态环境的前提下最大限度提高人类生活的便利性和舒适性。生态城市的建设要在多个方面认真考虑城市居民的感受，满足人们对工作、生活、闲暇的需求，建立良好的宜居环境，形成生态城市的强大吸引力，推动生态城市的可持续发展。

2. 因地制宜原则

生态系统很大程度地受自然环境和地理因素的影响和制约，不同地域生态系统的特征差异显著，导致生态城市的建设并无太多通用的规律可循。生态城市的建设只能从自身的实际情况出发，在城市资源优势和生态系统特征的基础上，按照因地制宜的原则，从生态城市的规划、设计建设、管理等多个环节制定有针对性地管理方案，形成具有明显地域特色的生态城市建设之路，切忌不顾本地实际情况照搬外部经验的盲目做法。

3. 循环经济原则

传统城市对生态系统造成破坏的一个重要形式就是城市在运行过程中不可避免地会向生态系统排放大量的废弃物，这种情况源于传统经济模式固有的弊端。从物质流动的方向看，传统工业社会的经济是一种单向流动的线性经济，即"资源—产品—废物"。线性经济的增长，依靠的是高强度地开采和消耗资源，同时高强度地破坏自然环境。循环经济的增长模式是"资源—产品—再生资源"。循环经济就是通过资源循环利用使社会生产投入自然资源最少、向环境中排放的废弃物最少、对环境的危害或破坏最小的经济发展模式。生态城市的循环经济模式，将使人类能够从根本上解决城市发展与资源短缺、环境承载力低下之间的矛盾，维护本就脆弱的城市生态系统，极大程度地降低城市生态系统面临的压力，使城市走上一条良性循环的生态发展道路。

4. 低碳运行原则

当今社会，碳排放是全人类共同关注的热点，碳排放问题也是传统城市饱受诟病的原因之一。传统城市的经济产业过于集中，人口规模和聚居密度过大，导致城市工业的生产环节和城市人口的生活过程产生大量的碳排放，形成城市特有的"富碳环境"，致使碳排放已经严重威胁到传统城市居民的生存和健康。生态城市的建设要求在城市能源供给中大规模采用太阳能、风能、地热能等多种绿色能源，在城市产业布局中大规模实行循环经济和清洁生产，在城市生活布局中大规模建设绿色建筑，在城市交通系统中大量使用低碳环保的绿色公共交通系统。以低碳模式作为生态城市可持续发展的手段和动力，建设人与自然和谐相处的城市人居环境。

三、生态县：县级生态建设与绿色经济发展模式

（一）生态县的基本内涵

生态县是社会经济和生态环境协调发展，各个领域基本符合可持续发展要求的县级行政区域。一般来说，县级并非一个完整的自然生态系统，其边界有按分水岭、河流、海岸线等自然地理边界划分，也有按政治经济联系或历史文化渊源划分。因而是一类异质的、开放的人工生态系统。生态县规划不同于传统的经济规划或环境规划，它具有以下特点：第一，强调经济的高效而不是高速。资源潜力未充分利用的高速发展的经济不是生态县经济，相反，一个县的经济发展的绝对指标虽不高，但若已达到地尽其利，物尽其用，人尽其能，则应是一种接近生态县目标的发展。第二，强调自然的和谐而不是平衡。人在改造自然的过程中，总是要不断地破坏自然、建设自然。不平衡是绝对的，平衡是相对的。生态县建设的目标就是要追求总体关系的和谐和系统功能的协调。第

三，强调社会的开放而不是封闭。生态县建设并不反对投入，相反，它要动员自身的竞争活力去争取尽可能多的有效投入，但却不依赖投入，生态县建设强调系统的应变能力和多样性，其在外部环境变动的情况下仍能健康地发展，具有多重的发展机会和有效的替代资源。"

生态县是县级规模生态示范区建设发展的最终目标。生态示范区是以生态学和生态经济学原理为指导，以协调经济、社会发展和环境保护为主要对象，统一规划，综合建设，生态良性循环，社会经济全面、健康、可持续发展的行政区域。生态示范区是一个相对独立，对外开放的社会、经济、自然的复合生态系统。生态示范区建设一般以乡、县和市域为基本单位组织实施，当前重点可放在以县为单位组织实施。生态示范区建设是在一个市、县区域内，由政府牵头组织，以社会—经济—自然复合生态系统为对象，以区域可持续发展为最终目标的一种工作组织方式。生态示范区建设是实施可持续发展战略的最基本的经济社会形式，是可持续发展思想的集中体现，也是落实基本国策的重要保证。

（二）生态县建设的基本原则

1. 因地制宜的原则

生态县建设应从当地的实际情况出发，以当地的生态环境和自然资源条件、社会经济和科技文化发展水平为基础，科学合理地组织建设。

2. 资源永续利用原则

提倡资源的合理开发利用，积极开展资源的综合利用和循环利用，提高资源的利用效率，实现自然资源的开发利用与生态环境的保护相协调。

3. 环境效益、经济效益、社会效益相统一原则

生态县建设应与农村脱贫致富、地区经济发展相结合，与当地的社会发展、城乡建设相结合。

4. 政府宏观指导与社会共同参与相结合原则

生态县建设作为一项政府行为，强调政府对生态县建设的宏观管理和扶持作用。同时，应充分调动社会力量共同参与。

5. 统一规划、突出重点、分步实施原则

生态县建设规划应当是生态环境建设与社会经济发展相结合的统一规划，应体现出生态系统与社会经济系统的有机联系。同时，规划应

明确近期、中期、远期目标,并将建设任务加以分解落实,分阶段、分部门组织实施,突出阶段、部门的建设重点,组成重点建设项目。

(三) 生态县建设的战略目标和战略路径

1. 生态县建设的战略目标

生态县建设的目的是按照可持续发展的要求和生态经济学原理,调整区域内经济发展与自然环境的关系,努力建立起人与自然和谐相处的社会,促进经济、社会和自然环境的可持续发展。通过生态县建设,树立一批区域生态建设与社会经济协调发展的典型。

2. 生态县建设的战略路径

生态县建设的关键在于以下几点,第一,要发展以科技含量高、经济效益好、资源消耗低、环境污染少为特征的生态经济,从而实现经济增长方式的根本转变,提高县域经济竞争力;第二,要加强环境污染防治和生态治理;第三,要注重城乡统筹发展,用生态文明理念指导城镇化发展,以生态为立县之基,发展之路。

生态县建设既要符合区域长远发展的要求,又要结合各地自身的实际情况。生态县建设的路径设计应考虑两个方面内容,一方面围绕生态抓发展。生态县建设的目标,不是简单地达到一种"返璞归真"的自然状态,而是解决与环境良性互动下量的扩张和质的提升。简而言之,就是生态要发展,环境要改善,这是生态县建设的战略之举。按照生态功能区划、自然资源禀赋来调整优化生产力布局,进一步明确产业定位,建设生态型工业园区,引导产业聚集。另一方面,抓好生态促发展。生态县建设的目的,主要是转变经济发展模式,实现从"牺牲环境换发展"向"保护环境促发展"的转变。不断增强"抓好生态促发展"的责任意识。制定完善的生态发展规划,对不符合生态县建设总体规划要求的事项一律不能审批。

四、生态文明建设开创中国绿色经济发展的新航程

坚定尊重自然,顺应自然,保护自然的信念。只有坚信尊重自然的发展道路才是有前途的发展道路。人类与自然是平等的,人类不是自然的奴隶,人类也不是自然的主宰者。在开发自然、利用自然过程中,人类不能凌驾于自然之上,人类的行为方式应该符合自然规律,在快速经

济发展中积极反思和调整人类自身行为。只有尊重自然，才能得到自然的尊重。只有不断探索绿色经济发展之路，加快构建绿色化的经济结构、产业结构和能源结构，发展绿色生产力，才能真正形成绿色经济发展模式。努力走上一条既要经济发展，更要生态发展的康庄大道，这是我们在生态建设和经济建设关系处理上坚守的底线。

完善的生态文明制度和法律体系是形成绿色经济发展模式的制度和法治保障。只有不断进行制度创新和公众参与，才能促进绿色经济发展。实践证明，一个国家经济的增长、生态的平衡、社会的发展，其本质就是制度的合理性和创造力。大力推进生态文明建设和发展绿色经济的制度化、法治化，构建生态文明的绿色制度框架和绿色法律体系，用制度和法律创造绿色经济发展的美好未来。

第三章
中国绿色经济发展模式

第一节 中国绿色经济发展现状

一、中国资源概况

中国资源总量较为丰富,品种繁多,缺点是人均占有不足、地域分布不均,部分资源开发利用难度大,而且在粗放型的经济增长方式下,资源利用率低下,浪费情况比较严重。

中国的淡水资源、煤炭资源、耕地面积,以及石油、天然气储量都位于世界前列,但是由于中国人口众多,人均资源占有量远远低于世界平均水平。中国是世界上矿产资源较为丰富的国家之一,矿产资源储量总值近17万亿美元,人均矿产资源储量只有世界平均水平的一半左右,多种矿产资源长期依赖进口。

中国的资源分布在地域上存在严重的不平均现象。中国的耕地资源主要集中在东部平原地区,包括东北平原、华北平原、长江中下游平原,四川盆地地区也较为丰富。中国的林地资源主要分布于东北林区和西南林区,两地为全国提供主要的木材来源。中国的草地资源分布以西部地区为主,从西南地区一直延伸到北部地区,形成西藏、青海、新疆、内蒙古四大牧区。中国水能资源总量高达6.8亿千瓦,位于世界第一位,但70%的水能资源分布在中国主要河流的发源地青藏高原地区,东部与西部地区差距非常大,而且由于西部地区地形复杂,开发难度也比较大。中国的能源矿产资源总量较大,但是结构不均衡,煤炭资源储量的比重大于石油、天然气。煤炭资源主要分布在东部地区和北部地区，质量参差不齐，露采煤炭较少，开采难度大；石油、天然气资源探明程度低、主要分布在中部地区和西部地区。

二、中国资源利用情况

随着近年来经济规模的持续扩大，中国的能源消费总量也不断上升，自 2009 年起，中国一次能源消费总量已经超过美国；2014 年，中国超越美国成为世界上第一大能源生产国和能源消费国。据 2015 年国家统计局发布的国民经济和社会发展统计公报显示，中国 2015 年全年能源消费总量为 43 亿吨标准煤，相对 2014 年增长 0.9%，比美国全年能源消费总量高出 30%。

根据 2015 年世界一次能源消费结构统计显示，石油（也称原油）、天然气、煤炭、核能、水力发电和再生能源在中国能源消费量中占比分别为 18.6%、5.9%、63.7%、1.3%、8.5%和 2.1%，煤炭消费比重居世界首位，远高于 52%的亚太地区平均水平和 30%的世界平均水平，说明中国的一次能源消费主要以煤炭为主，虽然煤炭占能源消费比重相对 2014 年的 66%有所下降，但是以煤炭为主要能源供应的局面在相当长的时间内不会改变。

受到技术水平、开发方式和能源价格的影响，中国能源利用率低，资源浪费的现象严重。目前，中国的能源综合利用率只有 36%，低于世界平均水平，而以日本、美国为代表的发达国家的能源综合利用率都在 50%以上。中国的单位 GDP 能耗也显著高于发达国家，是日本的 7~8 倍，是欧盟和美国的 4 倍，是世界平均水平的 3 倍。中国燃烧设备的热效率平均值为 60%，比发达国家的热效率平均值低了 20%~30%。中国单位建筑面积采暖能耗与气候条件相近的发达国家相比高出 3 倍以上。中国农业灌溉水有效利用系数只有 0.4，是国际先进水平的 55%~65%。工业用水的重复利用率只有 60%，低于发达国家的 80%，此外，城市生活用水的浪费现象也非常严重。

三、中国生态环境现状

中国以石油燃料为主的能源结构造成了严重的大气污染，2013 年初，中国多地出现的持续时间长、波及范围广的雾霾天气，为中国空气质量敲响了警钟。中国的大气污染主要是燃煤污染和机动车尾气污染。燃煤污染是由于煤炭燃烧时产生的煤烟中包含大量粉尘、二氧化碳以及二氧化硫，燃煤污染主要来自热力发电厂、燃煤工业锅炉、生活炉灶和生活采暖。由于中国部分煤田质量偏低，煤炭灰分、硫分等指标较高，煤炭洗选难度大，清洁煤市场前景差，燃烧设备效率低，燃烧不完全，大大增加了煤炭燃烧造成的污染。机动车尾气污染是中国大气污染的另一个主要来源。随着经济的发展，人们生活水平的提高，中国机动车数量出现大幅提升。机动车尾气的主要成分是碳氢化合物、氮氧化合物、一氧化碳、二氧化碳、二氧化硫、铅和固体悬浮物。根据2016年中国机动车环境管理年报显示，2015年中国机动车污染物排放总量达4500万吨。机动车尾气污染已成为继燃煤污染之后较为严重的大气污染来源之一。

除了大气污染，中国的水体污染也相当严重，近年来中国水体污染事件频发，根据调查数据显示，中国有近3亿人的安全用水受到威胁，七大水系均受到不同程度的污染，全国三分之一的城市河段水质不达标，丧失使用功能。

垃圾又被称为"放错位的资源"，随着中国工业化和城市化进程加快，中国每年产生城市生活垃圾1.5亿吨，这些垃圾不仅侵占土地、影响环境美观，也对空气、土壤和水体造成了严重的污染。目前中国的城市垃圾大多露天堆放，也有通过卫生填埋和集中焚烧的方式进行处理，经过无害化处理的垃圾不足10%，回收再利用的垃圾不足30%，每年通过扔垃圾被丢弃的资源高达250亿元。

中国土地荒漠化和水土流失问题也不容忽视。中国是世界上土地荒漠化最严重的国家之一，荒漠化土地面积达262.2万平方千米，占国土面积的近三分之一，受荒漠化影响的人口数量近4亿人，因荒漠化造成的直接经济损失超过500亿元人民币。中国水土流失面积约356万平方千米，潜在受水土流失威胁的土地面积约200万平方千米，水土流失导致耕地被毁，对中国的农业发展造成巨大损失，严重制约了中国经济社会的可持续发展。

此外，中国的草场面积也在退化，森林资源减少，生物多样性受到破坏。

四、中国绿色经济发展现状

2014年,《中华人民共和国环境保护法》修订完成,新的环境保护法将环境保护放在了优先位置,加大了对环境违法行为的惩处力度,并结合多方力量对生态环境实行共同治理,使环境保护措施更加科学有效。2015年,在《资源综合利用产品和劳务增值税优惠目录》中将清洁生产和资源节约的工作向前推进。此外,中国还开展了国家生态工业示范园区建设工作、重点行业和企业绿色经济发展的试点工作,以及绿色产业和绿色城市试点等,为进一步推进绿色经济发展奠定了基础。

尽管中国的绿色经济发展取得了一定的成效,但是仍然存在一些问题。例如,企业和公众对于绿色经济发展的必要性和紧迫性认识不足,对于经济发展的认识依然停留在GDP的增长上,没有形成自觉节约资源、保护生态环境的意识。这就导致企业的发展仍然是高投入、高消耗、高排放的模式,绿色经济发展和减排工作大都依赖于行政手段进行,居民的生活方式和消费方式也没有真正地向绿色消费和低碳生活方式转变。中国的产业结构还需要升级和调整,淘汰落后产能的工作还要继续,环境保护和绿色经济发展相关的立法工作还要进一步完善。绿色经济发展相对于传统经济更重视科学技术的投入,绿色经济发展中的新能源开发、资源和能源减量化、清洁生产、废弃物资源化再利用、污染物无害化处理都需要以先进技术作为支撑,而中国现有的与绿色经济发展相关的技术还不足以让绿色经济发展在全国范围内大规模展开,关键技术研发之路任重而道远。

(一)中国绿色经济发展的理论内涵

"创新、协调、绿色、开放、共享"五大发展理念是习近平新时代中国特色社会主义思想的核心内容,是新时代推动高质量发展的战略指引。党的十九大报告中明确指出,我们要建设的现代化是人与自然和谐共生的现代化,既要创造更多物质财富和精神财富以满足人民日益增长的美好生活需要,也要提供更多优质生态产品以满足人民日益增长的优美生态环境需要。全面建成小康社会,要让人民从发展中获得幸福感,绝对不能以牺牲生态环境为代价。树立和践行"绿水青山就是金山银山"的理念,形成绿色发展方式和生活方式,着力解决突出环境问题,打好污染防治攻坚战,加强生态保护和修复,加快建设美丽中国,推动中国经济进入高质量发展轨道。

本研究认为,中国绿色经济发展的理论内涵包括两方面:一是经济增长与资源环境负荷的脱钩;二是使可持续性成为生产力。使经济活动遵循自然规律,改善资源环境可持续性,促进经济发展绿色化。让绿水青山成为金山银山,发挥自然生产力的作用,促进经济发展。推动中国绿色经济发展,培育绿色发展能力,实现"绿水青山就是金山银山"。

(二)基于绿色发展评价的中国绿色经济发展现状

为了切实践行"绿水青山就是金山银山"的理念,推动绿色发展,有必要科学认识和评价中国绿色经济发展的现状,诊断绿色发展存在的问题,进而探讨中国绿色经济发展的实现路径。

1)绿色发展评价的指标与方法

以往的绿色发展评价大多采用综合指数法,但综合指数法也存在一定的缺陷。由于指标体系中的不同指标之间可以相互替代,如果某一项指标得分畸高,会掩盖其他指标得分低的不足,甚至整体的综合得分可能会偏高,导致出现"一俊遮百丑"的现象。

本研究认为,绿色发展评价方法的改进要考虑两方面因素。

第一,绿色发展评价方法必须符合绿色发展的理论内涵,基于绿色发展的理论内涵构建绿色发展评价的概念框架。本文构建了三位一体的概念框架:将绿色发展分为经济发展、可持续性和绿色发展能力三个方面进行考察,在此基础上构建绿色发展评价指标体系。其中,经济发展指标包括经济发展水平、经济增长动力、产业结构转型、收入分配与社会保障四方面指标;可持续性包括生态健康、污染控制、低碳发展、资源节约四方面指标;绿色发展能力则从基础设施、内源性增长能力、资源环境管理三方面进行评价。

第二,绿色发展评价必须克服综合指数法的缺陷,避免指标之间的可替代性。本文尝试采取效用函数合成的方法,突出短板因素的制约作用,以规避综合指数法"一俊遮百丑"的弊端,使评价结果更加符合公众对绿色发展的个体感受。基本思路是,各地区以效用函数形式将各分项指标合成为一个综合指标。

2）绿色发展评价结果

基于以上考虑，通过计算省级尺度和城市尺度的绿色发展指数，对31（未计算香港、澳门和台湾）个省份、100个城市的绿色发展现状进行了评价。评价结果显示，中国绿色经济发展的现状具有以下特征。

第一，绿色发展不平衡。绿色发展综合得分呈从东南沿海地区向西部地区、北部地区递减的态势。东南沿海地区绿色发展优势明显，高值的省份和城市主要分布在沿海地区，低值的省份和城市大多分布在内陆地区。

第二，与2017年国家统计局发布的绿色发展指数相比，本文突出了绿色与经济的协调平衡。国家统计局的绿色发展指数偏重"绿色"，大部分指标是生态环境方面的；本研究的绿色发展评价则强调经济发展、可持续性、绿色发展能力三个维度的协调平衡。

第三，绿色发展存在明显的"短板"或制约。无论是省级尺度，还是城市尺度，绿色发展的短板制约较为突出。从省级尺度的一级指标看，10个省份存在经济发展的短板制约，11个省份存在可持续性的短板，10个省份存在绿色发展能力的短板；从二级指标看，出现频率较高的短板因素主要是生态健康、收入分配与社会保障、低碳发展、资源环境管理等。

在城市尺度上，许多城市存在短板制约，或经济发展滞后，或可持续性较差，或绿色发展能力得分较低。例如，南昌、常德、株洲、南宁、柳州、桂林、湛江、海口等地，尽管可持续性得分较高，但由于经济发展滞后，对绿色发展产生不利影响；北京、上海、重庆、天津、武汉、广州、成都等城市经济发达，但环境质量退化（生态健康和污染控制方面），使可持续性受到损害。

第四，经济发展与可持续性之间的不协调现象突出，金山银山和绿水青山之间的冲突仍然存在，需要引起高度关注。经济密度和产业结构的差异是影响经济发展与可持续性之间的关系的主要因素。资源环境负荷会随着经济密度的提高而增大，当经济密度超过一定阈值时，环境负荷过大会导致可持续性受到损害。但是，产业结构差异会使经济密度对环境负荷的影响产生变化。偏重资源型产业和高耗能产业的产业结构会使经济密度的阈值提前达到，在集聚经济程度不高的条件下提前进入可持续性下降的通道。产业结构转型可以减缓经济密度提高对资源环境负荷的影响，甚至使经济发展与可持续性之间的关系产生逆转。

第五，空间集聚与可持续性之间存在冲突，空间集聚的负外部性不容忽视。经济活动的空间集聚使一定空间范围内的资源环境负荷加大，增大了环境管控压力，经济发达区域的城市已经显现可持续性受到损害的问题，空间集聚的负外部性已经显现。中西部地区部分城市在经济密度不高的条件下提前进入了可持续性下降的通道。中国绿色经济发展必须充分认识并高度重视空间集聚的负外部性，把绿色经济发展与空间发展规划有机结合起来。

第六，从绿水青山和金山银山的关系来看，现有江苏、浙江、广东、北京已经实现绿水青山和金山银山的内在统一；上海、天津、山东、福建、重庆和湖北在经济增长与资源环境负荷的脱钩方面表现不错，但尚未实现绿水青山和金山银山的内在统一；其余省份仍然处于以经济增长与资源环境负荷脱钩为目标的发展阶段，没有实现经济增长与资源环境负荷的脱钩，更没有实现绿水青山和金山银山的内在统一。

3）中国绿色经济发展的实现路径

经济发展与可持续性之间的关系在不同省份和不同城市呈现不同的状态，导致绿色发展出现空间分化。绿色发展路径选择需要充分考虑各地的具体情况，因地制宜。

依据经济发展与可持续性之间关系的不同，可以将31个省份和100个城市分为低位开发区域、绿色坚守区域、协调发展区域、经济先导区域四类。

低位开发区域的经济发展和可持续性得分均较低；绿色坚守区域的经济发展得分远低于可持续性得分；协调发展区域的经济发展和可持续性得分较高且接近；经济先导区域的经济发展得分远高于可持续性得分。

在省级尺度上，四类区域分别如下。低位开发区域包括河北、辽宁、安徽、河南、山西、内蒙古、黑龙江、陕西、甘肃、青海、宁夏、新疆。绿色坚守区域包括吉林、江西、湖北、湖南、海南、四川、广西、贵州、云南、西藏。协调发展区域包括浙江、福建、广东、重庆。经济先导区域包括北京、天津、上海、山东、江苏。

在城市尺度上，四类区域的代表性城市主要如下。低位开发区域共有38个，主要分布于华北地区、东北地区和西北地区。代表性城市有石家庄、沈阳、西安、兰州、西宁、乌鲁木齐、淄博、洛阳、大同、石嘴山等。绿色坚守区域共有 32 个，主要是长江流域、珠江流域以及胶东半岛的中等城市。代表性城市有合肥、福州、南昌、重庆、昆明、桂林、宜昌、烟台、烟台等。协调发展区域共有 10 个，主要是沿海地区的次级中心城市。代表性城市主要有厦门、青岛、长沙、中山、绍兴、南通等。经济先导区域共有 20 个城市，主要为直辖市、东部沿海地区的城市，或者为中西部地区的发达省会城市。代表性城市主要有北京、上海、广州、深圳、杭州、南京、天津、武汉、成都、郑州、苏州、宁波等。

不同类型的区域应当因地制宜，制定针对性的绿色发展路径。

低位开发区域：应当遵循宁要绿水青山、不要金山银山的理念，加快产业转型，调整产业结构，实现经济发展与可持续性的脱钩，决不能走"先污染、后治理、然后逐步转型"的路径。

绿色坚守区域：坚持践行绿水青山就是金山银山的理念，适度提高经济密度，重视发展绿色产业，加快把绿水青山转化为金山银山的步伐，在保持绿水青山的前提下，提高经济发展水平。

协调发展区域：坚持践行绿水青山就是金山银山的理念，增强绿色发展能力，重点培育和增强内源性增长能力，加快产业转型升级的步伐，实现既要绿水青山也要金山银山的目标。

经济先导区域：坚定宁要绿水青山、不要金山银山的理念，适度降低经济密度，合理发挥城市群的作用，利用绿色发展能力的优势，加大环境污染治理力度，加快改善环境质量，增强可持续性。

（三）绿色增长的概念及溯源

近年来，随着全球经济的不断发展，资源的不可再生性与经济增长之间的矛盾已逐渐凸显，如何有效地实现绿色经济增长已经成为一个全球性的学术议题。本文从理论和实证两个角度对中国相关组织和学者在绿色增长领域的研究成果进行梳理，并对绿色增长研究进行了简要的评价与展望。

改革开放以来，中国经济始终保持高速发展，取得了举世瞩目的成就，但同时也为此付出了巨大的资源和环境成本，传统的"高投入、高消耗、高排放、低效益"的粗放型增长方式严重制约了中国经济可持续发展。大力发展绿色经济已是大势所趋。《中华人民共和国国民经济和社会发展第十二个五年规划纲要》强调，坚持把建设资源节约型、环境友好型社会作为加快转变经济发展方式的重要着力点。坚持走中国特色新型工业化道路，树立绿色、低碳发展理念，提高生态文明水平。党的十八大报告又再次强调大力推进生态文明建设。因此，转变经济增长模式，促进中国工业绿色增长成为中国经济发展的迫切需要和内在要求。对中国绿色增长的相关研究进行梳理，找到目前研究中存在的不足，以期为绿色增长的深入研究提供借鉴与启示。

20世纪60年代以来，随着对环境及健康问题的逐渐重视，逐渐掀起了一股"绿色运动热潮"，在近50年的时间里，随着经济、技术，以及人口、资源环境的不断变化，绿色增长这一概念被不断赋予新的内涵。

明确提出绿色增长的理念后，绿色增长的理念在全球迅速传播，并被人们广泛接受，同时成为政府追求的目标。2005年联合国亚太经济合作与发展（ESCAP）会议将绿色增长看作是实现可持续发展的关键战略，并认为绿色增长是"为推动低碳、惠及社会所有成员的发展而采取的环境可持续的经济过程"。2010年1月，时任韩国总统李明博在《绿色增长基本法》上签字，开创了绿色增长立法的先例。

与此同时，尽管绿色增长的经济发展理念已被各国所接受，但到目前为止对于绿色增长还没有一个统一的标准化定义。经济合作与发展组织（OECD）在2009年6月举行的部长级理事会会议上通过的"绿色增长战略"宣言中将其定义为：在防止代价昂贵的环境破坏、气候变化、生物多样化丧失和以不可持续的方式使用自然资源的同时，追求经济增长和发展。在2011年公布的《迈向绿色增长》报告中进一步指出，绿色增长是："在确保自然资产能够继续为人类幸福提供各种资源和环境服务的同时，促进经济增长和发展"。李凯杰认为，绿色增长是指在保持经济增长的同时保护环境，即环境可持续的经济增长和发展。但是绿色增长不等同于可持续发展，它是可持续发展的子集，范围相对较窄，意味着一个可行的、兼顾经济和环境的、具体的施政纲领。孙耀武认为绿色增长是一种以资源节约为前提，以科技进步为支撑，以向环境中排放的污染物不超出环境容量从而不影响环境功能为前提的最大经济增长。这种经济增长方式把环境作为增长的必要前提，兼顾了经济效益、环境效益和社会效益,以实现三个效益的统一为内容,是一种新的经济发展模式。彭红斌认为,绿色增长是一种健康的、合乎科学的、经济发展与环境保护相协调的,能够实现经济、社会、环境可持续发展的经济增长方式,它兼顾经济增长和环境保护,既强调经济增长的增量,又要求经济增长的质量,同时,还特别注重环境的保护,把环境作为经济增长的内生变量。绿色型经济增长方式并不排除集约型增长方式,是一种"可持续的集约型",它继承了集约型增长方式的特点,又考虑了经济增长与环境保护之间的关系。金学洙认为,绿色增长模式重视环境保护,重视创造绿色产业的机会,并强调生产和消费模式都应注重社会生态效益,在基础设施建设方面充分考虑环境因素,绿色增长模式不但不会限制经济增长的速度,还会带来发展机遇。

(四)绿色增长的理论研究

国外学者对于经济与环境的思考最早可追溯到17世纪末至18世纪初期,那一时期的古典经济学家对于经济增长与资源承载力和环境容量的关系已经产生了较为朴素的观点。1798年,托马斯·马萨尔斯(Thomas Malthus)开始研究人口与土地、粮食的关系。他认为构成经济增长约束的原因是人口和劳动力的增加,即所谓的"资源绝对稀缺论"。1817年,李嘉图(David Ricardo)则提出了不同于马尔萨斯的"资源相对稀缺论",他指出,自然资源的相对稀缺表现在资源市场价格的上升,自然资源的再生能力是有限的。杰文斯(A Jevons)则认为不可再生资源构成了对经济增长的绝对稀缺性约束。2019年,OECD正式通过"绿色增长战略"宣言,并对其概念做出较为成熟的阐释。

国内学者对绿色增长的研究起步较晚,20世纪70年代末期,中国学者开始了对环境经济的研究。20世纪80年代中期,一批环境经济学家开始涌现,并应用环境经济学的理论与方法,在环境价值核算、环境污染损失计量、环境经济模型建立等领域取得较大的研究成果。20世纪90年代,全面绿色发展的思想开始逐渐兴起,中国学者分别从理论基础、绿色发展道路、绿色评价及绿色经济等方面展开研究。王小鲁通过评价改革20年来经济增长的整体状况,从生产要素、制度变革、结构变动、外部环境等方面分析经济高速增长的原因,判断这些因素的剩余潜力,研究制约经济增长的内外部因素,从而对中国在保持经济持续增长的可能性上做判断。余春祥对国内外学者对绿色经济的内涵和外延所做的探讨进行了梳理，最终总结出绿色经济的含义。绿色经济是以生态环境容量、资源承载能力为前提，以实现自然资源持续利用、生态环境持续改善、生活质量持续提高、经济持续发展为目的的一种经济发展形态。李平通过引入技术社会形成论（SST），将绿色技术创新视为一个相关社会群体共同参与的社会过程，由此提出绿色技术创新主体系统这一理论分析框架，将政府、科研院所、公众等相关社会群体纳入主体系统，强调它们与企业的共同作用，以解决绿色技术创新的外部经济性问题，实现可持续发展价值观。贾彧认为，国有企业产权的归属、重要生产要素的产权不清晰、自主创新能力不足以及环境容量产权不清等是制约经济增长方式的主要原因，只有制度上的创新，才是促进绿色经济增长的关键。赵彦云、林寅、陈昊的研究认为，保证绿色经济的发展，必须要有强有力的绿色经济测度体系作为基础。他们对国外所建立的绿色经济测度体系进行了总结与归纳，从而对中国发展绿色经济、建立适合国情的绿色经济测度体系提供科学的依据。此外，胡鞍钢、牛文元、刘思华、姜红、张坤民、滕藤、王伟中、赵建军、张叶、董锁成、诸大健、解振华等专家或学者对可持续发展的途径、模式、政策、经济手段及区域可持续发展等进行了广泛研究。总体而言，绿色增长的理论研究目前仍停留在较为初级的阶段，研究对象通常以国际组织和不同国家及区域的具体实践为核心，对相关经验进行叙述性总结与效果评价，而国内学术界对于"绿色增长"的相关研究仍以跟踪模仿为主，缺乏与国际同步的研究成果。同时，对于绿色增长与传统经济增长方式的根本性差异、绿色增长体系的构建与机制的完善，还有待进一步阐释。

（五）绿色增长的实证研究

随着绿色增长理论的不断发展，在定性研究的基础上，部分学者开始引入定量分析的方法对经济增长和环境问题之间的关系进行论证，总体来说，中国学者对于绿色增长的研究可分为两种思路：其一为，对经济增长与环境污染之间的关系的研究，其二是，将环境因素本身视为影响经济绩效的一个投入要素来进行研究，以下将从这两个方面对相关研究进行梳理。

1. 经济增长与环境污染相互作用的实证研究

目前，对于经济增长与环境污染之间的关系，大多是以库兹涅茨曲线（EKC 曲线）的相关理论研究为主，如陆虹以大气污染为例，分析中国大气污染的库兹涅茨曲线的特性，发现中国的大气污染问题具有明显特征，并用空间状态模型等统计分析方法来分析和验证这种关系，从数量上具体描绘出环境因素与经济发展两者之间互为影响的关系。陈诗一考量能源和环境对产出的影响，通过对收入与环境的库兹涅茨曲线的研究，把能源消耗和二氧化碳排放纳入增长理论模型。遵循增长理论框架，把能源消耗和二氧化碳排放作为与资本和劳动并列的投入要素，引入超越对数生产函数来估算中国工业各行业的生产率，并进行绿色增长核算，以分析能源和环境对中国工业可持续发展的影响。而林伯强、蒋竺均、杨万平和袁晓玲等也对中国总体的面板数据进行了研究。林伯强和蒋竺均的研究结果验证了 EKC 曲线呈倒 U 形，并预测中国将在 2040 年到达拐点。但杨万平和袁晓玲的研究结果却认为，EKC 曲线将呈现正 U 形。高宏霞、罗岚、邓玲、吴玉鸣和田斌等人则基于各省份的面板数据进行研究。此外，中科院可持续发展战略研究组，以及纪宝成、杨瑞龙、顾春林、范金、高振宁、杨凯、沈满洪等也从不同角度对库兹涅茨曲线进行验证。通过对于库兹涅茨曲线的研究发现，基于库兹涅茨曲线的经济增长与环境质量之间的关系可能受到研究区域、研究指标以及所选计量模型的影响，导致结论差异较大，如呈倒 U 形、正 U 形及倒 N 形等。但总体来说，上述学者的研究大多集中于在特定区域是否存在倒 U 形规律，或者说，从某个特定区域的实际出发对倒 U 形理论的假设进行验证并对拐点进行预测。

2. 将环境因素作为经济增长要素的实证研究

随着绿色经济增长理论内涵和外延的逐渐扩展，越来越多的学者开始将环境因素作为经济增长要素进行考量。这些研究成果大多是基于工业行业角度的研究。也有少数学者基于区域角度进行研究，如陈运平、黄小勇通过对相关文献的梳理和整合，选定了影响区域绿色竞争力的 13 个影响因子，并通过设置调查问卷等实证调研法论证 13 个影响因子对区域绿色竞争力的影响，得出了影响区域绿色竞争力的 6 个核心影响因子。为区域绿色竞争力的综合评价和动态监测提供研究基础。韩晶、宋涛、陈超凡、曲歌等从绿色增长的视角出发，运用包含空间计量的四阶段 DEA 模型对中国各省份的创新效率进行实证研究，认为对外开放程度、科技创新环境、环保机制对基于绿色增长的区域创新效率的提高具有显著地影响。张江雪、王溪薇从产出、能源消耗和环境污染三个角度着手，运用 DEA 方法测算中国各地区的工业绿色增长指数，在此基础上，构建随机效应的面板 Tobit 模型，计算地区经济发展水平、重工业化的工业结构、地区科技创新能力和地方政府对环境保护的支持力度这四个变量对工业绿色增长指数的影响程度。在全要素生产率的研究视角中，主要思路有两个：一个是，将污染变量作为投入来处置，这明显与现实生产过程不符，环境污染具有产出特征，应当作为生产过程的副产品来处理；因而第二个思路是，将污染变量作为产出要素来处置，但是不少研究者没有考虑污染的负外部性，仍然把它和好产出同样对待，在效率测度过程中仍没有正确考虑资源环境约束的影响。

（六）研究现状简评

总体来说，经过几十年不断地发展与完善，世界范围内虽然已对绿色发展思想达成共识，各国已将其作为制定经济发展战略的重要考量因素之一，政府层面对于绿色增长的多层次实践也日益增多，但这一领域的相关研究在几个方面仍然有待深思。首先，目前绿色增长仍处于理论推广和实践观察阶段，对于理论体系的构建还缺乏系统性的思考，各国对于绿色增长的概念理解甚至尚有很大偏差。其次，对于绿色增长与传统增长之间的差异尚缺乏可测度的评价体系，对于影响绿色增长的要素及之间的内在联系还没有科学的验证方式。最后，目前对绿色增长实践的学术研究仍以案例研究和叙述性研究为主，实证研究相对较少。因此，如何引入更多的定量研究方法，借助相关数据来探寻环境问题与经济发展之间的相互关系，建立科学的绿色指标评价体系，将成为未来研究的新趋势。

五、绿色 GDP

中国在经济高速增长的同时，也带来了资源过度开发、生态环境恶化等一系列问题。用传统 GDP 难以衡量环境对当前经济与未来经济的影响，因此，进行绿色 GDP 核算是促进中国经济由粗放式向集约式转变的必然选择。本节在分析了绿色 GDP 对促进经济发展的影响的同时，也指出了应如何促进中国向环境友好型社会发展,促进中国绿色经济发展。

改革开放以来,中国经济高速发展。人民生活质量不断提高,医疗卫生事业不断发展,教育不断进步。现行 GDP 虽然在判断经济运行态势,制定经济发展战略、中长期规划、年度计划和宏观经济政策等方面具有非常重要的作用,已成为当今世界各国宏观管理部门了解和调控国民经济运行的重要手段,但是,GDP 总量并不能准确反映中国人均生活水平。中国经济发展还存在很多不利因素,高投资水平、高资源消耗、高浪费、高污染和低效率,使经济成就的代价越来越高。中国 2011 年 GDP 占世界总量约 9.5%,然而却消耗了全球三分之一的煤炭、钢铁和棉花,以及一半的水泥。1993 年中国成为石油净进口国,而 2012 年中国已经成为第二大石油消费国、第三大石油进口国,2018 年中国已成为世界第一大石油进口国。中国万元 GDP 能源消耗相当于世界平均水平的 3~11 倍。中国经济的高速增长在很大程度上建立在资源榨取性过度消耗的基础之上。

(一)绿色 GDP 的内涵

绿色经济最早由英国环境经济学家提出,是指以资源节约和再利用、生态平衡为基础,以人类健康和经济可持续发展为目的的一种新的经济形式。

绿色 GDP,是指绿色国内生产总值,它是 GDP 指标的一种调整,是在 GDP 的总量上扣除经济活动中投入的资源环境成本和其他经济损失后得出的真实的国民财富总量。绿色 GDP 测量下的经济发展不简单地等于经济增长。绿色经济发展指的是生活质量上的提高,包括生态环境的改善以及人民精神生活的丰富和提高。绿色 GDP 指导下的经济发展不仅仅考虑了短期经济增长与人民生活水平的提高,更考虑了长期的可持续发展问题,它要求整个自然资源和社会资源在代际之间达到最优配置。绿色 GDP 从 GDP 中扣除不属于真正财富积累的部分,从而再现一个真实的、可行的、科学的指标。

运用绿色 GDP 对经济发展进行核算,能够引导经济从传统发展模式向可持续发展模式转变,能够衡量国家和地区的实质性进步,更准确地表现数量与质量之间的对应关系。构建绿色 GDP 核算体系即通过调整人类生产生活方式而达到一种理想的绿色的发展模式。在绿色 GDP 指引下的绿色经济发展，能够达到经济净收入最大化，并且能够实现可持续发展。

（二）绿色经济发展的衡量指标

1. 用传统 GDP 衡量国民经济发展

GDP 的增长代表着经济实力上升，人民生活水平的提高。GDP 在判断经济运行态势、制定经济发展战略、中长期规划、年度计划和宏观经济政策等方面具有非常重要的作用。但是，用传统 GDP 衡量国民经济发展也有局限，它并不能完全反映出一国的地区经济发展水平和社会福利水平。传统 GDP 只反映了私人资本，对社会成本的反映不够，因此，生态环境退化等损失则不被 GDP 计入；一些福利性因素被忽略，如没有发生交换的资产价值；忽视了环境资本的损耗，不能像计算固定资产折旧一样计算环境资本损耗价格，并且其损耗与投入是不对等的；传统 GDP 也无法计算一些服务性行业的产出。传统 GDP 是一种不真实的核算，会对正处于转型期的中国经济发展起到一定的误导作用。

2. 用绿色 GDP 衡量未来经济发展

在过去的二十多年里，中国是世界上经济增长最快的国家之一，但是中国经济增长的 GDP 中，至少有 18% 是依靠资源和生态环境的"透支"获得的。2002 年 4 月，世界发展中国家可持续发展峰会在阿尔巴尼亚召开，会上中科院可持续发展战略首席科学家、可持续发展战略研究组组长牛文元教授用"绿色 GDP"的理论来解释可持续发展，把它化解为五个指标：（1）单位 GDP 的排污量；（2）单位 GDP 的能耗量；（3）单位 GDP 的水耗量；（4）单位 GDP 投入教育的比例；（5）人均创造 GDP 的数值。这五个指标被与会的一百多个国家接受并作为大会宣言发表。这五个量化的指标，让我们对可持续发展的含义有了真正的理解。

绿色 GDP（GeGDP）的值小于传统 GDP 的值，即 GeGDP 的值等于在传统 GDP 核算值的基础上，再减去以下两项数值：一项为"资源耗减成本"（资源主要指土地、森林、矿产和水）；另一项为"环境降级成本"（是指因环境破坏引起环境等级下降而应计入的成本）。

绿色 GDP 的公式表达为：

$$GeGDP=GDP-资源耗减成本-环境降级成本$$

3. 用绿色 GDP 衡量中国经济发展的意义

第一，用绿色 GDP 核算中国经济增长，有利于真实地反映中国国民经济的净增长情况。传统 GDP 只看到经济增长的一面，没有计算经济活动对环境的破坏与影响的消极的一面。运用绿色 GDP 核算中国经济增长，可以算出经济增长的净正效应，反映经济的净增长。第二，用绿色 GDP 核算中国经济增长，有利于推动中国宏观经济质量的提高。在宏观上能使决策层认清经济社会的真实基本状况，从科学发展观出发，有效地制定政策，推动经济增长方式的转变。第三，用绿色 GDP 核算中国经济增长，能够科学衡量政府政绩，促使政府转变政绩观，让政府更加注重经济发展的"质"，而不仅仅是"量"，有利于政府各部门以及政府工作人员树立科学发展观，引导经济发展方式的转变，正确推动经济发展方向。第四，用绿色 GDP 核算中国经济增长，有利于企业转变发展观念，更为企事业单位投资环保规模提供了可以参考的科学依据。让企业承担社会责任，不仅从宏观上，也从微观上对企业各方面进行环境保护的调整与投入。

4. 中国绿色经济发展战略研究

在发达国家工业革命、工业化、城市化进程完成后，人们发现由于生产力的急剧发展和扩张，人类生存的生态环境遭到极大地破坏。不可再生资源的浪费和过度开发利用，造成了严重的生态危机和经济危机。惨痛的教训让国际社会痛定思痛，许多发达国家在推进绿色经济方面已经走在了世界的前列。

丹麦早在 20 世纪 70 年代就开始部署和发展绿色经济，目前在能源技术、风电等设备的出口方面占据领先优势。绿色经济的出口占丹麦总出口量的 12%以上，风能发电占总能源的 20%，只有 6%的垃圾需要填埋。

日本主要通过核心技术研发，建立经济与环境双赢的绿色经济发展模式。如在能源技术上发展以太阳能为主的可替代能源先进技术，建立完善的绿色经济制度；依据"污染者付费"原则，利用税收、价格和金融等手段促使企业推进循环经济和低碳经济，要求政府优先购买环保产品，将环保纳入重大项目评审。

美国目前在太阳能、风能、智能电网、生物燃料开发等方面拥有优势。还在全国推出了绿色建筑规范标准，对新开工的建筑提出了明确而详细的环保、节能标准。

21世纪，中国处于一个发展转型期，为了实现可持续发展，经济增长由粗放型向集约型转换，中国的重要发展战略应该是绿色经济战略，并且应该充分发挥绿色GDP的作用，将国民经济指引向一个更好的发展境地。一是要强化绿色经济实施过程中制度和法规的建设，规范立法，严格执法。尽管中国绿色经济整体战略轮廓清晰，但在具体地实施过程中，调整制度仍十分缺乏。国家宜从上层统一制定绿色经济发展的具体战略、制度和法规。在立法逐步完善的同时，也必须严格执法。通过民众以及社会舆论，对公安机关、检察机关以及司法机关的行为进行监督，建立长效有力的内部监督体系。二是要对环境定价。根据绿色GDP核算公式，我们要减少的是环境的降级与资源的消耗。因此，政府可以建立有统一规范和标准的排污权交易市场，对排污者确定其污染治理程度，从而买入或卖出排污权。通过排放各类污染物的数量以及对环境的影响程度制定统一的费用标准。对没有购买特定数量污染物排放权而排放污染物的排污者，或者已经购买了少量污染物排放权却排放超出其购买数量的排污者，应该予以罚款；对于排放的污染物对环境造成严重损害，危及国家、社会、个人的生命财产安全的排污者，应予以刑事上的严惩。对减少污染排放量的企业则予以一定的奖励。三是要通过奖励、税收等举措鼓励家庭、企业、社会团体提高能源利用率，减少绿色GDP中资源的消耗。征收气候变化税，针对工商业和公共部门使用的燃料（为加热、照明或动能而消耗的电力、天然气、固体燃料或者液化石油气等）征收税费。不同能源品种根据其能含当量对应不同的税率。强化资本减免，制定节能产品的标准，刺激企业投资节能技术，企业在购买获得认可和批准的节能环保产品时，可以在一段时间内减免应缴利润税。由国家建立废旧物回收处理主管部门，对不同品种可利用的废旧物进行分类，并分给多个企业，从国家环保税收中拨出一定资金对其进行技术帮助，帮助其对废旧物、高污染物进行回收利用。四是要实施绿色GDP的考核制度，从根本上改变经济增长方式问题。企业层面要重视绿色科技人才队伍建设，增加绿色投资，着眼于绿色产业的发展与调整。在行业层面，应着重发展节能建筑、可再生能源、可持续交通、可持续农业、淡水和生态基础设施等行业，加强对当前技术的改造和对新技术的运用。从国际贸易的角度，应积极争取发达国家提供技术支持和技术培训，以帮助环保商品和服务行业的发展。五是在政府层面，要整合各部门职责，建立统一、标准的排污权交易市场与资源环境评价和定价制度，对地方政府实施绿色 GDP 考核，督促地方政府全面承担发展绿色经济的任务。

第二节　中国绿色经济发展模式

一、绿色经济发展模式的设计原则

（一）3R 原则

绿色经济发展模式的设计遵循 3R 原则，3R 原则最早作为循环经济的原则而提出，分别指的是减量原则（Reduce）、再利用原则（Reuse）、再循环原则（Recycle）。

减量原则是指，在投入端降低资源和能源用量，以降低进入生产和消费系统的物质流，通过提高资源和能源的综合利用效率来促进生产，从源头控制的角度减少垃圾和污染的产生。在生产领域中，减量原则要求企业在生产中节约资源和能源，不浪费物料，使用清洁、可再生能源和环保、低碳材料；产品的设计同样遵循减量原则，在保证质量的同时尽量减少不必要的元素，简化产品的包装设计。在消费领域，减量原则要求消费者有节制地消费，选择高效、环保的产品和服务，尽量减少一次性产品的使用，拒绝过度包装的商品，在满足自身需求的同时也满足生态需要。

再利用原则是指，在产品的使用过程中提高利用效率，延长使用周期，利用方式包括一物多用、多次使用，以及资源共享和下游利用。在生产中，提升产品的质量是对产品进行重复利用的前提；对于无法避免的包装物，尽量采取可反复使用的包装；在相同或者相近领域，不同企业采用统一标准进行元件设计则有利于一物多用，减少由于部分功能失效而更换整个产品带来的浪费；存在共生关系的企业共享土地、设备、资源、信息，不仅提高了利用效率和环境效益，也避免了投资的重复。在消费环节，消费者尽可能用耐用商品替代一次性产品，减少垃圾的产生，对生态环境负责。

再循环原则是指，将废弃物资源化，把在生产、消费过程中完成使用功能后的产品通过回收和加工再次变成资源并加以利用,从而减少垃圾的产生以减轻生态环境压力。废弃物资源化包括将生产和消费中产生的废弃物通过再加工形成和废弃之前属性相同的产品或材料的原级资源化,以及将废弃物改造成另一种类型的产品或原料的降级资源化。原级资源化消耗的新物料较少,对废弃物的利用率更高。受资金、技术、转化成本和资源品质的影响,目前的大部分废弃物资源化属于降级资源化。但是,无论是原级资源化还是降级资源化,在资源化的过程中对新的物料和能源的消耗都无法避免,因此减量原则、再利用原则和再循环原则在3R原则中是有优先顺序的,减量原则为3R原则中的核心原则,优先于再利用原则和再循环原则。

(二)整体性原则

传统经济的粗放型发展模式下经济系统、社会系统和自然生态系统之间矛盾重重、相互制约。生态环境难以支撑传统经济下人类对自然资源的肆意攫取和对垃圾污染物的任意排放。产业结构不合理、区域间发展不平衡、盲目追求GDP的涨幅等会使传统经济的发展难以为继。绿色经济发展模式覆盖了经济系统、社会系统和自然生态系统,注重和强调三者的协调发展,各类资源不仅在经济单元内高效循环、充分利用,更在经济系统、社会系统和自然生态系统内进行良性互动。绿色经济发展模式的整体性原则不仅保证了经济系统的发展,还不会对社会系统和自然生态系统造成破坏,通过与社会系统、自然生态系统的结合形成一个结构更优化、功能更健全的有机体,以促进三者共同发展。在绿色经济发展模式中,三个系统进行良性互动,相辅相成,形成一个共生的有机体,并以科学发展观为指导,遵循自然生态规律,以系统整体的最优化为目标,统筹协调各子系统之间的关系以及各子系统内部结构的关系,从而达到整体的平衡、进步与和谐,实现经济的发展、社会的进步、自然生态系统的优化、人类的可持续发展。

(三)生态环境保护原则

修订的《环境保护法》强调经济社会与生态环境协调发展,摒弃了传统经济中"先污染、后治理"的思想,将环境保护提到新高度。因此,保护生态环境是绿色经济发展的必然选择。绿色经济发展模式的设计遵循生态环境保护原则,坚持预防为主、保护优先,从生产模式到消费模式的每一个环节的转变都体现了对自然生态的尊重和对地球环境的保护,打破了传统经济模式中经济社会发展与生态环境保护无法共存的局面,将生态环境价值与经济价值统一起来,将良好的生态环境化为经济发展的内在动力,经济发展的优秀成果更好地用于生态环境保护,形成经济发展与生态环境的和谐共生,实现经济系统、社会系统和自然生态系统之间的良性循环。

二、绿色经济发展模式的框架

从整体上来看,中国绿色经济发展模式是"超循环"的绿色经济发展模式。超循环理论是由德国化学家及生物物理学家曼弗雷德·艾根(Manfred Eigen)在20世纪70年代对非平衡自组织系统和生物进化的研究中提出的。通过对生命起源的考察,艾根将生命发展过程中低级的化学进化和高级的生物学进化之间的分子自组织演化称为超循环。

按照循环等级的不同,艾根将其分成三个层次,分别是反应循环、催化循环和超循环。反应循环是最基础的循环,反应循环通过外在的催化作用实现自我再生;催化循环是比反应循环高一级的循环,催化循环是在反应循环的基础上通过自催化作用实现自我复制;超循环是通过循环联系将若干催化循环相互连接而形成的更高级的循环系统。

绿色经济发展模式将循环经济、生态经济和低碳经济的发展理念融入经济超循环的框架结构之中,而经济超循环的框架结构中又包含了三个层次的经济循环圈,分别是存在于企业内部和企业之间的基础循环圈,存在于产业内、跨产业的中级循环圈,覆盖了经济系统、社会系统和自然生态系统的超循环圈。绿色经济发展的超循环模式顺利运作的前提是健全的市场机制和有效的宏观调控。市场机制可以促进资源配置的优化和产业结构的调整升级,但是市场机制也不是万能的,对于市场机制在资源配置等方面存在的不足,需要政府用宏观调控的手段来弥补。

基础循环圈相当于循环层次中最简单的反应循环,在这个循环过程中,市场起到催化剂的作用,各企业在市场机制的作用下进行经济单元内的自主循环。此外,通过宏观调控的配合,企业进一步提高清洁生产意识,从而实现经济效益和生态环境效益的双赢。

中级循环圈相当于循环层次中的催化循环，在这个循环过程中，企业内部的自主循环通过自催化作用实现经济体规模的扩大，即通过资源、信息、土地等资源的共享吸引相同类型和不同类型的产业聚集并形成产业链、产业网，具体的表现形态可以为生态型产业园区等。

超循环圈是最高级别的循环，经济超循环圈不仅包括经济系统，同时也覆盖社会系统和自然生态系统。只有物质能量流和信息流在经济系统、社会系统和自然生态系统三者之间形成良性循环，绿色经济发展才有可能真正实现。

超循环的经济系统超越了循环经济结构的封闭性。在系统内部，三个不同层次的循环圈通过催化和相互作用实现耦合，最终达到经济系统、社会系统和自然生态系统之间的良性互动。每一个循环圈既能各自独立运转又相互关联，使经济活动生态化，在系统内部最大限度地综合利用物质、能量、信息，最大限度降低废弃物排放，并且把对生态环境的负面影响降至最低。

三、对绿色经济发展模式框架的阐释

（一）基础循环圈

企业内循环是超循环经济系统中最基础的一种循环形式，可以看作循环层次中的反应循环。企业将资源、人力、技术等生产要素投入生产，在市场机制的催化作用下形成一个高效的循环圈层。与传统经济不同的是，在超循环经济系统中，除了资本和劳动的循环，自然资源也伴随生产活动的进行参与循环运动，而不是随着产品生产过程的结束而被随意丢弃和排放。由于企业在经济利益的驱使下，往往会选择成本更低的方式处理废弃物，这时就需要出台相关的法律法规对企业进行约束，通过合理的政策对企业排污进行引导，或者加快研发废弃物无害化处理与回收技术，从根本上减少垃圾的产生，使自然资源在生产过程中循环起来。企业内循环的投入、生产和流通，每一个步骤都遵循 3R 原则。首先，生产采用的能源选择低碳高效的清洁能源和可再生能源，减少了对生态环境的污染和负担。其次，投入的原材料尽可能低碳、环保、可再生，通过对生产工艺的改进和对技术与设备的更新提高材料利用率。用绿色设计的创造性思维对产品进行设计，尽量简化要素，在设计方案中考虑到产品的生命周期、重复利用和回收，以及对环境的影响。生产环节流失的物料经过回收作为原料进行再次利用；生产过程中不可避免而产生的废料经过加工处理形成新的能源或者作为原材料提供给企业。最后，对实在没有利用价值的废弃物经过无害化处理，达到标准以后方可进行排放。

（二）中级循环圈

在自然生态系统中，不同种类的动物、植物、微生物相互提供食物，通过"吃（分解）"与"被吃（被分解）"形成了一条相互依存的链条关系，我们称之为食物链。在食物链中，各种物质能量由低级向高级层层传导，再从高级到低级循环往复，不仅维系着物种间天然的数量平衡，也保证了自然界的生态平衡和持续发展。生态经济学观点认为，产业内部和不同产业系统之间也存在着类似于食物链中的物质能量循环，而且随着产业规模的扩大，这种能量的循环则愈加明显和高效，这就使生态型产业链和生态型产业网的出现成为可能。

存在产业共生关系的企业通过生态型产业链或者生态型产业网联合起来，并进行资源共享，产生集聚效应。较之于单一经济体物料资源回收利用不彻底、资源和能源浪费严重的现象，大规模的生态型产业网可以将上游企业产生的废料、副产品作为下游企业的原材料和能量加以利用并形成一个产业内的物质能量循环。产业内企业间充分的物质、能量、信息交换和资源、能源、设备共享大大降低了生产成本和废弃物处置成本，避免了物质能源和重复投资造成的浪费，也使整个产业区域内的废弃物排放降至最低，对生态环境的负面影响也降至最低。各企业在生态产业区域内实现耦合，通过催化循环中的自催化作用在进行经济单元内自主循环的同时也带动和激励其他经济单元的发展，从而实现更高层次的循环，并且使整个产业区域更具有竞争优势，使企业在相互影响、相互合作中达到 1+1>2 的效果。

（三）超循环圈

一般来说，生态型产业链或生态型产业网的规模越大，物质能量循环利用的效率则越高，但是生态型产业链或生态型产业网的规模不可能无限扩大，也就是说，不可能所有的物质能量循环都通过生态型产业链或产业网进行。为了让物质能量循环更为畅通,就必须让社会系统参与进来,与经济系统、自然生态系统互动,使资源、信息、人力、技术等要素充分沟通和分享,形成经济效益、社会效益、生态环境效益兼具的经济发展模式。

超循环圈是由多个反应循环耦合而成的催化循环,包含着不同等级的循环圈,每一个循环圈在自我演化与发展的同时也影响和促进着其他循环圈,并推动更高级的循环圈演化与发展。因此,超循环经济系统的演化与发展是全面的发展。其过程是经济系统、社会系统和自然生态系统良性互动、共同向高级演化的过程,最终的目的是实现经济、社会的全面进步,人与自然的和谐发展,以及人的全面发展。超循环经济具有极高的生态发展效率,自然资源、人力信息的投入产出比都远远高于传统经济。因为,超循环经济中的各经济单元并不是通过外力作用机械耦合的,而是通过市场机制实现自耦合,即各类要素在市场机制的作用下通过供求关系进行沟通和交流,相互影响、及时调整,提高了资源和能源的利用率,减少了余料的产生。

四、绿色经济发展模式的支持体系

绿色经济发展初期,是传统经济模式向绿色经济发展模式过渡的重要阶段。在这一阶段,仅仅依靠企业和市场无法发展绿色经济,政府必须在政策、制度和技术上给予一定的支持与指导。

(一)政策支持

1. 财政政策

政府实施财政政策的对象可以分为企业、社会和消费者。企业若想创新生产模式,改革生产方式,就需要大量的资金用于研发新技术、购买新设备。高额的支出让很多企业望而却步,即使企业有能力承担这笔费用,也要考虑投资收益和市场风险,这就使大部分企业难以跳出传统经济生产模式的圈子。企业是绿色经济发展的主要参与者,企业的创新与改革对绿色经济发展起着非常重要的推动作用。因此,政府要重视企业的生产经营模式转型,为企业购买新设备、研发新技术提供资金支持和补贴,解决企业绿色发展的后顾之忧。

绿色经济发展模式对物质资源的利用方式进行了革新,废弃物循环再利用是高效利用资源的重要措施,尤其是在绿色经济发展初期,整个社会的废弃物数量不会突然地大规模降低,废弃物的回收和处理依然需要专门的市场。目前,中国的废弃物理回收和处理点依然处于规模小、效率低、科技含量低的状态。因此,政府需要投资建立现代化的废弃物回收处理站,用资源化技术和网络技术让废弃物得到更高效率地回收和更清洁地处理。此外,与绿色经济发展相配套的公共设施和公共服务也需要政府的资金支持。

由于绿色产品包含更多的科技成本,在市场中的价格可能高出普通产品,导致消费者购买绿色产品的积极性不足。政府在这方面给予消费者一定的购置补贴,可以促进消费者对于绿色产品的购买和使用,同时帮助生产绿色产品的企业推广产品,降低生态环境的负担。

2. 税收政策

绿色经济发展中的税收政策主要是对于环保企业,以及从事清洁生产、清洁技术开发、再生能源开发的企业和个人进行税收减免,对于污染企业、不按要求排污的企业和个人、浪费资源的企业和个人进行征税或者加重税负,对环境保护、资源开采等相关活动的税收进行完善,从而鼓励减排,减少污染,保护生态环境。

首先,鼓励以清洁能源和可再生能源代替高污染能源、不可再生资源,对于生产和开发清洁能源和可再生能源的企业在税收上给予优惠。在资源开采和使用方面,扩大资源税的征收范围,对于稀缺性资源、不可再生资源和在开采过程中对环境造成严重污染并对生态产生不良影响的资源提高税率,提升资源高消耗行业的税额标准,适当降低和减免从事绿色环保能源开发和利用、研究开发绿色技术、生产绿色产品等企业的税率标准。其次,企业在生产中不按规定和标准排放废弃物而造成生态环境污染,应当对其课以重税,对于企事业单位和个人,根据产生垃圾的种类和数量进行征税,提高社会的节约和环保意识。再次,在消费税方面,应将高耗能、高污染产品纳入征收范围,并实行高额税率,对于低耗能、无污染的绿色环保产品适当进行税收减免。

3. 科技政策

科技进步是促进产业结构和经济增长方式转变的重要途径,因此,要用科技政策促进科技进步,用科技进步推动绿色经济发展。科学技术发展需要资金支持,要通过资金的引入带动科技的创新,为绿色经济发展相关的科技研究和开发创造良好的条件。重视高等学校在科技创新中的作用，集中优势办学资源和力量，加快国家级大学科技园的建设，引导和鼓励高等学校加强产学研相结合，利用高校优势带动区域科技创新，促进区域经济发展。加快建设高级和重点实验室、研究所、技术中心等创新载体，为科技创新提供平台。通过推行科技应用示范项目，鼓励科研机构、高等院校与企业进行协作，提高科研人员收益等方式促进科技成果转化，并对支持绿色经济发展的科技创新成果进行奖励。完善利于科学技术创新的法律法规，从而保护企业和个人的科技创新成果，保障科学技术交流合作，加强科技相关的执法工作。

（二）技术支持

1. 减量化技术

减量化技术是在生产的输入端通过减少资源和能源的投入量来实现既定生产目的的技术。减量化技术的重点在于，提高资源的利用效率和机器设备的运作效率，在具体操作上，可以通过分析资源和能源利用现状，找到生产过程中资源和能源耗损较为严重的环节，针对该环节采取相应的措施，使用技术手段进行修复和处理，从而达到减少资源和能源投入的目标。目前，很多能源节约技术、水资源节约技术已经被运用到生产领域，这些技术的应用对于实现"减量化"具有重要意义。

2. 清洁生产技术

随着工业革命以来经济的快速发展，自然生态受到日益严重的破坏，环境质量每况愈下。20世纪，环境公害事件频发，生态环境问题开始在世界范围内引起极大的关注，各国政府纷纷采取措施应对环境问题。当时对于环境问题的控制和处理大多属于"末端治理"，即从控制和治理污染物的角度进行。这种治理方式虽然起到了一定的效果，但是随着经济发展规模的迅速扩大，这种"末端治理"的方式并没有从根本上解决生态破坏、环境污染的问题。于是，人们认识到"末端治理"仅仅是生态环境治理的一个组成环节，更重要的是要让整个生产过程清洁化，让企业实施清洁生产。清洁生产是在从能源和原材料的选取和利用到产品的设计和生产的整个过程中减少甚至消除对生态环境可能产生的危害。清洁生产技术就是支持企业清洁生产所需要的技术，包括清洁能源利用技术、能源净化回收技术、提高资源和能源利用率的技术、污水净化技术等。企业是清洁生产技术的主体，企业在进行生产活动时要对环境负责，主动提升技术水平，淘汰落后生产技术，采用先进的清洁生产技术。为了贯彻落实清洁生产，国家经济贸易委员会国家环境保护总局编制了《国家重点行业清洁生产技术导向目录》，引导和鼓励企业采用先进的工艺和技术进行清洁生产。

3. 资源化和再利用技术

资源化和再利用技术是指，将生产、流通、消费过程中产生的废弃物通过回收加工变成二次资源进行再次利用的技术。在资源化和再利用技术中，资源化是手段，再利用是目的，两者的结合使不具有原使用价值的物品获得新的使用价值，可以提高资源利用率，减少废弃物的产生和生态环境污染。资源化和再利用技术随着近年来政府对生态环境问题的重视得到了较快的发展，在划分上更加细化，在技术上更具操作性，并且覆盖了不同的领域和不同的资源类型，如针对农业领域的稻草秸秆资源化技术、禽畜粪便和养殖废弃物资源化利用技术；针对工业领域的橡胶塑料金属废弃物资源化再利用技术、电子垃圾资源化再利用技术、建筑材料资源化再利用技术；和居民生活密切相关的城市垃圾资源化再利用技术和餐厨垃圾资源化再利用技术等。

（三）制度支持

1. 法律制度

随着经济的发展，生态环境问题日益显现并呈现复杂化和严重化的趋势，完善的环境立法和绿色经济法律制度是解决中国生态环境问题和促进绿色经济发展模式良好运行的重要保障。1979年中国第一部环境保护法问世。20世纪80年代，中国陆续出台了《海洋环境保护法》《大气污染防治法》《矿产资源法》《野生动物保护法》等，中国环境保护法律体系的框架已经初步形成。20世纪90年代，可持续发展战略的提出加快了中国的环境保护立法进程，可持续发展的理念也被纳入新制定的法律法规中。2009年，《循环经济促进法》开始实施，使中国循环经济的发展有法可依。随着党的十八大将生态文明建设提到新的战略高度，2015年开始实施的《中华人民共和国环境保护法》明确了对环境违法行为的惩处依据，强化了政府对环境保护的责任，赋予了环保部门更大的执法权。《中华人民共和国环境保护法》是为保护和改善环境、防治污染和其他公害、保障公众健康、推进生态文明建设、促进经济社会可持续发展而制定的法律。

整体看来，中国近年来对环境保护的重视程度越来越高，与生态环境保护相关的立法也正在逐步完善。在已有法律的基础上，中国应将法律法规细化，制定更为具体的标准，使权责惩处规则更明确，构建绿色经济产业制度，加大监管力度，并加强相应的执法和司法建设，让中国的绿色经济发展有法可依、有法必依，做到执法必严、违法必究。

2. 生产者责任延伸制度

生产者责任延伸制度是指，把产品生产者对其产品所承担的生态环境责任向后延伸，生产者不仅要在产品设计环节、生产环节、运输环节对环境负责，也要在产品销售完成以后，对产品回收、包装物处置负责。在德国的"双元回收系统"中，企业与"绿点计划"中的公司达成协议，企业生产的产品回收和包装物处置由绿点公司完成，消费者在购买时不需要考虑产品回收和包装物处置问题，或者由企业和消费者负责对生产和购买的产品自行回收和处置。中国可以借鉴该模式，建立产品生产、销售企业与废弃物回收机构联动机制，引入第三方机构对生产者责任履行情况进行认证和评价，让生产者对产品环境责任的承担贯穿产品的整个生命周期，并让消费者在产品使用寿命结束时将该产品交给指定回收机构进行处理。短期内废物回收的费用会增加工商企业的负担，但从长远看，企业可以通过节约资源来消化这一部分成本。这种做法不仅可以引导企业在产品的设计和生产中节约资源、使用易于回收和再利用的环保材料，也可以促进消费者转变消费观念，进行合理消费和购买绿色产品，从而提高了资源利用效率，减少废弃物处置不合理对生态环境造成的危害。

3. 绿色国民经济核算体系

现行的国民经济核算体系以 GDP 作为衡量国家整体或地区的经济生产活动的指标，但是随着经济社会发展和自然生态环境之间的矛盾越来越激烈，国民经济核算体系的弊端和局限性也越来越突出。GDP 核算忽视了自然资源的生态价值，将经济境长与生态环境保护对立起来，人类为了追求 GDP 的高速增长不惜以资源浪费、环境破坏为代价，这种行为给自然带来了十分严重的负面影响。绿色国民经济核算最早于 1993 年提出。绿色国民经济核算体系是将经济增长和生态环境保护相结合的一种核算形式，包括自然资源核算和环境核算，是指在传统的国民经济核算体系上将资源环境核算计入，将资源环境成本从 GDP 中扣除，从而体现经济发展中的生态环境代价。目前，绿色国民经济核算在欧美发达国家已经开始试行，并取得了一些成效。绿色经济发展模式需要绿色国民经济核算体系的支持，同时也意味着发展观念的深刻转变，并且将经济增长和生态环境保护有效结合起来。

4. 自然资源资产产权制度

自然资源资产产权是自然资源的所有权、经营权、使用权、收益权、处置权等权利的总和，完善的自然资源资产产权制度可以促进自然资源的合理开发、有效利用和监管保护。长期以来，中国自然资源资产管理中存在着很多缺陷，如产权主体缺位、主体权利不明确、产权边界不清晰、忽视自然资源的生态价值等，并由此导致了自然资源开发强度过大、价格偏低、利用不合理、浪费现象严重和监管不力等问题。因此，中国应加快自然资源资产产权制度改革，坚持节约保护优先、开发利用合理、完善市场配置、强化监督管理的原则，通过推动所有权和使用权分离，建立自然资源有偿使用制度，通过市场发展自然资源产权交易和转移，构建一个归属关系明确、产权责任清晰、监督管理有效的自然资源资产产权制度，使自然资源资产产权中的各项权利完备化，产权转移流畅化，保障产权主体合法收益，促进对自然资源的保护，提高自然资源利用效率。

5. 绿色政绩考核制度

树立绿色政绩观，用绿色政绩考核制度代替传统经济体制下的考核制度，将单位产值能耗、清洁能源投入比、资源回收再利用率、环境综合指数、生态环境效益等绿色指标纳入各级政府考核评价体系中。完善绿色政绩考核制度，及时监测各级领导干部在职期间的决策实施对生态环境造成的影响。建立生态环境追责制度，即使领导干部离任以后也要对其在职期间的生态环境决策负责任。通过绿色政绩考核制度实现区域经济发展和生态环境保护的互利互赢，加强监督管理，严格审查标准，坚决避免领导干部为了追求"绿色政绩"而进行数据造假和"形象工程"的现象，让绿色政绩考核制度真正为科学发展观的落实和绿色经济发展的健康发展提供保障。

6. 政府绿色采购制度

政府采购的目的不仅是满足政府日常工作需求，完善公共服务设施建设；还起着引导企业生产，调整产业结构，强化市场调控的重要作用。

因此，大力推进政府绿色采购对绿色经济发展起着重要作用。首先，绿色采购可以促进供应商对于绿色经济发展的积极响应，从而通过清洁生产、节约和高效利用能源、降低污染物排放、生产高品质的绿色产品来提高企业的绿色竞争力。其次，政府绿色采购可以有效引导公众消费观念的改变，促进绿色消费市场的形成，使不合理、高消耗的传统消费模式渐渐向环保健康的绿色消费模式转变，以减少废弃物过多对生态环境的压力。最后，由于绿色采购的主要对象是绿色企业提供的绿色产品和绿色服务，这在一定程度上可以促进完善绿色产品和绿色服务的认证标准，通过加强对绿色产品和绿色服务的认证，鼓励绿色企业的成长，提高绿色企业的知名度，进一步完善和扩大绿色消费市场，使绿色消费真正走进人们的日常生活。

（四）舆论支持

绿色经济发展的顺利推进离不开公众的参与和支持，绿色经济发展模式的舆论支持即通过对社会公众的宣传和教育，使其了解中国的生态资源环境现状和绿色经济发展的必要性，以及如何从自身做起为绿色经济发展贡献力量。绿色经济发展模式的舆论支持主要包括学校教育、网络宣传、企业绿色文化教育和公众环保活动等方面。

首先，学校教育是提高青少年生态意识和环境保护素养的重要环节，也是绿色经济发展模式舆论支持最重要的部分。因为在学校教育阶段，青少年的环境保护观念和绿色消费观念没有完全形成，学校在这个时候通过书本知识、课外时间、社会调研等形式对青少年进行环保教育，可以促进青少年认识中国资源环境现状、树立正确的消费意识和生态环境保护观念，并将这种观念融入日常生活行为。

其次，随着信息技术日益发达，网络媒体与人类生活越来越密切，通过新闻广播、电视广告、网络推广等形式向公众普及生态环境保护知识，宣传国家环境保护和绿色经济发展方面的政策和法律法规，有助于公众积极参与到环境保护和绿色经济发展中。

还有，企业作为绿色经济发展的重要主体，在生产经营中承担着环境保护的责任和义务，企业应该在推行绿色生产的同时向员工进行绿色教育，用绿色企业文化感染员工，使员工在工作和生活中节约资源、注重环保。

最后，公众是环境保护和绿色经济发展的重要力量，社会公众要在提升自身环保素养的同时向他人宣传和介绍环境保护与资源节约的重要性，勇于与环境违法行为做斗争，并通过开展环境保护志愿者活动倡导绿色文明意识，推动绿色经济发展。

第三节　中国区域绿色增长最优路径分析

一、绿色增长要素解析及模型构建

通过对中国自然资源、环境质量与经济增长的关系现状的分析，发现自然资源和环境质量两大要素对中国经济增长有至关重要的作用，更确切地说，中国乃至世界各国正面临一个既要合理利用自然资源和保护环境，又要依赖自然资源和环境发展经济的双向需求境况。本节将针对这一境况，以内生增长模型中的重要模型之一——Romer 模型为基础，构建同时包含自然资源和环境质量两大要素的扩展的 Romer 模型，构建汉密尔顿函数，利用动态最优化方法，探索在自然资源和环境质量的双约束下，实现绿色增长的均衡路径，真正从理论层面解析绿色增长的可能性。

（一）绿色增长核心要素解析

作为新的经济增长方式，绿色增长在追求经济增长的过程中兼顾自然资源与环境质量，注重技术创新对自然资源和环境质量的影响，与 Romer 模型相似，故本节在 Romer 模型中的研发（R&D）部门、中间产品部门和最终产品部门三个部门的基础上，引入自然资源部门和环境部门，构建体现绿色增长特征的五部门绿色增长模型。其中，自然资源是人类生产活动中消耗的从大自然中获取的可再生资源和不可再生资源，绿色增长模型中自然资源要素包括自然资源消耗量 R 和自然资源存量 S。环境要素是指环境质量 E 和因投入到生产过程中而使环境质量遭到破坏的环境污染 P。环境要素沿用 Aghion 和 Howitt 的定义，初始状态的环境要素是一个最大值，即人类目前所拥有的环境要素不可能超过完全无污染时的环境要素。在封闭的经济系统中，R&D 部门获取技术人力资本进行新方案的设计或对中间产品的种类数量进行开发；中间产品部门从 R&D 部门购买新设计方案并运用物质资本进行中间产品生产；最终产品部门使用劳动力和人力资本将中间产品进行生产以生产出最终可以使用的产品，该部门获取的劳动力数量为 L，人力资本为 H_Y。在最终产品的整个生产过程中，必须消耗一定量的自然资源和环境要素来支持整个生产过程，而自然资源的消耗会使自然资源存量 S 不断减少，环境要素的消耗直接表现为对环境造成污染和破坏。环境部门除了提供生产过程中必要的环境要素以外，还要投入一定的环境治理投资 I，以期改善环境质量。其中，物质资本 K 和环境治理投资均来源于最终产出 Y；为了分析简化，本研究假设人口数量是恒定的，劳动力为数量 1。在绿色增长经济系统中，五部门要素解析如下。

1. R&D 部门

R&D（开发与设计）部门运用的现有知识存量 A 是非竞争性投入，任何研究人员都可以同时运用现有的知识存量 A。某一个研究人员 j 的产出为 $H_j A$，代表 R&D 部门的生产效率，A_H 代表 R&D 部门的人力资本的数量，ε 代表 R&D 的生产效率，因此，R&D 部门最终的产出积累方程为：

$$\dot{A} = \varepsilon H_A A$$

2. 中间产品部门

中间产品部门使用新的设计或新的中间产品种类和物质资本 K 生产中间产品，Romer 模型中假定生产一单位中间产品需要 K 单位最终产品，为了分析简化，研究假设一单位物质资本生产一单位中间产品。

3. 最终产品部门

最终产品部门的投入要素包括：人力资本 H_Y、物质资本 K、劳动力数量 L、中间产品、自然资源消耗量 R 和环境污染 P，基于此，最终产品部门的生产函数表示为：

$$Y = A^{\alpha+\beta} H_Y^{\alpha} L^{\beta} K^{\lambda} R^{\varphi} P^{\delta} = 1$$

$$\alpha + \beta + \gamma + \varphi + \delta = 1$$

4. 自然资源部门

假定自然资源存量的增长率为 η，生产过程中自然资源的消耗量为 R，用 S 表示自然资源的初始存量，那么，自然资源存量随时间的变化方程为：

$$\dot{S} = \eta S - R, R > 0$$

5. 环境部门

环境部门通过以下三种方式影响环境质量。第一，由于环境部门为最终产品部门提供环境要素，因而会造成环境污染 P。环境污染 P 是作为最终产品的副产品而产生，是最终产出和污染强度的函数，$P(Y, z) = Yz^i$，其中，Z 为环境质量，i 为污染强度指数，$i > 0$。第二，环境部门会根据环境的污染程度，适度地投入一些资本对环境进行治理，所以，$\dot{E} = \theta I$，其中，I 为环境治理投资，环境治理投资源于最终产出 Y，θ 代表环境部门对环境质量改善的投资治理效率，θ 越大说明环境的投资治理效率越高。第三，假定环境要素本身具有一定的再生能力，而且环境再生能力同环境存量呈正向相关关系，其再生能力的函数为 $\dot{E} = \mu E$，μ 代表环境再生能力系数，E 表示初始的环境质量，$E(t)$ 表示目前的环境质量水平，某一时刻最终产品部门消耗的环境要素即造成的环境污染为 P（假定只有最终产品部门消耗环境要素），因此，在同时兼顾上述三种影响的前提下得到的环境质量随时间的变化方程为：

$$\dot{E} = \mu E + \theta I - Yz^i, E > 0, \mu > 0, \theta > 0$$

在上述生产过程中，物质资本被用于三个部分：消费 C、增加的当期物质资本存量 K 和用于改善环境质量投资 I，则物质资本的变化方程为：

$$\dot{K} = Y - C - I$$

Ramsey 的效用函数仅将消费者的消费效用水平作为衡量福利高低的唯一目标。由于绿色增长同时兼顾自然资源与环境质量，故其社会福利水平不仅包含对物质资本的消费，还包含对自然资源存量和环境质量的消耗，因此，效用函数应是一个加性可分的多元函数。假设代表性消费者在无限时域上对消费 C、自然资源存量 S、环境质量 E 产生综合效用，对效用函数进行如下修正：

$$U(C, S, E) = \frac{C^{1-\sigma} - 1}{1 - \sigma} + \frac{S^{1-\tau} - 1}{1 - \tau} + \frac{E^{1-\omega} - 1}{1 - \omega}, \sigma > 0, \tau > 0, \omega > 0$$

其中：$U(C, S, E)$ 为每个时刻福利的瞬时效用函数；σ 为相对风险厌恶系数；τ 为自然资源跨期替代弹性的倒数；ω 为环境意识参数（表示对环境质量的偏好程度）。

（二）绿色增长模型构建及动态最优路径求解

1. 绿色增长模型构建

假设该封闭的经济系统存在一个理性的社会计划者（如政府），其目标和任务是实现消费者跨期效用最大化，通过合适路径的选择实现社会效用的现值最大化，则需要解决动态最优问题，其规划如下：

$$\max_{C,P,R,I,H_Y,H_A} \int_0^\infty U(C,S,E)e^{-\rho t}dt$$

约束条件为：

$$\begin{cases} Y = A^{\alpha+\beta}H_Y^\alpha L^\beta K^\lambda R^\varphi P^\delta \\ \dot{K} = Y - C - I \\ \dot{A} = \varepsilon H_A A \\ \dot{S} = \eta S - R \\ \dot{E} = \mu E + \theta I - Yz^i \\ H = H_A + H_Y \\ \alpha + \beta + \gamma + \varphi + \delta = 1 \end{cases}$$

其中，ρ 为时间贴现率，表示消费者对当前消费的偏好程度。

2. 绿色增长动态最优路径求解

为求解这个最大化问题，构建 Hamilton 函数为：$J = U(C,S,E) + \lambda_1(A^{\alpha+\beta}H_Y^\alpha L^\beta K^\gamma R^\varphi P^\delta - C - I) + \lambda_2\varepsilon H_A A - \lambda_3 R + \lambda_4(\mu E + \theta I - Yz^i)$ 其中，λ_1、λ_2、λ_3、λ_4 为 Hamilton 乘子，C、P、R、I、H_A、H_Y 代表控制变量，K、E、S、A 表示状态变量。对控制变量分别求导的最大化一阶条件表示如下为：

$$\lambda_1 = C^{-\sigma}$$

$$\frac{\lambda_1 \delta Y}{P} = \lambda_4$$

$$\frac{\lambda_1 \varphi Y}{R} = \lambda_3$$

$$\lambda_1 = \lambda_4 \theta$$

$$\lambda_2 \varepsilon A = \frac{\lambda_1 \alpha Y}{H_Y}$$

欧拉方程：

$$\dot{\lambda}_1 = \rho\lambda_1 - \frac{\partial J}{\partial K} = \rho\lambda_1 - \frac{\gamma Y \lambda_1}{K}$$

$$\dot{\lambda}_2 = \rho\lambda_2 - \frac{\partial J}{\partial A} = \rho\lambda_2 - \frac{(\alpha+\beta)Y\lambda_1}{A} - \lambda_2\varepsilon H_A$$

$$\dot{\lambda}_3 = \rho\lambda_3 - \frac{\partial J}{\partial S} = \rho\lambda_3 - S^{-\tau} - \lambda_3\eta$$

$$\dot{\lambda}_4 = \rho\lambda_4 - \frac{\partial J}{\partial E} = \rho\lambda_4 - E^{-\varpi} - \lambda_4$$

横截条件：

$$\lim_{t\to\infty} \lambda_1 K e^{-\rho t} = 0$$

$$\lim_{t\to\infty} \lambda_2 A e^{-\rho t} = 0$$

$$\lim_{t\to\infty} \lambda_3 S e^{-\rho t} = 0$$

$$\lim_{t\to\infty} \lambda_4 E e^{-\rho t} = 0$$

以上求解过程中的一阶条件、欧拉方程、横截条件系统地描述了该封闭经济体的动态变化过程，绿色增长最优路径求解实际就是通过选择最优的控制变量和状态变量来实现，最优的控制变量和状态变量可以使消费者的跨期效用最大化。$g_X = \dot{X}/X$ 在均衡增长路径上（g_X 代表管理生产技术水平的增长率），通过控制变量管理生产技术水平的增长率维持在均衡增长路径上。由最终产出、资本、消费以及环境治理投资的关系可知，变量 Y、K、C、I 具有相等的均衡增长率，且均为常数，即 $g_Y = g_C = g_K = g_I$；由人力资本的投入关系可知，$g_H = g_{H_A} = g_{H_Y}$，$g_A = \dfrac{\dot{A}}{A} = \varepsilon H_A$。

根据欧拉方程可得：

$$g_{\lambda_1} = \rho - \frac{\gamma Y}{K}$$

$$g_{\lambda_2} = \rho - \frac{(\alpha+\beta)Y\lambda_1}{A\lambda_2} - \varepsilon H_A$$

$$g_{\lambda_3} = \rho - \frac{S^{-\tau}}{\lambda_3} - \eta$$

$$g_{\lambda_4} = \rho - \frac{E^{-\varpi}}{\lambda_4}\mu$$

由一阶条件可得：

$$g_{\lambda_1} = -\sigma g_C$$

$$g_{\lambda_2} = g_{\lambda_1} + g_Y - g_A - g_{H_Y}$$

$$g_{\lambda_3} = g_{\lambda_1} + g_Y - g_R$$

$$g_{\lambda_4} = g_{\lambda_1} + g_Y - g_P$$

根据以上公式及一阶条件和欧拉方程可得：

$$g_R = \frac{\varphi(\sigma-\tau)}{1-\sigma} g_Y$$

$$g_E = \frac{\sigma-\omega}{\theta(1-\sigma)} g_Y$$

$$g_P = \frac{\delta(1-\omega)}{1-\sigma}g_Y$$

$$g_Y = \frac{(\alpha+\beta)\varepsilon H_A + (H_A - \rho)}{\sigma(\alpha+\beta)}$$

3. 绿色增长动态最优化结果分析

由 $g_R = \frac{\varphi(\sigma-\tau)}{1-\sigma}g_Y$ 可知，假设其他参数一定，自然资源产出弹性 ϕ 越小，自然资源跨期替代弹性的倒数 τ 越大，绿色增长的最优均衡增长率越高。该结果表明自然资源消耗量与绿色增长最优增长率呈负向关系，要求消费者要对当前自然资源维持理性消费的理念，不过分追求自然资源的不合理消耗。

由 $g_E = \frac{\sigma-\omega}{\theta(1-\sigma)}g_Y$ 可知，假设其他参数一定，提高环境治理投资效率 θ 和消费者的环境意识参数 ω，绿色增长的最优均衡增长率越高。表明环境质量的增长率越高，绿色增长率越高，其中环境质量的提高依赖于环境的自净能力 μ、环境治理投资效率 θ 和环境治理投资 I，在环境自净能力一定的前提下，提高环境治理投资数额和效率有利于绿色增长的实现。

由 $g_P = \frac{\delta(1-\omega)}{1-\sigma}g_Y$ 可知，假设其他参数一定，环境污染产出弹性 δ 越小，消费者的环境意识参数越大，越有利于绿色增长最优均衡增长率的实现。由 $g_Y = \frac{(\alpha+\beta)\varepsilon H_A + (H_A - \rho)}{\sigma(\alpha+\beta)}$ 可知，绿色增长的均衡增长率 g_Y 是由相对风险厌恶指数 σ、贴现率 ρ、R&D 部门人力资本存量 H_A、人力资本产出弹性 α 共同决定，上述分析结果表明，绿色增长的最优均衡状态应同时满足以下条件：$g_R < 0$，$g_P < 0$，$g_Y > 0$。$g_R < 0$ 且 g_R 越小代表生产过程中自然资源消耗量越少，越有利于实现绿色增长；$g_P < 0$ 且 g_P 越小代表整个生产过程中造成的环境污染越少，越有利于实现绿色增长；$g_Y > 0$ 且 g_Y 越大，绿色增长的增长率越高，越有利于实现绿色增长。

由于中国目前还是发展中国家，消费者对消费的需求大于对自然资源存量和环境质量的需求，因此，假设 $\sigma > \tau$，$\sigma > \omega$，在此假设下求解上述均衡条件可得：$\sigma > 1$，$[(\alpha+\beta)\varepsilon+1]H_A > \rho$。

$\sigma > 1$，说明任意两时间点上产品消费之间的替代弹性 $0 < 1/\sigma < 1$，由于 σ 也决定了消费者在不同时期转换消费的愿望，值越大表明消费者

消费物质产品的边际效用下降速度越快，所以对这种偏好的限制有利于保证理性消费者不会过于追求对当前物质产品的消费，有利于保证消费者以"平滑""理性"的方式消费，从而不会导致物质产品部门大规模地生产，进而不会大量地破坏环境；如果 $\sigma<1$，代表消费边际效用下降速度很慢，此时在贴现率不变的情况下，消费者当前消费与未来消费的比值会增大，这样的消费方式最终会为了增加对当前的物质产品的消费而扩大对物质产品的生产，在生产函数不变的情况下会加大对自然资源和环境的消耗，从而不利于绿色增长。

$[(\alpha+\beta)\varepsilon+1]H_A > \rho$，说明当 R&D 部门人力资本存量 H_A、人力资本产出弹性 α、R&D 的生产效率 ε 大于消费者的贴现率 ρ 时，该封闭的经济体将沿着最优增长路径发展，而且 R&D 部门的生产效率越高、R&D 部门人力资本存量 H_A 越大，即投入技术创新研发的研发人员数量越多，人力资本部门的产出弹性越大，绿色增长率越高，越趋于绿色增长均衡增长率。

二、中国区域绿色增长最优路径分析

上述分析表明，绿色增长所倡导的在兼顾自然资源与环境质量的前提下的最优均衡状态从理论上讲是存在的。基于自然资源、环境质量对绿色增长最优路径的影响，研究中国目前的经济增长方式与绿色增长要求的经济增长方式的关系及差距。基于上述绿色增长理论模型，收集中国 2006—2015 年 30（未收集西藏、香港、澳门和台湾的数据）个省份的面板数据，在构建联立方程模型的基础上，分析中国实际绿色增长状态，揭示其与最优路径的关系和差距。

（一）中国区域绿色增长最优路径模型构建

1. 联立方程模型

在计量经济学中，描述一个因变量和多个自变量之间的数量关系通常采用单方程计量模型，这种计量方式仅仅呈现了变量之间单向的变化关系，即由自变量的作用导致因变量的结果。但是，在实际的经济系统中，变量与变量之间的因果关系往往并不是单向变化的关系，而表现为更为复杂的关系，如若采用单方程计量模型，便无法形象地表现出变量之间正确的逻辑关系。而联立方程模型则可以通过多个方程之间的相互关系来呈现变量之间纷繁复杂的关系。

（1）联立方程模型概念

假设如下两个方程为一个联立方程模型：

$$Y_{1t} = \alpha_{10} + \alpha_{11}Y_{2t} + \beta_{11}X_{1t} + \mu_{1t}$$
$$Y_{2t} = \alpha_{20} + \alpha_{21}Y_{1t} + \beta_{21}X_{2t} + \mu_{2t}$$

在式 $Y_{1t} = \alpha_{10} + \alpha_{11}Y_{2t} + \beta_{11}X_{1t} + \mu_{1t}$ 中，Y_{1t} 为因变量，Y_{2t} 为自变量，而在式 $Y_{2t} = \alpha_{20} + \alpha_{21}Y_{1t} + \beta_{21}X_{2t} + \mu_{2t}$ 中，Y_{2t} 为因变量，Y_{1t} 自变量，因此 Y_{1t} 和 Y_{2t} 在此计量模型中呈现相互影响、相互依赖的关系，二者统称为内生变量，而 X_{1t} 和 X_{2t} 代表分别影响 Y_{1t} 和 Y_{2t} 的其他变量，在计量经济学中被称为前定变量。α 和 β 表示结构参数，可以通过模型估计得到；μ 代表随机扰动项，表示存在其他可能影响因变量的变量。

（2）联立方程模型识别

由于联立方程模型由多个方程组成，其参数能否被估计取决于该模型能否被识别。如果一个联立方程模型能够被识别，那么该方程的所有参数就可以被估计，反之则不能。计量经济学中，通常利用可识别的阶条件判断模型能否被识别。

可识别的阶条件：假设一个联立方程模型中含有 N 个方程，如果此联立方程模型能够被识别，则该方程前定变量的数量必须大于等于模型中内生变量的数量减 1。即：$M-m \geq n-1$，若 $M-m=n-1$，则该模型恰好识别；若 $M-m > n-1$，则该模型过度识别。其中，n 为确定方程中内生变量的数量；M 为模型中前定变量的数量；m 为确定方程中前定变量的数量。本节构建的联立方程模型符合可识别的阶条件。

（3）联立方程模型的估计方法

联立方程模型的估计方法通常有两种：一是完全信息法；二是有限信息法，又称为单一方程法。顾名思义，完全信息法可以有效利用模型中的全部信息，能够同时估计所有的参数，可以显著提高模型估计的准确性，具体常见的方法有三阶最小二乘法和完全信息最大似然估计法。虽然完全信息最大似然估计法可以提高估计结果的准确性，但由于该方法非常复杂，目前商业通用的计量软件中并不能应用此法。与完全信息法相对的有限信息方程法则部分利用方程中各变量的数据信息，通过计量软件单独估计模型中的每一个方程，具体的估计方法为二阶最小二乘法（2SLS）和有限信息极大似然法。

而在联立方程模型估计中，2SLS 是最普遍采用的方法。本节也将利用该方法对模型参数进行估计。

2. 绿色增长联立方程模型构建

联立方程模型，在经济学中应用广泛，可以表示一个封闭经济系统中多个变量之间的相互关系，或者可以表示生产者或消费者的行为。自然资源要素、环境要素与经济增长之间有着非常密切的联系，它们相互作用、相互影响，并构成一个有机系统。具体而言，经济产出的多少或者其增速会被自然资源消耗量和环境污染影响，而自然资源要素中的存量以及环境污染与经济产出存在因果关系。而联立方程模型基于系统的角度考虑不同变量之间的相互作用和影响，能够形象地把模型中各变量之间的相互关系表达出来，非常适合研究绿色增长问题。

由前文可知，拓展的总量生产函数为 $Y = A^{\alpha+\beta} H_Y^{\alpha} L^{\beta} K^{\lambda} R^{\varphi} P^{\delta}$，那么由此建立绿色增长方程为：

$$\ln(Y) = c + \alpha \ln(H_Y) + \beta \ln(L) + \gamma \ln(K) + \varphi \ln(R) + \delta \ln(P)$$

经济增长离不开对自然资源的开发和消耗，同时，不可再生资源的有限性又会反过来制约经济增长。在整个生产过程中，自然资源部门不仅为生产提供水、土地等可再生资源，而且还提供煤、石油、天然气等不可再生资源（假设在该封闭的经济系统中仅通过技术创新和环境治理两种方式改善环境质量，不使用太阳能等清洁可再生能源），不可再生资源的消耗量越多，其存量就越少，越不利于实现绿色增长。同时，自然资源的开发又依赖于资源开发技术的创新和经济增长，据此，构建自然资源消耗方程：$\frac{R}{N} = \zeta + \mu_1 y + \mu_2 y^2 + \vartheta T$。其中，$N$ 为总人口，$y=Y/N$，y 为人均绿色 GDP，T 表示技术创新水平。

经济增长影响环境质量，直接的表现是环境污染。要达到绿色增长的要求，对环境的治理和改善往往通过两种方式实现：一是对氮氧化物、烟尘、固体废物、废水、危险废物等进行末端治理；二是通过技术创新作用于整个生产过程中并形成前端预防。环境污染治理投资（I）和技术创新（T）对环境污染的末端治理和前端预防具有不可忽视的作用。据此，构建环境污染方程：$\frac{P}{N} = \theta + \lambda_1 y + \lambda_2 y^2 + \varepsilon I + \varpi T$。其中，$N$ 为总人口，$y=Y/N$，y 为人均绿色 GDP，I 为环境治理水平，T 为技术创新水平。

综上所述，该联立方程模型为：

$$\ln(Y_{it}) = c + \alpha\ln(H_{Y_{it}}) + \beta\ln(L_{it}) + \gamma\ln(K_{it}) + \varphi\ln(R_{it}) + \delta\ln(P_{it})$$

$$\frac{R_{it}}{N_{it}} = \zeta + \mu_1 y_{it} + \mu_2 y^2_{it} + \vartheta T_{it}$$

$$\frac{P_{it}}{N_{it}} = \theta + \lambda_1 y_{it} + \lambda_2 y^2_{it} + \varepsilon I_{it} + \varpi T_{it}$$

式 $\ln(Y_{it}) = c + \alpha\ln(H_{Y_{it}}) + \beta\ln(L_{it}) + \gamma\ln(K_{it}) + \varphi\ln(R_{it}) + \delta\ln(P_{it})$ 为绿色经济增长方程，Y_{it} 表示第 i 个省份在第 t 年的绿色经济总产值，$H_{Y_{it}}$、L_{it}、K_{it}、R_{it}、P_{it} 分别表示人力资本存量、劳动投入量、物质资本存量、自然资源消耗量和环境消耗量，而环境消耗量更直接地表现为环境污染。自然资源消耗量和环境污染对绿色经济总产值的影响是本节的研究重点。c_i 代表各省份特定的截面效用。

式 $\frac{R_{it}}{N_{it}} = \zeta + \mu_1 y_{it} + \mu_2 y^2_{it} + \vartheta T_{it}$ 表示自然资源消耗量方程，R_{it} 表示第 i 个省份在第 t 年的自然资源消耗量，N_{it} 表示第 i 个省份在第 t 年的总人口；y_{it} 表示第 i 个省在第 t 年的人均绿色增长水平，通过人均绿色 GDP 度量，计算公式为：$y_{it}=Y_{it}/N_{it}$；T_{it} 表示第 i 个省份在第 t 年的技术创新水平，用资源利用效率测度 ζ_i 表示与各省份相关的特定截面效应。

式 $\frac{P_{it}}{N_{it}} = \theta + \lambda_1 y_{it} + \lambda_2 y^2_{it} + \varepsilon I_{it} + \varpi T_{it}$ 为环境污染方程，P_{it} 表示第 i 个省份在第 t 年的环境污染量；y_{it} 表示第 i 个省份在第 t 年的人均绿色增长水平，N_{it} 为第 i 个省份在第 t 年的总人口；I_{it} 表示第 i 个省份在第 t 年的环境治理投资费用，用人均环境污染治理投资测度；T_{it} 表示第 i 个省份在第 t 年的技术创新水平，用资源利用效率测度，I_{it} 和 T_{it} 是影响环境质量高低的控制变量；θ_i 表示与各省份相关的特定截面效应。

（二）数据来源及指标选取

1. 数据来源

针对时间序列数据和截面数据信息不全面，不能全面客观反映宏观经济学中的样本数据的特点，面板数据具体是指，在时间序列上选取所需的多个截面，在选取的截面上选取样本观测值的样本数据。面板数据能够克服时间序列数据和面板数据的缺点，可以同时反映某研究对象在时间和空间上的特性，能够客观形象地阐述经济现象。本节鉴于数据的可得性，收集了 30 个省份（见前面说明）从 2006—2015 年的面板数据，所有原始数据主要来源于历年《中国统计年鉴》《中国环境统计年鉴》《中国劳动统计年鉴》。

2. 指标选取

联立方程模型中各变量对应的数据选取如下。

（1）绿色经济总产值

该变量通过绿色 GDP 表示，绿色 GDP 是在 GDP 的定义上演化而来的，它是指一个地区或者一个国家一年内国民经济活动的总成果扣除因生产、生活而对自然资源和环境造成的影响之后的净产出。本节关于绿色 GDP 的核算方法采用由大多数国家共同提出的"综合环境与经济核算体系"（简称 SEEA），该体系是关于绿色 GDP 比较权威的官方指导性体系，它为建立绿色 GDP 核算、自然资源耗减成本和环境降级成本提供了一个共同的核算框架，该体系在资源、环境方面提出三种基本的评估方法：一是维护成本法，通常用来评估环境降级及其破坏的维护成本；二是由环境降级和破坏导致的损坏价值；三是市场评估法，用来测算自然资源资产及变化的市场价值。由 SEEA 核算体系可知，绿色 GDP 的计算公式为：绿色 GDP=GDP－环境降级成本－资源耗减成本。环境降级成本采用维护成本，法即虚拟治理成本，此方法是假定生产过程中排放到环境中的污染物均得到治理，由此，再根据目前现行的治理水平和治理技术核算所需支付的成本。用公式表示为：环境降级成本=环境治理投资+因环境污染造成的直接经济损失+因环境污染造成的间接经济损失。对于自然资源耗减成本的核算，采用市场定价法更为合理。其核算公式为：自然资源耗减成本=能源矿产耗减成本+水资源耗减成本+森林耗减成本。人均绿色 GDP=绿色 GDP 总量/总人口。

各种能源矿产耗用量主要通过能源产品消费量表示，能源矿产资源价格通过各能源矿产资源的平均价格表示；水资源耗用量通过用水总量表示，单位价格通过水资源平均价格表示；木材耗用量通过每年活立木蓄积量的变化量表示，价格通过各年份木材价格指数计算活立木单价表示；污水总量通过废水排放总量表示，单位污水污染损失价值通过单位工业废水治理投资金额表示；废气总量通过废气排放总量表示，其价值通过单位工业废气治理投资金额表示；固体废弃物总量通过固体废弃物排放总量表示，其价值通过单位固体废弃物治理投资金额表示。

（2）人力资本存量

人力资本存量是指某一个特定区域内劳动力群体所具有的全部人力资本的集合。目前关于人力资本存量的统计方法主要有成本法、收入法、教育年限法、当期价值法、未来收入现值法等。鉴于数据的可得性以及便于获取性等原因，本节采用教育年限法统计中国各省份的人力资本存量。教育年限法是以一国国民素质为基础，通过国民受教育程度来表示人力资本总量。此方法作为衡量人力资本水平的一个指标，由于其简单直观的特性以及数据便于获取的特性，在国内外的相关研究中被普遍采用。该方法是基于劳动者在劳动过程中可以贡献的人力资本数量与受教育的程度存在正相关关系，即劳动者接受的教育程度越高，其所提供的人力资本数量越多。虽然它没有成本法或收入法复杂，但其仍旧可以为人力资本的核算提供充分的依据。

（3）劳动力投入量

此处的劳动力不同于上文中的人力资本，人力资本是包含知识、技能、智力等因素的和，而劳动力仅指在社会生产过程中体力劳动的总和。本节的劳动力通过就业人员人口总量表示。

（4）物质资本存量

物质资本存量的核算最早是由 Goldsmish 在 1951 年提出的永续盘存法，该方法已被 OECD 中的许多国家使用，该方法是目前国际最通行的估计方法。但是由于研究目的不同，不同的学者有不同的计算方法。基于永续盘存法，又借鉴张军的研究，本节使用的估算公式为：$K_t = K_{t-1} + \Delta K_t$，$\Delta K_t$ 为当年新增的资本存量。目前，中国在物质资本存量方面的统计数据尚不全面，现有的研究大多通过多个数据进行计算。在物质资本存量核算过程中，主要需确定每年投资数额、投资价格指数及折旧率。每年投资数额的确定方式主要有三种，一是物质资本平衡积累指标，二是固定资产形成总额，三是全社会固定资产。本节采用第二种方法核算，根据统计年鉴指标，每年投资通过固定资产形成总额表示。投资价格指数的测算主要有两种方式，一种是官方公布的积累指数和固定资产形成指数，另一种是选取替代指数或者由推算合成。本节选取固定资产形成指数进行推算，将固定资产投资价格指数折算为以基年（2006年）表示的实际值。关于折旧率的确定是永续盘存法计算物质资本存量的一个非常重要的环节，通常有四种选取方法：①官方公布的折旧率或折旧额;②利用剔除折旧的"积累"作为折旧率;③自行推算;④自行设定或者忽略。依据前人的研究成果,将折旧率设定为9.6%。

(5)自然资源消耗量

由于能源等自然资源的消耗在促进经济增长的同时又对环境造成污染和破坏,所以自然资源消耗量 R_{it} 通过各省份主要能源产品的消费量表示。

(6)环境污染

造成环境污染的原因往往是多种多样的,在以往的研究中大多研究者会选用一种或几种测度环境污染的指标来代替整体的环境污染,这些相对片面的指标难以从整体的角度反映环境污染水平,因此有可能导致结果有偏差。鉴于环境污染 P_{it} 主要由人类在生产生活中消耗的能源所导致,为了更全面地反映环境污染的情况,本节将综合利用不同的污染物指标,如生产过程中产生的碳氧化物、硫化物、氮氧化物、颗粒物等,构建一个综合的环境污染指标以更全面地反映所研究的问题,尽可能地降低由数据片面性导致的结果偏差。根据历年《环境统计年鉴》公布的数据,本节最终通过碳氧化物、硫化物、氮氧化物、颗粒物排放压力表示环境污染 P_{it}。

(7)环境污染治理投资

由于中国经济发展快,工业化程度提高,因此排放到环境中的污染物越来越多,为了保护环境,提高环境的承载力,需挪出一部分资金用于环境污染治理,本节环境污染治理投资 I_{it} 通过人均环境污染治理投资总额表示。

(8)技术创新水平

除了自然资源和环境要素外,技术创新水平是衡量一个国家经济发展水平及经济不断增长的至关重要的因素。它是提高一国综合实力和竞争力的重要途径,是推动社会进步的重要驱动力。衡量技术创新水平的指标有许多种,一部分研究使用创新强度指标,一部分通过知识存量表示,而本节采用研发支出代表中国的技术创新水平,该指标可以从理论上反映中国对科技活动的支持和重视程度。

(三)绿色增长联立方程模型结果估计及分析

1. 自然资源、环境与绿色增长拟合结果估计

本模型的拟合结果估计是在通用的计量软件 Stata 12.0 的操作环境

中完成。本节采用国际上通用的两阶最小二乘法对联立方程模型进行估计。

2. 自然资源、环境与绿色增长的比较分析

（1）绿色增长方程

在绿色增长方程中，除 Romer 模型中包含的人力资本、劳动、物质资本因素外，还引入了自然资源消耗量和环境污染因素对绿色 GDP 的影响。从方程的回归结果中可以看出，绿色 GDP 与人力资本、物质资本、自然资源消耗量呈正相关关系，与劳动、环境污染呈负相关关系。该结果表明,在其他条件保持不变的情况下，每增加 1 单位的人力资本，绿色 GDP 就增加 0.7926887 单位；每增加 1 单位的物质资本，绿色 GDP 增加 0.300471 单位；每多消耗 1 单位的自然资源，绿色 GDP 增加 0.1964728 单位；每多造成 1 单位的环境污染，绿色 GDP 就减少 0.2543711 单位；每增加 1 单位的劳动，绿色 GDP 就减少 0.8427512 单位。从该方程各要素系数的大小而言，人力资本的系数相对其他变量对绿色 GDP 的贡献作用相对较大，说明目前中国已经认识到人力资本对经济增长的重要性，已加大在人力资本方面的投入，该方式已逐渐靠近绿色增长要求，通过投入大量的人力资本来促进绿色产出；而自然资源消耗量的系数相对较大，说明中国目前的经济增长方式依然依赖于对自然资源的大量消耗，而绿色增长的最优增长率要求消费者要对当前自然资源维持理性消费的理念，不过分追求自然资源的不合理消耗，显然中国目前的发展状态还没有实现绿色增长的要求。环境污染与绿色 GDP 呈负相关关系，表明经济发展过程中环境污染越严重，即生产过程中消耗的环境质量越多，对环境的污染和破坏越严重，绿色 GDP 就越低。该结果表明,中国目前的经济增长方式是以对环境的污染和破坏为代价的非友好增长方式。

（2）自然资源消耗方程

在自然资源消耗方程中，考虑了自然资源消耗量与绿色 GDP 和技术创新之间的关系，通过该方程的回归结果发现，自然资源消耗量与绿色 GDP 呈倒 "U" 形曲线关系，即在绿色增长初期，随着绿色 GDP 增长的需要，对自然资源的消耗量也在增加，但当绿色 GDP 提高至曲线拐点后，对自然资源的消耗量越多，绿色 GDP 越低，表明当经济发展到一定水平后，无须过度消耗自然资源亦能实现经济的增长。实证分析

结果表明，中国人均绿色 GDP 拐点为 43384.31 元/人。截至 2015 年，中国人均绿色 GDP 排前三名的为天津、北京、上海，其人均绿色 GDP 分别为 39648.96 元/人、38052.37 元/人、37772.66 元/人，仍未达到 43384.31 元/人这个拐点，这表明，中国目前还处在需要依赖消耗足够多的自然资源实现经济增长的状态。

（3）环境污染方程

在环境污染方程中，考虑了环境污染与绿色 GDP、环境治理投资、技术创新水平之间的关系，依据环境污染与绿色 GDP 的回归结果可以发现，中国目前环境污染与经济增长呈现库兹涅茨曲线（EKC 曲线）关系。需要着重说明的是，该方程的研究结果是在联立方程模型的基础上得到的，因此，该模型本身已经考虑了环境污染对绿色 GDP 的反向作用，所以该结果更易信服。该曲线转折点的人均绿色 GDP 为 47165.26 元/人，远远高于 2015 年人均绿色 GDP 最高的天津（39648.96 元/人），该结果表明，中国目前仍然处于 EKC 曲线的左侧，并且中国在未来很长一段时间内，环境污染还会随绿色人均 GDP 的增长而进一步加重，因而，中国距离实现绿色增长的任务任重而道远。实证分析结果中，环境治理投资与环境污染之间呈正相关，但并不表示环境治理投资越多环境污染就越多，而是由于环境治理存在一定的滞后性。尽管目前投入的环境治理投资费用逐年增加，但环境污染仍未取得良好的效果，甚至每年的环境污染有加剧的趋势，这是由于环境治理具有滞后性。为了在未来的经济发展中使环境质量改善的效果不再成为制约绿色增长率的约束条件，现在需要逐年增加环境治理投资费用，实现环境友好的终极目标。

本节针对前文理论模型和实证研究的相关结果，从自然资源、环境与人力资本角度给出以下相关政策建议。

第一，本节的结论表明，中国目前的经济增长方式还依赖于对自然资源的过度开发和消耗，该现状未能实现绿色增长的要求。因此要想转变传统的经济增长方式，响应中央提出的建立"资源节约型"社会的要求，中国应从以下三个方面着手：①加大研发清洁能源的新技术，提高自然资源的使用效率。虽然中国自然资源储量丰富，但是中国人口基数太大，导致中国人均自然资源占有量很少，因此政府需要加大对科技的投入，支持研发新技术，提高在生产过程中自然资源的使用效率，其使用效率的提高意味着相同数量的自然资源可以产出更多的绿色GDP，此种方式能够有效改变中国传统的、粗放型的经济增长方式。另外，政府应该重点扶持投资高、周期长、研发结果乐观的关键技术的研发项目。②政府应加强对高耗能企业的监管力度，推进节能减排措施的稳步施行。高耗能企业是中国自然资源的消耗大户，此类企业在生产过程中不仅会消耗大量的自然资源，同时还会对环境造成巨大的污染和破坏。因此，加强对此类企业的监管力度、控制对自然资源的过度消耗、推进节能减排措施的施行对中国转变经济增长方式具有重要的推动作用。③政府积极倡导发展循环经济，并逐步向绿色经济迈进。与传统的经济增长方式不同，循环经济发展方式是在最后一个环节将产生的排放物重新变为可以利用的再生资源，该种经济发展方式不仅可以缓解中国自然资源短缺的状况，更能很好地保护环境，使经济持续健康发展。

第二，在一定程度上，中国的经济增长是以牺牲当前的环境质量、造成环境污染和破坏为代价的。基于此现状，中国要想实现不以牺牲当前环境质量为前提的绿色增长模式需从前端预防、过程控制、末端治理三个方面进行改善：①建立健全前端预防机制，从源头上避免污染物的产生和扩散，彻底放弃"先污染后治理"的发展方式。具体可以通过以下四种方式实现：一是，对于一些资源消耗量大、污染物排放量高、效益低下的企业应限制其进行大规模生产，甚至责令关停；二是，对于高污染但收益高的企业应在生产过程中配套环保设备，对污染物进行处理，达标后再排放；三是，重点发展节能、环保等新兴产业；四是，在生产活动进行之前采取预防机制，可以通过技术创新改进原先非环保的生产技术，使用清洁技术进行生产。②加强对企业生产过程中的控制强度，最大限度地减少企业"偷排漏排"现象的发生。由于中国与环保相关的法律法规不健全，致使很多污染型企业偷排漏排现象严重，导致环境污染严重，因此，政府应该加强对企业生产过程中污染物排放的监控力度，完善环保法律法规。③政府应逐步加大对环境治理投资的力度，从生产末端对环境进行治理，改善环境质量。首先，加大对工业废气的治理力度，工业废气是造成大气污染的首要原因，必须加强对工业废气的投资治理力度；其次，加大对工业废水的投资治理力度，工业废水如果直接排入地下会对人类的生产生活产生严重影响，必须加大对废水的投资治理，改善被污染的水体，提高水资源的整体质量；最后，加大对固体废弃物的投资治理力度，生产过程中会产生很多固体废弃物，中国目前对固体废弃物采取简单堆砌的方式，这不仅会造成环境污染，还占用了大量的土地并造成资源浪费，因此，致力于治理固体废弃物具有很重要的现实意义。虽然目前中国已逐年增加环境治理投资的费用，但是环境质量并没有因此得到改善，说明小幅度的环境治理投资并不能改善现有环境现状，中国应继续加大环境治理投资力度，并通过提高环境治理投资效率等方式实现绿色增长。

第三，人力资本作为生产过程中重要的投入要素之一，社会应当通过多种方式提高人力资本的存量和人力资本水平，为中国实现绿色增长提供重要保障。

全面发展教育事业，提高国民整体素质，提高人力资本存量。一个国家教育的发达程度在很大程度上可以代表该国的社会发展水平和经济发达程度。大力发展教育事业是提高人力资本存量最直接、最有效、最根本的措施。政府可以从以下三个方面具体实施：一是，政府应通过多种渠道提高教育经费的投入，倡导政府办学为主、社会办学为辅的多渠道办学体制，以吸纳更多的人才入校深造；二是，改善不合理或不完善的教育体制与机制，根据中国具体国情设置培养方案，真正做到由学校培养的人才可以直接走向工作岗位，学以致用；三是，合理配置现有的教育资源，在抓好基础教育的同时还应该注重成人继续教育，切实为中国实现绿色增长培养大量人才。

鼓励企业对现有人力资本进行投资。人力资本是一个企业实现利润最大化的关键要素之一，企业对人力资本投资不仅有利于企业利润的增加，更有利于企业保持竞争优势。企业可以从以下两个方面着手：第一，在企业内部建立一个学习型组织，通过对企业的人力资本进行专业培训，不断汲取新知识以不断提升企业人力资本的质量；第二，创建完善的人力资本管理制度和有效激励机制，鼓励员工自主地参与培训。

重视培养研发方面的专业人才，以提高研发的生产效率。通过培养研发方面的专业人才不仅可以直接作为生产要素促进绿色 GDP 的增长，专业人才数量的增加可以导致质的改变，即促进技术创新的实现，通过技术创新驱动实现绿色增长的发展目标。

3. 创新点

本节的创新点主要体现在以下两个方面。

第一,基于 Romer 模型,将自然资源消耗量和环境污染两个因素同时引入生产函数,将自然资源存量、环境质量同时引入效用函数,同时考虑环境治理投资对环境质量的改善,运用最优控制理论,探索在自然资源和环境两大要素约束的前提下如何达到绿色增长最优路径。

第二,本节构建包含绿色增长方程、自然资源消耗方程和环境污染方程的联立方程模型,以中国 2006—2015 年的实际数据为依据,对中国资源、环境与经济增长的情况进行分析。发现自然资源消耗量与绿色 GDP 呈倒"U"形曲线关系,环境污染与经济增长呈现库兹涅茨曲线关系,中国的经济增长仍依赖于对自然资源的过度消耗和污染,尚未达到绿色增长的最优路径。

第四章
市场分割与绿色经济增长实证研究

第一节　市场分割概述

一、市场分割的成因和测度

（一）中国市场分割的成因

市场分割通常是指地方政府为了保障本地经济利益，限制资源、要素、产品在地区间的流动。

市场分割主要由地理距离的自然因素、经济和政治的制度因素导致。地理距离的自然因素是导致市场分割的主要原因。在本节检验部分进一步考察的影响绿色经济增长率的市场分割主要从与地理距离相关的高速铁路交通基础设施优化改善的角度出发。

最初关于中国市场分割成因的研究主要从地方保护和对外开放两个方面展开。从地方保护主义的角度分析，要先了解中国市场分割的历史渊源。

在20世纪70年代，中国经济由于政府的横向管理原则呈现"细胞"结构的特征。由于地理因素，中国各省份自然地成为一个个实体，再加上每个地理区域的省份受当地地方政府管辖，中国各省份同时也是一个个社会和政治实体。每个省份应有利用本地区的资源和生产活动来支持本地区的能力。

区域分割限制了规模经济、技术外溢和区域竞争，区域分工和专业化生产的实现同样也受到自力更生的地方发展原则的阻碍。因此，在中国从 1978 年开始的渐进式改革中，追求经济的快速发展不仅创造了产品市场和要素市场，而且促进了空间整合。随着过往地方政府自给自足发展原则的改变，经济逐步转型和国际开放日益加深，国内市场分割被削弱，一体化程度逐渐提高。

世界普遍认同，中国的国际一体化是成功的，但中国各省份之间的市场整合程度却备受关注。在 Young 的分析中，他认为权力下放的过程使中国的中央政策被许多地方政府的政策所替代，中央政策得不到相应的执行，中央与地方政府之间的动态偏好无法保持一致。

中国区域分割广泛存在的原因有很多，地方保护主义应该是首要原因。财政收入激励和传统的晋升激励机制，都是地方政府之间相互设置市场壁垒的动机来源。人们普遍认为，国有企业的效率相对较低，因此需要保护其免受来自其他省份企业的竞争，从而确保本省份企业产品的市场不受外省份瓜分，使本省份企业的收益和地方政府的财政收入得到保障。因此，地方政府有强烈的建立人为障碍的动机，这显著加剧了中国市场分割，不利于区域一体化的形成。因此改革开放后的中国仍然存在一个典型的特征，就是各省份之间的市场分割依旧长期存在，张杰等在 2010 年提出，中国大多数省份的地方政府更愿意实施市场分割。虽然市场分割导致当地企业无法利用其他省份的市场，但可以通过刺激本地企业的出口扩张，依靠开拓国际市场来获得技术外溢和实现规模经济。这也解释了为什么具有较大国际开放度的省份的市场分割情况可能更严重。

近年来，陆铭、陈钊、赵奇伟、熊性美、刘小勇、邓明等学者发现，中国区域市场的商品价格差存在绝对值收小的趋势。桂琦寒等认为，尽管中国各省份的相互融合程度较低，但区域一体化程度仍在加深，虽然有学者指出，中国商品市场一体化程度在提高，但商品市场分割程度的相对降低不代表商品市场分割的绝对下降，中国市场分割问题仍然严重，其中既包含中国各省份地方保护主义长期存在的历史因素，也包括分税制财税体制改革的影响。

20 世纪 70 年代末，中国开始实施渐进性的市场化改革，受财政分权制度影响，地方政府在推动中国经济快速增长的同时，也加剧了地方保护主义，造成了市场分割现象的扩张。1994 年，展开以分税制为主要体现的财政分权改革。吕冰洋等提出，财政分权本质上助长了地方政府保护地方企业的行为，是地方保护主义的一种体现，地方政府干预程度加大也是导致市场分割的重要因素。

在以分税制为主要体现的财政分权改革下，加深了地方政府分割市场的动机。中国国土辽阔，各区域经济发展难免不均衡、不统一，越落后的地区越可能通过分割市场达到保护本地企业的目的。

关于对外开放对市场分割的影响，目前的研究结论并不统一，由于考察的影响机制不同，得出的实证结果也不同。宋冬林等发现，对外开放与市场分割呈"倒 U 形"关系，当对外开放处于低水平时，对外开放对市场分割有加剧作用，但当对外开放程度进一步加深并越过某一临界点后，则会抑制市场分割。朱希伟等认为，中国出口经济增长成果显著的原因之一可能是，当企业的生产经营由于市场分割得不到匹配和满足时，被迫出口是这些企业实现规模经济的有益途径。

从整体来看，市场分割的成因多种多样，大致可划分为两类：地理距离的自然因素、经济和政治的制度因素。对应地，我们可以把市场分割分为自然性市场分割和制度性市场分割。自然性市场分割刻画了区域受地理距离约束，自然分隔形成不同市场的现象，商品的运输和贸易成本主要受地理距离决定，地理距离直接影响了商品市场分割程度。范欣等认为，制度性市场分割指的是由于受到经济、政治等制度性因素干预而造成市场分割的现象，其主要特征是地方保护主义盛行。

对应不同成因，我们可以有针对性地对打破国内市场分割并提出相应措施。自然性市场分割可以通过加强基础设施建设来实现，如加强交通基础设施建设、大力发展通信网络、加大公用事业设施的各种资金来源投入，为提高区域市场之间的沟通效率提供客观条件和物质保障。制度性市场分割则可以通过打击地方保护主义、优化制度建设、对地方政府官员的决策进行引导和约束等方式来降低。刘生龙等指出，地方保护主义固然对中国的市场分割影响深远，但值得注意的是，自然性市场分割一直受到学术界的忽视，交通基础设施等客观条件对自然性市场分割举足轻重，从交通基础设施发展的角度研究市场分割不失为对该领域的创新突破。目前大部分研究涉足的是制度性市场分割领域，对于中国市场分割的分析，我们亟须关于自然性市场分割的多重角度探讨。

（二）中国市场分割的测度

目前，学术界已经有许多探讨市场分割的测度、产生的原因以及对经济增长的影响等方面的研究。对于市场分割的测度，目前主要有生产法、贸易法、价格法、产需法、经济周期法以及市场调查法等测度方法。

不同学者之所以得出不同的研究结果，主要由于评估地方保护主义、测度市场分割程度的方法多样且各种方法所基于的理论属于不同的领域，而且不同的研究观测样本不同、时间跨度不一、研究的个体单位有别，再加上研究方法上的差异，难免得出不一致的结论。

价格收敛性是衡量市场一体化的一个较为普遍的指标，Parsley 等在 1996 年提出用价格法衡量市场分割程度。价格法是在经济学"冰川成本"模型、"一价定理"和"购买力平价"的基础上构建的。其原理是，不同地区的价格会因为要素、商品和服务可以跨区域流动而收敛，且套利过程将消除地区间的价格差异。即使考虑到由于地理距离产生的运输成本和交易成本，基于套利成本的地区间价格差异也应该落在一定的范围内，因此两地价格差异的波动应该是稳定的。

价格法因具有综合多种类商品的价格信息、较为全面地测度商品市场一体化程度的优点而被广泛参考和使用。借鉴 Parsley 等在 2001 年的做法，本节以两地商品相对价格的方差来测度区域间市场分割的程度，如果方差随时间减小，相对价格的波动减弱，无套利区间的交易成本下降，那么这意味着区域间的市场交易壁垒被削弱，市场分割程度减小。

本节采用价格法衡量中国市场分割程度，通过考察九大类商品的相对价格的方差变动来测度中国市场分割程度。选取的九大类商品分别是：粮食、菜类、饮料烟酒、服装鞋帽、体育娱乐用品、日用品、中西药品及医疗保健用品、书报杂志及电子出版物、燃料。具体思路如下：构建一个涵盖年份 t、省份 i 和商品 k 的三维（$t×i×k$）面板数据。具体计算过程如下。

假定 p_m^t 是商品 k 在省份 i 和年份 t 的绝对价格。对于每一个给定的省份组合（i, j）、给定商品 k 和给定年份 t，省份 i 和省份 j 之间的相对价格被定义为：

$$Q_{ijt}^k = \ln(p_{it}^k) - \ln(p_{jt}^k)$$

在大多数情况下，地理距离及其他制度差异使 $p_{it}^k \neq p_{jt}^k$，相对价格 Q_{ijt}^k 在一定区间内波动。相对价格 Q_{ijt}^k 的年际变动可以表示为：

$$\Delta Q_{ijt}^k = \ln\left(\frac{p_{it}^k}{p_{jt}^k}\right) - \ln(p_{it-1}^k/p_{jt-1}^k) = \ln(p_{it}^k/p_{it-1}^k) - \ln\left(\frac{p_{jt}^k}{p_{jt-1}^k}\right)$$

需要说明的是，因为我们在《中国统计年鉴》中得到的九大类商品的零售价格指数是商品零售价格的环比指数，即 p_{it}^k/p_{it-1}^k 和 p_{jt}^k/p_{jt-1}^k，并非绝对价格指数，因此采用如上计算方法。Q_{ijt}^k 与 ΔQ_{ijt}^k 呈现一致的收敛特征。

从而得到省份 i 和省份 j 的商品 k 在年份 t 的相对价格年际变动的绝对值 $|\Delta Q_{ijt}^k|$。$|\Delta Q_{ijt}^k|$ 刻画了价格波动程度。如果地区间的交易阻碍减小，市场一体化程度提高，那么商品在区域间的相对价格波动将呈收敛趋势。反之，如果由于交易成本提高，市场分割程度加深，商品的区域间相对价格波动将呈发散趋势。因此，可以通过测度商品市场上的相对价格波动的方差变动来衡量市场分割程度。

通常，区域间某个时期的价格波动并非完全由市场分割所导致，一方面，该变动与商品异质性有关；另一方面才是来源于区域间的市场分割或其他随机因素。因此，价格波动由两部分组成：

$$\Delta Q_{ijt}^k = \alpha^k + \varepsilon_{ijt}^k$$

α^k 即商品异质性，如农产品的价格很容易受天气情况影响，农产品价格的波动通常很大。ε_{ijt}^k 即与商品特性无关的导致价格波动的因素，这里我们假定仅与市场分割有关。如果不消除商品异质性的影响因素，我们对价格波动程度的估算可能会产生偏误。通过去均值（De-mean），我们可以达到消去与商品异质性 α^k 相关的固定效应的目的。

通过对商品 k 在年份 t 的所有省份组合（i, j）的 ΔQ_{ijt}^k 求平均值，我们可以得到 $|\Delta \bar{Q}_t^k|$，再用所有省份组合（i, j）的 $|Q_{ijt}^k|$ 减去该平均值，这样便只保留了与地区间的市场分割因素有关的信息 q_{ijt}^k，我们将其表示为：

$$q_{ijt}^k = |Q_{ijt}^k| - |\Delta \bar{Q}_t^k| = (a^k - \bar{a}^k) + (\varepsilon_{ijt}^k - \bar{\varepsilon}_{ijt}^k) = (\varepsilon_{ijt}^k - \bar{\varepsilon}_{ijt}^k)$$

接着，计算每一个省份组合（i, j）在年份 t 的 q_{ijt}^k 关于商品 k 的方差，记为 $\text{Var}(q_{ijt})$。最后，把所有省份组合（i, j）的 $\text{Var}(q_{ijt})$ 按照每一个省级单位整合，我们就能得到衡量每一个省份与其他省份的市场分割指数：

$$\text{Var}(q_{it}) = \sum_{i \neq j} \text{Var}(q_{ijt})/N$$

这里的 N 表示由省份 i 所整合的省份组合（i, j）的个数。

二、中国绿色经济增长率的测度

早期对全要素生产率的测算没有考虑环境因素对产出具有影响的问题。依据福利经济学的外部性理论，生产经营活动产生的环境污染对单个厂商而言是外部成本，但却同时是社会成本的一部分。所以，当我们在考虑绿色经济增长时，只有把环境污染作为产出之一纳入生产函数模型进行处理才符合社会福利的要求。

绿色经济增长率正是基于以上考虑对传统全要素生产效率的进一步修正，是考虑了传统的期望产出并包括以往被忽略的非期望产出，将环境污染因素纳入生产函数后对生产效率的综合测度。

钱争鸣和刘晓晨指出，考虑了能源环境效率的绿色经济增长率测度了一个经济体的生产效率，即在尽可能多地增加期望产出的同时尽可能减少非期望产出和能源资源要素投入的能力，是在传统的经济效率衡量指标的基础上综合能源资源利用和环境污染评估的经济效率指标。绿色经济增长率与传统的单一经济总量指标相比，能更准确更全面地反映一个经济体的综合生产效率和综合竞争力。

近十几年来，国内外众多学者对绿色经济增长率开展了相关研究。涂正革、郑京海、王兵等测算了考虑环境因素的全要素生产率，称之为环境全要素生产率。Fareetal 提出了全要素生产率的概念作为全面反映生产效率的指标。杨龙首次提出了"绿色经济效率"的概念，他将各地区综合环境污染指数引入测度效率的数据包络分析（DEA）模型中，并将所得到的衡量经济效率的指标定义为"绿色经济效率"。李玲、陶峰、李斌等称考虑环境因素的全要素生产率为绿色全要素生产率。此外，众多学者采用绿色全要素生产率的核算方式展开相关研究。

研究绿色经济增长的一大关键是绿色经济增长的测度方法。在绿色经济增长中，能源和环境不仅是经济增长的内生变量，而且是对经济增长规模和质量的约束。传统的测度经济增长的全要素生产率指标没有考虑能源和环境因素。特别是在能源和污染排放成为生产的约束条件时，一部分原本能投入生产的要素需要转移到节能减排中，从而导致传统的测度方法对经济绩效的估计产生偏误。而绿色经济增长率是将能源环境因素纳入经济增长分析框架中的评价指标,是对传统全要素生产率的修正。绿色经济增长是在节能减排约束下转变经济发展方式的源泉和动力,绿色经济增长率可以作为判断一个国家或地区能否实现长期可持续发展的合理依据。

正因为绿色经济增长是对传统经济增长的修正,其本身是无法被直接观测到的,需要借助数学计量方法进行自主计算。大部分国内文献通常从节能减排角度切入,对绿色经济增长进行分析,因为要转变国内传统的以大量的能源消耗和污染排放为代价的经济增长方式,节能减排无疑是改善这一问题的关键措施。提高能源环境绩效意味着在保证一定经济产出的前提下最大限度地减少能源消耗和污染排放,这恰恰是实现绿色增长、推动经济转型、实现可持续发展所需要的。基于不同的分析框架,以上研究都对能源环境绩效进行了相应的测度,是宝贵的经验来源,在参考以上研究的基础上本节测度了中国各省份的绿色经济增长率。

在测度方法上,现有的关于绿色全要素生产率的研究主要采用以下4种测度方法,分别是随机前沿生产函数法(Stochastic Frontier approach,SFA)、代数指数法(Arithmetic Index Number approach,AIN)、索罗余值法(Solow Residual Value method,SRV)和数据包络分析法(Data Envelopment analysis,DEA)。在研究绿色经济绩效领域,这些方法已经较为成熟,且取得了显著成果。

数据包络分析法被广泛地应用于能源环境绩效的测度评估中。一个生产决策单元的经济生产绩效可以被定义为它到前沿面的距离。在测度绿色经济绩效时,生产的结果除了正常的产出(期望产出)外,污染物伴随生产过程同时产生,称之为非期望产出。期望产出与非期望产出之间存在一定程度的伴生关系。和传统的数据包络分析法相比,距离函数(Distance Function,DF)因为其能够同时考虑期望产出和非期望产出的特性而被普遍应用于能源环境全要素生产率的测算中。

距离函数(DF)可分为两类:谢泼德距离函数(Shephard Distance Function,SDF)和方向距离函数(Directional Distance Function,DDF)。谢泼德距离函数假设期望产出和非期望产出按同比例扩大或者缩减,因此无法在保障期望产出的前提下实现污染排放的减少。但是在绿色经济增长的测度上,我们特别需要平衡期望产出与非期望产出,在节约能源消耗和资源投入的同时，尽可能多地增加期望产出并减少非期望产出。

为了突破谢泼德距离函数假设投入和产出同方向变化的局限，1997年，Chung 等提出了方向距离函数模型，方向距离函数模型可以在技术可行集允许的范围内增加期望产出并减少非期望产出，这恰恰是实现绿色经济增长的关键，该模型为绿色经济效率的测算做出了开创性的贡献。方向距离函数因为比谢波德距离函数更加普遍和灵活，而被广泛应用于能源环境全要素生产率的衡量，但方向距离函数模型在这方面的应用也存在一定的缺陷，方向距离函数假设期望产出的增加以及投入要素和非期望产出的减少是严格等比例的，这可能导致"松弛偏误"。

当存在"松弛偏误"时，一个决策单元（DMU）的经济绩效会被高估。2010 年，Fukuyama 和 Weber 将 Tone 提出的非径向非角度 SBM（Slacks-based Measure Approach）测度模型与方向距离函数相结合，构建了非径向方向距离函数（Non-radial Directional Distance Function，NDDF）模型，对传统方向距离函数在绿色经济效率测算过程中的径向性和导向性进行了优化和发展。林伯强和刘泓汛在 2015 年提出非径向方向距离函数不要求各种投入产出的变化等比例，放松了方向距离函数的假设条件，比方向距离函数具有更强的识别能力。因此，非径向方向距离函数目前在能源环境全要素生产率等绩效指标的测算评估中得到越来越多的使用。王军、耿建、钱争鸣、刘晓晨、聂玉立、温湖炜、于伟、张鹏、吴齐、杨桂元、杨志江、文超祥等学者采用这种测度方法对中国的绿色经济效率进行测算。王晓云等在 2017 年还采用 SBM 模型和 Malmquist 生产率指数法对中国地级市层面的绿色经济效率进行了动态评价与估算。

综合以上学者的研究经验，本节采用非径向方向距离函数方法。绿色经济增长率的测度方法如下。假设存在 $i=1, 2, \cdots, N$ 个决策单元（DMU）地区。假设共有 $t=1, 2, \cdots, T$ 期，在每一期每个地区投入要素 $x \in R_+^M$ 进行生产，并得到期望产出 $y \in R_+^R$，同时产生了污染物排放（副产品）$u \in R_+^J$ 作为伴生的非期望产出。其中，上标 M、R 和 J 分别表示投入要素、期望产出和非期望产出的种类。这种"多投入多产出"的生产技术集可以表示为：

$$P=\{(x, y : u): x \text{ 可以生产 } y, \text{ 同时产生副产品 } u\}$$

集合所表示的生产技术集兼顾了期望产出和非期望产出。该生产技

术集 P 不仅满足生产函数理论的基本公理，还满足以下条件假设：①期望产出与非期望产出的联合集需要满足弱可处置性，②期望产出与非期望产出零交集。用数学语言表达为：

若 $(x, y, u) \in P$ 且 $0 \leq \theta \leq 1$，则 $(x, \theta y : \theta u) \in P$

若 $(x, y, u) \in P$ 且 $u=0$，则 $y=0$

条件①描述的弱可处置性表明，污染物排放的减少是有成本的。条件②描述的零交集表明，生产过程中污染物排放是不可避免的。正是因为污染物排放是生产过程的必要条件和必然结果，并且减少污染物排放存在成本，实现绿色经济增长、推动绿色经济转型的意义更加凸显。因此，对绿色经济增长率的探究对我们在生产过程中寻求经济增长与环境承载能力之间的平衡点具有指导意义。

本节使用的生产技术集 P 包含的投入要素有：资本 K、劳动力 L 和能源 E，期望产出 Y 采用以 GDP 来衡量，非期望产出有三种，包含工业烟（粉）尘排放量 D、工业二氧化硫排放量 S 和工业废水排放量 W。本节的基准模型采用全局生产技术集进行设定，生产技术的全局设定意味着采用研究期内的所有样本点来构建生产前沿面，具有提高各期之间能源环境绩效的可比性的特点。本节构建生产函数如下：

$$P = \begin{bmatrix} (K,L,E,Y,D,S,W): \sum_{t=1}^{r}\sum_{i=1}^{N}\lambda_{it}K_{it} \leq K, \sum_{t=1}^{r}\sum_{i=1}^{N}\lambda_{it}L_{it} \leq L \\ \sum_{t=1}^{r}\sum_{i=1}^{N}\lambda_{it}E_{it} \leq E, \sum_{t=1}^{r}\sum_{i=1}^{N}\lambda_{it}Y_{it} \geq Y, \sum_{t=1}^{r}\sum_{i=1}^{N}\lambda_{it}D_{it} = D \\ \sum_{t=1}^{r}\sum_{i=1}^{N}\lambda_{it}S_{it} = S, \sum_{t=1}^{r}\sum_{i=1}^{N}\lambda_{it}W_{it} = W, \lambda_{it} \geq 0 \end{bmatrix}$$

我们还需要定义方向距离函数。方向距离函数在尽可能多地实现合意产出增长的同时，达到污染物排放尽可能地减少。本节所定义的方向距离函数如下：

$$\vec{D}(K,L,E,Y,D,S,W:g) = \sup\{\beta : ((K,L,E,Y,D,S,W) + \beta g) \in P\}$$

对于给定的要素投入 (K,L,E)，期望产出 Y 和非期望产出 (D,S,W) 按照相同的比例扩张或收缩，β 表示期望产出增长和非期望产出减少的最大可能比例。由于方向距离函数假定期望产出和非期望产出按照一致的比例变动，用上式定义的方向距离函数测度能源环境绩效可能产生"松弛变量"偏误。

针对这个问题，2012年，有学者将方向距离函数对期望产出与非期望产出必须同比例变化的条件限制进行放松处理，发展出非径向方向距离函数，期望产出与非期望产出可以按照不一致的比例变动，同时也避免了方向距离函数可能导致的"松弛变量"偏误问题。本节构建非径向方向距离函数如下：

$$\overrightarrow{ND}(K,L,E,Y,D,S,W;g) = \sup\{w^T\beta : ((K,L,E,Y,D,S,W) + g \cdot \text{diag}(\beta)) \in P\}$$

上式中，松弛向量 $\beta = (\beta_K, \beta_L, \beta_E, \beta_Y, \beta_D, \beta_S, \beta_W)^T \geq 0$ 是各投入产出变量可以增加和减少的比例。我们设定，松弛向量 β 可以是不同的数值，与方向距离函数相比，非径向方向距离函数对期望产出的增加、投入要素和非期望产出的减少按照相同比例一致变化的假设进行了放松。$w = (w_K, w_L, w_E, w_Y, w_D, w_S, w_W)^T$ 表示在能源环境绩效评价中各投入产出变量的权重。$g = (g_K, g_L, g_E, g_Y, g_D, g_S, g_W)$ 是函数的方向向量，表示期望产出增加以及要素投入和非期望产出减少的方向。

现有文献对绿色经济绩效的测度可分为单要素指标的研究和全要素指标的研究这两类。单要素指标的研究方法没有考虑投入要素之间可以相互替代，由于能源能够被资本、劳动等其他投入要素所替代，只考虑单要素的指标有一定的局限性。基于新古典生产理论的框架而设定和计算的能源环境全要素生产率由于同时包括能源以及资本、劳动等其他投入要素而获得学界认可，得到广泛的发展和应用。

因为非径向方向距离函数的权重向量 w 是可以变化的，根据研究目的不同，我们可以对各投入产出变量赋予不同的权重，非径向方向距离函数在这方面存在较大的灵活性。根据本节的研究目的，我们设置权重向量 $w = \left(0, 0, \frac{1}{3}, \frac{1}{3}, \frac{1}{9}, \frac{1}{9}, \frac{1}{9}\right)^T$ 具体原因为：假设各投入要素、期望产出和非期望产出在该生产函数中的重要程度相同，因此，赋予三者同样的权重，即都为1/3。第一点，林伯强和杜克锐在2013年提出，由于投入要素之间相互可以替代，如果在全要素能源环境效率的测度中不将资本和劳动部分的无效率因素分离出来，现实经济生产过程中的能源使用效率和污染物排放强度就无法准确获得。因此，我们不把资本和劳动力纳入本节能源环境绩效评价指标构建的范围内，设定二者的权重为0，由此相应地，能源投入的权重便为1/3。第二点，本节的生产函数中只有一种期望产出，因此赋予其权重为1/3。第三点，本节的生产函数包含了三种非期望产出，分别是工业烟（粉）尘排放量、工业二氧化硫排放量和工业废水排放量，因此将非期望产出部分的权重1/3平均地赋予这三种污染物，即每种污染物的权重都为1/9。在没有其他先验信息的前提下，构建全要素效率指标时赋予各种投入产出要素均等的权重可能是更为合理而保险的做法。与权重向量相对应，定义本节生产函数的方向向量 g =(0,0,-E,Y,-D,-S,-W)。

以上构建的全局非径向方向距离函数可以通过数据包络模型的线性优化过程求解。

需要说明的是，本节使用的数据包络模型不是仅代表横截面的数据包络模型。全局生产技术函数被定义为：$P^G = P^1 \cup P^2 \cup \cdots P^T$。因此本节构建的全局生产技术集不仅包含了横截面的生产信息，也包含了时间序列层面的生产信息。

该生产函数的经济含义是：在既定的资本和劳动投入下，最大化期望产出的同时最小化能源投入和污染物排放，而最大化及最小化目标的相对重要性由权重向量 w 来表示。

$$\overrightarrow{ND}(K,L,E,Y,D,S,W) = \max\left\{\frac{1}{3}\beta_E + \frac{1}{3}\beta_Y + \frac{1}{9}\beta_D + \frac{1}{9}\beta_S + \frac{1}{9}\beta_W\right\}$$

$$\text{s.t.} \sum_{t=1}^{T}\sum_{i=1}^{N}\lambda_{i,t}K_{i,t} \leq K, \sum_{t=1}^{T}\sum_{i=1}^{N}\lambda_{i,t}L_{i,t} \leq L, \sum_{t=1}^{T}\sum_{i=1}^{N}\lambda_{i,t}E_{i,t} \leq E - \beta_E g_E$$

$$\sum_{t=1}^{T}\sum_{i=1}^{N}\lambda_{i,t}Y_{i,t} \geq Y + \beta_Y g_Y, \sum_{t=1}^{T}\sum_{i=1}^{N}\lambda_{i,t}D_{i,t} = D - \beta_D g_D$$

$$\sum_{t=1}^{T}\sum_{i=1}^{N}\lambda_{i,t}S_{i,t} = S - \beta_S g_S, \sum_{t=1}^{T}\sum_{i=1}^{N}\lambda_{i,t}W_{i,t} = W - \beta_W g_W$$

$$\lambda_{i,t} \geq 0, i = 1,2\cdots,N$$

$$T = 1,2\cdots,T, \beta_E, \beta_Y, \beta_D, \beta_S, \beta_W \geq 0$$

通过对上式的求解，我们可以得到最优解。$\boldsymbol{\beta}^* = (\beta^*_E, \beta^*_Y, \beta^*_D, \beta^*_S, \beta^*_W)^T$，如果省份 i 在年份 t 实现了生产的最优，那么能源投入的目标值将是 $E_{it} - \beta^*_{E_{it}} \times E_{it}$，期望产出的目标值将是 $Y_{it} - \beta^*_{Y_{it}} \times Y_{it}$，非期望产出的目标值将分别是 $D_{it} - \beta^*_{D_{it}} \times D_{it}$、$S_{it} - \beta^*_{S_{it}} \times S_{it}$ 和 $W_{it} - \beta^*_{W_{it}} \times W_{it}$。如果 $\beta^*_{S_{it}} = 0$（S=E,Y,D,S,W），则该决策单元在该种投入（或产出）上已经实现了最优。

下一步，基于最优解 $\boldsymbol{\beta}^*$，我们构建了能源环境绩效评价指标。为了平衡能源投入、期望产出与非期望产出，本节采用目标能源强度与实际能源强度的比值来定义能源绩效，同样地，采用目标污染物排放强度与实际值的比值来定义污染物排放绩效。最后对两者进行加权来定义绿色经济绩效指标（Green Economy Performance Index，GEPI），综合测度能源投入和环境污染物排放的影响：

$$GEPI_{it} = \frac{1}{2}\left\{\frac{\frac{E_{it}-\beta^*_{E,it}\times E_{it}}{Y_{it}-\beta^*_{Y,it}\times Y_{it}}}{\frac{E_{it}}{Y_{it}}}\right\} + \frac{1}{2}\left\{\frac{1}{3}\sum_{j=D,S,W}\frac{\frac{j_{it}-\beta^*_{j,it}\times j_{it}}{Y_{it}-\beta^*_{Y,it}\times Y_{it}}}{\frac{j_{it}}{Y_{it}}}\right\}$$

$$= \frac{\frac{1}{2}(1-\beta^*_{E,it}) + \frac{1}{2}\left\{\frac{1}{3}(1-\beta^*_{D,it}) + \frac{1}{3}(1-\beta^*_{S,it}) + \frac{1}{3}(1-\beta^*_{W,it})\right\}}{1+\beta^*_{Y,it}}$$

从上式的定义可知，$GEPI \in [0,1]$，GEPI的值越大，意味着能源环境绩效越优秀。进一步地，计算绿色经济绩效指标的年增长率，并定义绿色经济绩效指标的年动态变化率为绿色经济增长率指标（Green Economic Growth Index，GEGI），即：

$$GEGI = \frac{GEPI_{i(i+1)}}{GEPI_{it}} = \frac{GEPI(K_{i(i+1)}, L_{i(i+1)}, E_{i(i+1)}, Y_{i(i+1)}, D_{i(i+1)}, S_{i(i+1)}, W_{i(i+1)})}{GEPI(K_{it}, L_{it}, E_{it}, Y_{it}, D_{it}, S_{it}, W_{it})}$$

上式表达的GEGI即为本节主要探究的绿色经济增长率指标。

下文将使用上述过程得到的绿色经济绩效指标和刻画绿色经济绩效指标的年动态变化率的绿色经济增长率指标进行相关实证分析和检验。本节使用这两个指标的原因如下：首先，绿色经济绩效指标是同时考虑了绿色经济增长关注的经济增长、资源节约和环境保护三者的综合性指标，是对以往测算方法的进一步优化。其次，绿色经济绩效指标是同时包括能源以及资本、劳动等其他投入要素的能源环境全要素生产率，考虑了能源可以被资本、劳动等其他投入要素所替代，改进了单要素指标的局限性，更有利于把握能源消耗和污染物排放的强度。

三、市场分割对绿色经济增长率的影响

（一）自然性市场分割对绿色经济增长率的影响

自然性市场分割来源于地理距离造成的地区分离，高速铁路等交通基础设施的改善将减少地理距离构成的自然障碍，方便区域间的沟通联

系，改变自然性市场分割程度。交通基础设施建设对降低市场分割程度发挥重要作用。

交通基础设施建立起交通网络，连通不同城市和地区，推动经济一体化进程，发挥交通网络中心城市向边缘城市的经济扩散效应。新建交通基础设施的存量效应对核心区域是有利的，而在边缘区域新建高速铁路又进一步增大了核心区域的可达性。交通网络建设的布局和线路的蔓延有推动区域中心城市向外围城市经济扩散的作用。在对英国两条高速铁路途经的沿线城市进行实证检验后发现，临近大城市之间的高速铁路开通建设具有"同城化效应"的作用，同时也带动这些大城市周围的中小城市在一定程度上得到这种"同城化效应"扩散传播的有益影响，实现沿线各级城市共同经济增长。高速铁路不仅促进了区内竞争的缓和，还强化了区内的分工合作联系，呈现区域经济更加均衡增长的趋势。

但也有研究认为，高速铁路建设对其连接的区域中心站点城市和途经的边缘城市之间产生的经济发展效应存在差别。Vickerman、Givoni对欧洲某些地区的交通基础设施项目进行实证研究后发现，高速铁路发展会帮助布局于区域核心站点城市的企业开拓其生产要素的获取来源，使生产经营的势力范围进一步蔓延，吞噬高速铁路途经的边缘城市企业的市场和利益，扩大区域间的经济增长差距，特别是降低了交通基础设施沿途的边缘城市的经济增长率。高速铁路的开通建设拉大了不同等级城市在区域可达性上的差距。不可否认，边缘的沿线地区中小城市在区域交通基础设施升级中实现了"可达性"的绝对意义上的增加，但是位于区域中心节点的大城市获益明显高于部分高速铁路沿途中小城市，甚至某些小城市还出现交通可达性比高速铁路开通建设前更加不理想的情况，因此区域中心节点城市无疑是交通基础设施升级中的绝对赢家。

高速铁路等交通基础设施的发展可能会导致区域"极化效应"的产生，许多学者在对发达国家的高速铁路的研究中得出存在"极化效应"的结论，这种"极化效应"也被描述为"隧道效应""虹吸效应"。产生这种效应的原因是，当高速铁路的开通运行提升了所连接的主要核心城市之间的交通可达性时，沿途站点所在城市中间区域的小城市将会被进一步忽略，进而使市场分割化、经济分散化。交通通达度的提高把沿途边缘城市的要素资源向区域中心节点城市转移，高速铁路的通达性助长了位于交通中心节点的大城市对其周边小城市的生产要素和资源的"掠夺"。沿途边缘区域有可能因为其交通相对可达性变得更小而被更加边缘化，且当这种交通可达性的相对减弱因为原有的铁路站点因高铁建设项目而被取消而绝对减弱时，这种边缘化将更加严重。这些研究指出，高铁开通运行并不一定会产生区域经济一体化的结果，可能促进区域中心城市经济增长，并阻碍区域边缘城市经济增长，提高区域经济的差异化水平。

高速铁路对区域内中心节点城市与沿线地区中小城市的发展影响各异，其影响究竟是促使区域朝着两极化非平衡发展，还是向着大中小各级城市协调发展的方向演进，相关文献对此结论不一，在新经济地理学理论中，不完全竞争模型理论认为，贸易成本的降低可能会强化原本已经存在的"核心—外围"模式的经济分布结构，扩大区域之间的发展差距。但由于研究模型设定以静态形式为主，缺乏对依时间动态演化的经济增长质量指标的体现与分析，因此关于交通基础设施建设与区域经济增长之间呈现较弱联系或者负向联系的结论存在进一步检验的空间，这也为本节的研究提供了引导方向和新的落脚点。

（二）制度性市场分割对绿色经济增长率的影响

范欣等认为，制度性市场分割是由经济、政治等制度性因素所形成的市场分割现象，主要表现为地方政府保护主义。

研究指出，在短期内，不管是从短期经济总量、财政税收还是稳定就业方面，地方政府都有动机采取分割市场的行为。地方保护主义和市场分割有利于落后地区保护本地企业的市场份额，扶持本地竞争力较差的企业和弱势产业发展，获得本地经济增长和更多的财政税收，同时封闭本地市场有利于保障本地劳动力就业。但从长期来看，市场分割将会通过直接或间接方式，限制资源和要素的充分有效流动，导致市场价格信号只在局部有效，扭曲经济运行机制，阻碍社会资源在更大范围市场内的优化配置，对生产效率的长期提高和经济的健康稳定发展产生负面影响。随着市场化体制的改革与发展，市场竞争日益加剧，地方政府采取地方保护政策的成本也日益上升，"理性"的地方政府将逐渐减少分割市场的"非理性"行为。

制度性市场分割不利于资源和要素配置的优化，市场分割使资源、能源和劳动力等生产要素不能在区域间自由流动，一些能源禀赋和资源禀赋相对充裕的地区的生产活动因生产要素匹配不足而受限制,生产要素的使用效率水平低,规模经济效应无法发挥。在制度性市场分割情况下,地方保护主义盛行,政府和企业合谋现象严重。政府拥有自然资源,特别是能源等生产要素的初始分配权,与政府联系紧密有利于企业在这些资源的分配上存在价格上的优势或者数量上的倾斜,这导致能源资源的分配缺乏公平和市场化,严重降低了生产资源要素的配置效率和使用效率。陆远权、张德钢在2016年发现,市场分割通过恶化碳排放在区域间的配置效率显著地加剧了碳排放。张德钢、陆远权在2017年发现,市场分割显著地抑制了能源效率的提升。市场分割和要素市场扭曲加剧环境污染问题,林伯强和杜克锐在2013年的研究中指出,中国要素市场扭曲现象的修正能发挥能源效率近乎一成左右的提升效应,中国的要素市场在能源节约上有巨大的经济效益空间。

制度性市场分割下的地方政府干预导致正常和必要的市场竞争的缺失,与政府"关系不紧密"的企业因市场环境缺乏公平而处于劣势地位并失去激励。刘瑞明在2012年提出,地方政府可能对国有企业进行隐性补贴,与政府"关系密切"的企业更没有动力加大研发投入,导致国有企业效率损失,阻碍企业生产技术的进步以及绿色经济生产率的提高。

制度性市场分割不利于有效率的跨区域并购与兼并重组行为的正常实现,而缺乏效率的兼并重组由于地方保护和市场分割反而可能发生,这违背了完全市场竞争中的经济运行规律。企业的兼并重组不符合市场规律,落后产能无法淘汰,有活力的企业无法扩大产能、实现规模经济效应。

市场分割不利于产业结构升级。一方面,市场分割阻碍基于比较优势而进行的生产活动的实现,容易引发产业结构趋同的问题,而统一的市场更有利于专业化分工和贸易便利,提高资源配置效率、资源使用效率和生产效率。另一方面,市场一体化减少了劳动力向城镇流动的障碍,劳动力的补充推动城市化水平和服务业水平提高,第三产业比重增加,而第三产业具有低固定资产、低能源投入且低污染排放的特点,优化产业结构对绿色经济增长有重要的正向作用。吴振信等在2012年指出,市场一体化推动了产业结构的转型与升级,降低了企业生产的碳排放强度。

市场分割对技术进步存在影响，而技术进步对绿色经济增长的贡献不可忽视。一方面，在新经济地理模型中，市场分割的削弱带动区域产业集聚，产业集聚有利于外部性生产效益的产生。特别是清洁生产技术和环保技术的借鉴与推广将有益于提高绿色增长率。而市场分割阻碍节能减排科研成果的共享和传播，降低绿色经济增长率的提升。另一方面，区域市场一体化扩大了市场范围，市场竞争加剧，激励企业加大研发投入，推动生产技术的进步，进一步实现节能减排和绿色生产。

市场一体化有利于促进区域内的环境协同管理，环境规制上的趋同和污染治理上的合作有利于绿色经济增长率的提高。贺祥民等在2016年指出，在更广泛一体化的市场制度下，工业生产过程中污染排放的外部性作用更加内部化，对企业的节能减排行为和区域市场内污染治理的协同合作起到激励作用。

市场一体化对绿色经济增长效率存在非线性的阶段性影响关系，这与著名的"环境库兹涅茨曲线"（Environmental Kuznets Curve）理论一脉相承。2009年，陆铭和陈钊发现，市场分割对经济增长的影响呈倒"U"形关系，市场分割短期内能够促进经济增长，但这种增长缺乏长期支撑。2018年，孙博文等通过实证检验得出市场分割对绿色增长效率存在非线性影响，呈倒"U"形关系。市场一体化对环境污染水平的影响可以概括为三种效应，分别是结构效应、技术效应和规模效应。通常情况下，市场分割的削弱为要素充分流通和商品自由贸易扫除障碍，有利于区域市场实现规模效应和产业结构转型升级，进而推动资源整合配置的进一步优化与绿色科技研发创新，减少非期望产出对环境的负面影响。市场分割的打破使本地企业面临更多来自异地企业的竞争，这会激励企业重视生产技术的进步，提高生产效率和产品竞争力。地区市场整合推动产业集聚、生产规模扩大，经济交流和商品贸易增加，既会因为工业生产规模的提高加剧与之伴生的污染物排放，同时也存在提高生产效率和降低污染排放水平的可能，实际的效应方向取决于两者抗衡的结果。周愚和皮建才在2013年指出，市场一体化对地区环境污染的影响取决于污染排放的转移溢出效应，如果区域生产所排放的环境污染物具有较强的跨界能力，如二氧化硫等大气污染物和碳氢化合物等水污染物，并且当跨界污染水平提高到一定程度，越过非线性关系的转折点后，市场一体化程度的加深在拉动本地经济增长的同时会引致污染物排放量的一并提升，如果异地污染排放向本地转移的情况加剧，本地的污染水平还会进一步提高。

综上所述，既有文献对市场分割的经济效应研究主要关注于传统的经济指标和单一要素的效率指标，如经济增长率、能源强度、碳排放、能源环境效率和污染物排放水平等，尚缺乏考察市场分割对绿色经济增长指标的影响，本节关注了这一空缺。现有文献对于市场分割影响经济指标的传导路径莫衷一是，因此在市场分割影响绿色经济增长率的传导路径领域尚存探求的空间。再者，现有考察高速铁路等交通发展的经济效应的文献大多关注于高速铁路开通对沿线城市可达性程度、贸易运输活动和经济增长的影响，缺乏将高速铁路开通与市场分割紧密联系起来，以高速铁路开通将相对缩短地理距离的角度来分析自然性成因的市场分割程度，探讨其对绿色经济增长率影响的研究。

第二节　市场分割对省域绿色经济增长率的影响

一、理论框架

市场分割影响经济增长效率和污染物排放水平，进而对绿色经济增长率产生影响。这种影响的作用机制复杂多样，产生的效应也不尽相同。

市场分割对绿色经济增长率可能存在负向影响，这种负向影响可能来源于三个方面。首先，市场分割阻碍资源、能源和劳动力等生产要素的自由流动，降低资源配置和使用的效率，存在规模经济效应损失。其次，市场分割导致正常和必要的市场竞争的缺失，不利于先进知识和技术的外溢和共享，阻碍科技创新和生产进步。再次，市场分割不利于实现生产的专业化分工，不利于推动市场化进程，不利于正常高效的企业兼并重组和更新换代，不利于城市化水平提高和服务业发展，阻碍产业结构优化升级。

分割的市场存在更高的运输成本和贸易成本，阻碍了生产要素在区域间的充分流动，部分资源禀赋相对充裕的地区因生产要素匹配不足而导致生产活动受到限制，生产规模无法扩大，规模经济效应无法充分发挥，且生产要素的低效率使用拉低了该地区产业的竞争力水平。

生产要素的配置效率除了受到运输和贸易成本的限制，还受到地方政府行为的影响,制度性市场分割与地方保护主义关系密切,地方保护主义盛行的情况下,政府和企业合谋现象严重。自然资源,特别是能源要素具有强烈的国有性质,其初始分配权在政府手中,与拥有这些要素分配权的政府联系紧密有利于企业在这些资源的分配上存在价格上的优势或者数量上的倾斜。这导致其他企业相对处于劣势,地方政府保护主义扭曲了正常市场经济体制下的资源分配,严重降低了生产要素的配置效率和使用效率。地方政府倾向于对"高投入、高能耗、高污染"但"税收贡献高"的企业给予政策优惠,这也导致资源浪费和环境污染问题的加剧。

市场分割对产业结构存在影响。一方面,基于比较优势而进行的生产活动因为市场分割难以实现,容易引发产业同构问题。而统一的市场更有利于专业化分工水平的提高,拉动生产效率的提升。另一方面,市场分割不利于产业升级。吴振信等在2012年指出,市场一体化推动了产业结构的转型与升级,降低了企业生产的碳排放强度。市场一体化减少了劳动力向城镇流动的障碍,劳动力的补充推动城市化水平和服务业水平提高,第三产业比重增加,而第三产业具有低固定资产、低能源投入和低污染排放的特点,优化产业结构对绿色经济增长有重要的正向作用。

地方保护和市场分割不利于实现高效的企业兼并和重组。市场一体化将激励地方政府增加环境保护项目合作,推动环境管理政策趋同、环保标准统一,鼓励企业加强节能减排。市场分割不利于实现区域环境协同管理和污染治理合作,不利于绿色经济增长率的提高。

二、估计模型的设定、变量选取和数据说明

估计模型中遗漏变量的存在以及市场分割与绿色经济增长率之间潜在的反向因果互动关系都使模型存在内生性问题。市场分割对绿色经济增长率产生影响,同时绿色经济增长率也存在激励地方政府竞争加剧的可能,存在一系列互动内生行为。

Blundell等指出,使用动态面板系统GMM模型进行估计可以在一定程度上缓解模型中的内生性问题。基于此,本节采用动态面板系统GMM模型对市场分割对绿色经济增长率的影响进行实证检验和分析。

基准模型设定如下：

$$\text{GEGI}_{it} = \alpha + \beta \text{markseg}_{it} + \gamma X_{it} + \mu_i + \xi_1 t + \xi_2 t^2 + \varepsilon_{it}$$

$$\text{GEGI}_{it} = \alpha + \delta \text{GEGI}_{i(t-1)} + \beta \text{markseg}_{it} + \gamma X_{it} + \mu_i + \xi_1 t + \xi_2 t^2 + \varepsilon_{it}$$

上面第一个模型为静态面板模型，markseg_{it} 是主要解释变量，表示省份 i 在年份 t 的市场分割程度，GEGI_{it} 是主要被解释变量，表示省份 i 在年份 t 的绿色经济增长率。X_{it} 代表一系列其他控制变量，μ_i 用来控制不随时间变化的个体固定效应。我们在回归方程中加入时间趋势项 t 及其平方项 t^2，用来刻画绿色经济增长率的时间趋势及其随时间推移可能存在的非线性变化。ε_{it} 是用来控制其他遗漏变量的随机扰动项。

第二个模型为动态面板模型，把被解释变量 GEGI_{it} 的一阶滞后项 $\text{GEGI}_{i(t-1)}$ 也包含进回归方程。同样地，markseg_{it} 是主要解释变量，GEGI_{it} 是主要被解释变量。为了避免由于滞后绿色经济增长率对当前绿色经济增长率的影响而产生的反应系统模式的误差项，我们纳入解释变量 GEGI_{it} 的一阶滞后项 $\text{GEGI}_{i(t-1)}$，用来刻画上一期绿色经济增长率对本期的影响。同样地，X_{it} 代表一系列其他控制变量，μ_i 代表不随时间变化的个体效应。t 和 t^2 是时间趋势项及其平方项，ε_{it} 是随机扰动项。

主要解释变量是市场分割指数（markseg）。根据前文所述方法，通过整合 2004 年至 2016 年《中国统计年鉴》中除香港、澳门、台湾和西藏以外的 30 个省份的九大类商品零售价格指数并将其作为原始数据，无须进行计量回归，对这 30 个省份的市场分割程度进行计算即可获得相应的面板数据集。

本节构建两个衡量市场分割程度的指标，全国间市场分割和邻省间市场分割，分别记作 markseg_inter 和 markseg_intra。在全国间市场分割的计算过程中，基于样本中包含的所有 30 个省份两两组合，我们一共构造了 435（$=30\times29\div2$）个省份的组合。样本的时间跨度是从 2004 年至 2016 年共 13 年，因此对于九大类商品零售价格指数，我们一共得到 50895（$=435\times13\times9$）个相对价格波动 q_{ijt}^k 的观察值，对应可得 5655（$=435\times13$）个相对价格方差 $\text{Var}(q_{ijt})$，最后得到包含 390（$=30\times13$）个观察值的市场分割指数（markseg_inter）的面板数据。而在邻省间市场分割的计算过程中，参照陆铭和陈钊 2009 年的观点，基于相邻的省份，我们一共构造了 65 个相邻的省份组合。样本的时间跨度是从 2004 年至

2016 年共 13 年，因此对于九大类商品零售价格指数，我们一共得到 7605（=65×13×9）个相对价格波动 q_{ijt}^k 的观察值，对应可得 845（=65×13）个相对价格方差 $\mathrm{Var}(q_{ijt})$，最后得到包含 390（=30×13）个观察值的市场分割指数（markeg_inra）的面板数据。

这里要说明的是，中国国土面积广袤，地理距离是区域市场一体化的一大重要障碍。例如，即使面对相同的人为制度性障碍，福建和与之接壤的江西之间的市场分割程度很可能远远小于福建和新疆之间的市场分割程度。市场分割指数的计算通过判断两个省份是否相邻来配对省份组合，是出于过滤地理距离因素影响的目的，特别是为了确定所衡量的市场分割主要由人为制度性因素所致，由此与既包含地理因素也包含人为因素的市场分割指数区别。

主要被解释变量是绿色经济增长率。绿色经济增长率的计算涉及以下变量：三类投入，分别是劳动 L、资本存量 K 和能源 E；期望产出 Y；三类非期望产出，分别是烟粉尘 D、二氧化硫 S 和废水 W。

劳动采用年末全社会从业人员数来衡量。

资本存量的数据需要自行计算，计算方法参考柯善咨和向娟在 2012 年提出的做法，采用"永续盘存法"进行估算。

设定中国固定资产投资的平均建设周期为 3 年，各年投资额 I 用前三年的全社会固定资产投资的平均值表示，定义为投资序列 I_t'；计算转换并采用以 2004 年为基年的累计固定资产投资价格总指数 P；设定这三类资本品的折旧年限如下：建筑物为 20 年，生产设备等固定资产为 10 年，其他设备工器具为 5 年。据此可得建筑物的折旧率为 13.9%。

设备折旧率的计算相对复杂，根据《中国固定资产投资统计年鉴》的数据发现，两类设备资本投资比重由 2003 年的 0.31 增加到 2015 年的 0.48，在达到约为同等比重后保持相对稳定的状态。本节把两类设备按照 1∶1 的相对比重作为权重，加权算得各年设备的加权平均折旧年限。本节假定资本品的相对效率为几何递减的折旧模式，各类固定资产的残值率为 5%。

《中国固定资产投资统计年鉴》报告了各地区三部分固定资产投资金额，包括建筑安装工程固定资产投资额、设备工器具购置固定资产投资额和其他费用固定资产投资额。我们将其他费用固定资产投资额按照前两部分投资额的比例分摊入前两类投资中，以此求得建筑折旧率和设备折旧率的相对权重。最后，将建筑折旧率与设备折旧率进行加权，得到固定资本的总折旧率 δ。

估算初始年份资本存量 K_0：

$$K_0 = I'_0\left[1 + \frac{1-\delta}{1+g} + \left(\frac{1-\delta}{1+g}\right)^2 + \cdots\right] = I'_0\left(\frac{1+\delta}{g+\delta}\right)$$

投资序列 I'_t 是在年份 t 的不变价投资，设定为 $I'_t = (I_t + I_{t-1} + I_{t-2})/3$，$I'_0$ 是初始年份的不变价投资，g 为 I'_t 的平均增长率，δ 表示资本平均折旧率。通过以上无穷等比递减数列，我们可以汇总初始年份 2004 年以前的所有投资并得到初始年份 2004 年的资本存量。再根据下式进行计算：

$$K_t = K_{t-1}(1-\delta) + I'_t$$

我们可以得到 2004 年后以 2004 年为不变价的各年资本存量 K_t。

采用能源消费量衡量能源。

各地区的实际 GDP 由于没有官方披露的数据，本节通过计算省级 GDP 平减指数进而推算得出。我们设定本节中的省级 GDP 平减指数以 2004 年为基年，利用《中国统计年鉴》公布的各省份每年 GDP 指数（以上一年为 100）计算出各省份每年以 2004 年为基年的 GDP 指数，2004 年的 GDP 和各年以 2004 年为基年的 GDP 指数相乘可以得到以 2004 年为基年的实际 GDP，这里我们得到了省级以 2004 年为基年的实际 GDP=名义 GDP/实际 GDP-GDP 平减指数。地级市名义 GDP/该地级市所在省份的 GDP 平减指数=地级市实际 GDP。

采用工业烟粉尘排放量来衡量烟粉尘。采用工业二氧化硫排放量来衡量二氧化硫。采用工业废水排放量来衡量废水。控制变量包括以下三个。

财政分权（fisfed）。财政分权有利于地方政府加大节能环保支出，但同时也存在支出效率低下的问题。政府与居民之间信息不对称以及地方政府官员在政绩压力下的决策会进一步影响节能环保支出的效率。财政分权程度的提高对绿色技术进步有一定的正向作用，但在较大程度上恶化了绿色技术效率，总体上不利于绿色全要素生产率的增长。财政分权度越高，环境污染越严重。财政分权的计算采用如下公式计算：

$$\text{fisfed} = \left[\frac{\frac{FE_i}{POP_i}}{\frac{FE_i}{POP_i} + \frac{FE_c}{POP_N}}\right] \times \left(1 - \frac{GDP_i}{GDP_N}\right)$$

其中，FE_i 为省份 i 的一般预算内财政收入，FE_c 为中央层面的一般预算内财政收入，POP_i 代表省份 i 的人口规模，POP_N 代表全国人口规模，GDP_i 代表省份 i 的国内生产总值，GDP_N 代表全国国内生产总值。张芬和赵晓军在 2016 年检验并认同，该方法计算所表示的地方财政收入占比是度量财政分权收入的较好指标。财政分权程度越高，地方政府财政支出越倾向于行政管理领域，受晋升机制的影响，也会更功利地侧重于经济建设领域。

环境规制（regu）。环境规制以环境污染治理投资占地区 GDP 的比重来衡量。黄庆华等在 2018 年提出，环境规制会增加企业污染治理投资，提高生产成本，压缩经营利润，可能诱发企业为补偿减排成本而增加污染型经济产出。伍格致和游达明在 2019 年提出，环境污染治理投资可能导致研发投资的减少，不利于技术创新，对绿色经济增长产生负效应。谢荣辉在 2017 年提出，环境规制对研究与开发投入有显著的激励作用，但与环保技术创新负相关，在短期内对绿色生产率的直接影响为不利影响，但在长期内可能通过非环保技术创新对环境保护与绿色生产率产生有利影响。

财政支出规模（gov）。财政支出规模用地方财政一般预算支出占地区 GDP 的比重来衡量。财政支出规模越大意味着地方政府的作为越多、干预能力越强，越有潜力进行地方保护。同时，地方财政支出的用途也是决定财政支出对绿色经济增长影响的决定因素，不同用途对生产效率的作用差别很大。

本部分以中国省级行政单位为研究对象。由于西藏的数据缺失较多，香港、澳门和台湾的数据获取难度较大，本部分选定 30 个省级行政单位的涵盖从 2005 年至 2016 年共 11 年的相关数据构成面板数据集。原始数据来源有：CEIC 中国经济数据库、《中国统计年鉴》《中国城市统计年鉴》《中国环境统计年鉴》，以及各省份各年的省级统计年鉴。

年末全社会从业人员数、GDP 和计算资本存量所需数据的来源为《中国统计年鉴》，能源消费量的数据来源为 CEIC 中国经济数据库，工业废水排放量、工业二氧化硫排放量和工业烟粉尘排放量的数据来源为《中国环境统计年鉴》。对于存在的少数缺失数据，根据插值法内推或者外推补充。表 4-1 为各变量数据的描述性统计。

表 4-1　各变量数据的描述性统计

变量	名称	观测数	均值	方差	最小值	最大值
GEGI	绿色经济增长率	360	0.0058	0.0658	-0.4811	0.4857
markseg_inter	全国间市场分割	360	0.0170	0.0059	0.0088	0.0603
markseg_intra	邻省间市场分割	360	0.0147	0.0061	0.0054	0.0558
fisfed	财政分权	360	0.4634	0.1308	0.2600	0.8134
regu	环境规制	360	0.0135	0.0066	0.0030	0.0423
gov	财政支出规模	360	0.2137	0.0942	0.0798	0.6269
stru	产业结构	360	1.1746	0.3293	0.2401	2.0119
fdi	外商直接投资	360	0.0233	0.0183	0	0.0819
open	对外贸易	360	0.3198	0.3910	0.0322	1.7176
inno	科技创新	360	5.5902	8.1216	0.1455	46.2853

图 4-1 描绘了中国国内市场分割程度的平均趋势。可以发现以下显著特征。

全国间市场分割和邻省间市场分割都显示，中国的商品市场分割整体呈现不断减少的趋势，中国各省份的市场一体化程度也比以前更高。

主要原因之一为中央政府在削弱地方保护主义方面的努力。2001 年 4 月 21 日公布的中华人民共和国国务院令（第 303 号）中明确提出，为建立和完善全国统一、公平竞争、规范有序的市场体系，禁止市场经济活动中各种形式的地区封锁行为。各级政府要承担起消除地区封锁、破除地方保护和市场分割，维护市场公平竞争的责任和义务。为社会主义市场经济秩序的完善，全国统一、公平竞争、规范有序的市场体系的建立健全创造良好的外部环境和有利条件。近几年，推进扫清市场分割障碍的政策相继出台。2016 年，国务院印发了《关于在市场体系建设中建立公平竞争审查制度的意见》。2017 年 10 月 23 日，国家发改委、财政部、商务部、工商总局、国务院法制办联合印发《公平竞争审查制度实施细则（暂行）》，从审查机制和程序、审查标准、例外规定、社会监督、责任追究等方面对公平竞争审查制度进行了规范。2017年，国家发展改革委员会、财政部、商务部等研究制定了《2017—2018年清理现行排除限制竞争政策措施的工作方案》。

(a) 全国间市场分割程度的平均趋势

(b) 邻省间市场分割程度的平均趋势

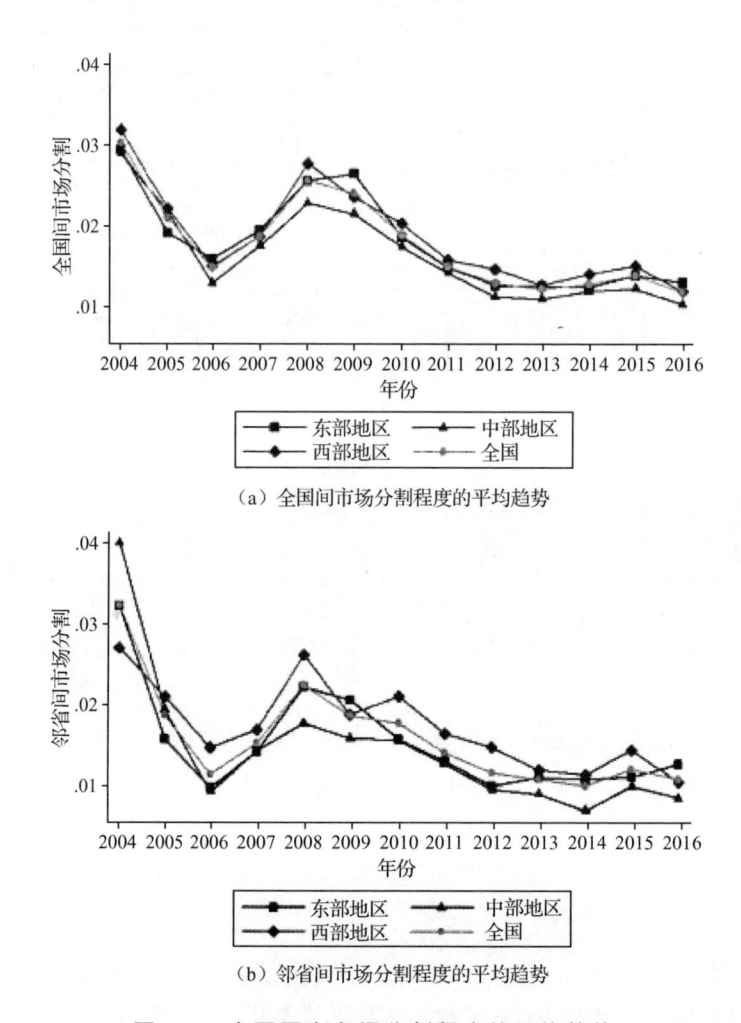

图 4-1 中国国内市场分割程度的平均趋势

本节所测算的两个市场分割指标都呈现出商品市场趋于整合的另一重要原因是，本节所分析的市场分割指标是通过商品零售价格指数计算得出的。

值得一提的是，在过去十几年中，国有经济在商品制造领域的比重逐渐降低，国有企业的经营重心逐渐向带有不同程度垄断性质的行业转移，近些年来，主要由第二产业向第三产业转移，地方政府保护主义在商品市场的势力随之下降。而本节估算市场分割程度指标所使用的九大类商品零售价格指数更多反映的是工业制造业领域的情况，特别是消费品领域的变化，当工业制造业领域的私营经济比重日益上升，国有垄断和政府干预的因素日益削弱时，通过零售价格指数的演变反映出的商品市场分割程度也表现出减弱的特征。

我们可以观察到在2004年和2008年这两个时间节点，市场分割程度整体处于高水平状态。2004年极高水平的市场分割状态应该与在国内爆发的SARS事件有关，当时各省份严格控制人员流动，实行隔离措施以控制疫情的蔓延。而2008年市场分割程度的显著提高应该与该时期正在发生的全球金融危机有关。在经济下行的金融危机期间，地方政府倾向于通过设置人为的市场壁垒来保护本地经济。

对于两个市场分割指标，在中国东部、中部、西部三个地区中，中部地区的市场分割水平在样本期间内除了2004年和2005年以外始终处于最低的位置；西部地区的市场分割水平则基本上在三个地区中处于最高的位置；东部地区位居中位。在2016年，东部地区的市场分割程度出现上升的同时，西部地区的市场分割程度出现下降，两个地区的市场分割排序发生了小幅度的反转，但考虑到2016年全国各地区的市场较于以往整合程度提高，东西部两地区市场分割的变化相较之下不算显著。造成三个地区市场分割程度存在差距的可能原因有：一方面，一些位于西部地区的省份省域面积较大，本省份内本身就存在较大的市场分割现象，同时与接壤省份的地理距离也较大，地理距离因素作用显著。另一方面，地理位置上西部地区与中亚和西欧的许多国家接壤，而东部地区沿海，使这两个地区在国际贸易方面更加便利，更加重视国际贸易，而位于中部地区的省份由于地理限制则更多进行省际贸易，因此中部地区的国内商品市场分割程度相对较低。

图4-2描绘了市场分割核密度分布的年份平均演化趋势。我们可以捕捉到两个特点。第一，两个市场分割指标的核密度分布都发生了随年份推进逐渐向左的位移，这意味着国内商品市场分割程度在减弱，商品市场变得更加一体化，特别是在2008—2012年这一时间段的左移变化特别显著，这与图4-1所反映的信息一致。第二，随着时间变化，两个

市场分割程度指标的核密度的峰值都越来越高,这表明中国各省份的市场分割程度在共同减小的过程中日益趋同。2004 年的各省份市场分割程度差异巨大,而从 2008—2016 年,国内各省份在市场分割指标数值上的差距日益缩小。核密度分布曲线的右侧有异常值,特别是在 2012 年和 2016 年,存在"厚尾"现象。这表明尽管中国的商品市场整体向着整合的方向演进,但还是有个别省份的市场一体化进程相对缓慢,市场分割程度相对全国整体水平而言较高。其中不排除有一些地区因为政治制度的特殊地位而出现比其他省份更加分割的情况。

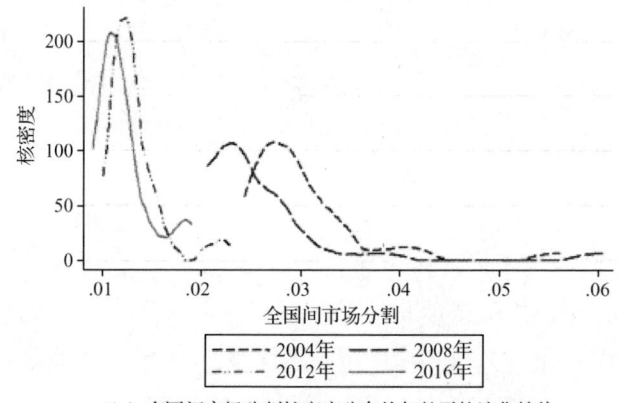

(a) 全国间市场分割核密度分布的年份平均演化趋势

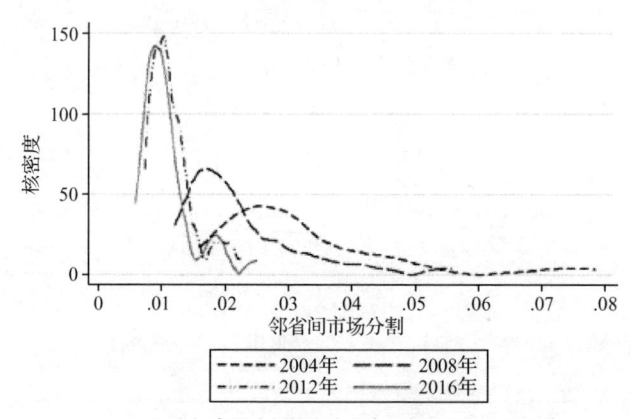

(b) 邻省间市场分割核密度分布的年份平均演化趋势

图 4-2　市场分割核密度分布的年份平均演化趋势

图 4-3 描绘了中国绿色经济绩效随年份演化变动的趋势。可以看出,中国绿色经济绩效目前仍处于较低的水平,东部地区的绿色经济绩效整

体优于中部地区和西部地区,西部地区在该指标上较为落后。

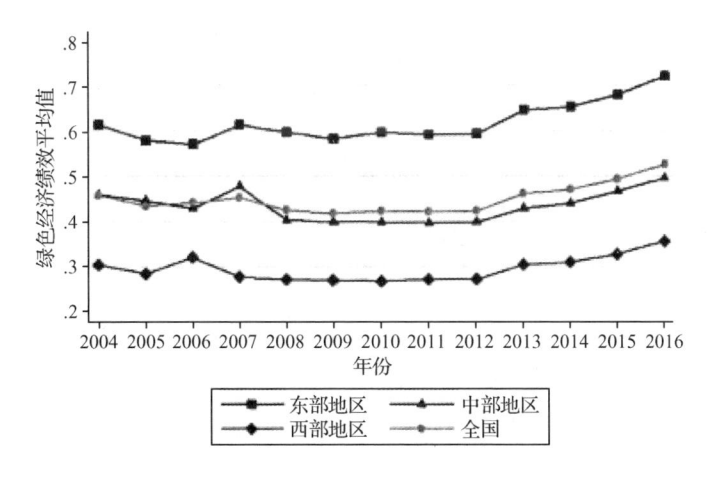

图 4-3 历年绿色经济绩效平均值趋势

图 4-4 描绘了中国绿色经济增长率平均值的核密度分布情况。2005 年到 2016 年中国绿色经济增长率的平均水平为 0.5780%,该数值显然低于同期的实际 GDP 增长率水平。这提醒我们,能源消耗和环境污染的控制力度仍然不够,非期望产出的增长速度仍然相对过快,亟须遏制。图 4-4 中,中部地区绿色经济增长率平均值的核密度曲线左端存在"厚尾"现象,这说明西部地区有一些省份的绿色经济增长率相对于整体水平偏低。

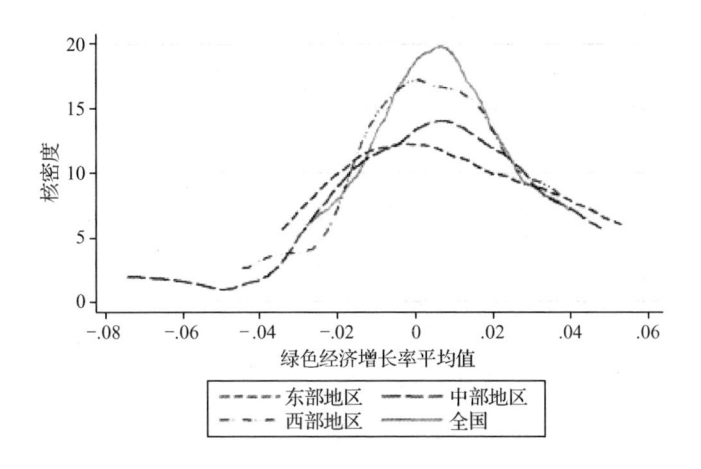

图 4-4 中国绿色经济增长率年平均值的核密度分布情况

图 4-5 的拟合散点图描绘了两个市场分割指标与绿色经济增长率之

间的负相关关系。这表明，市场分割程度较高的省份倾向于在绿色经济增长率指标上表现得更好。

（a）绿色经济增长率与全国间市场分割的拟合散点图

（b）绿色经济增长率与邻省间市场分割的拟合散点图

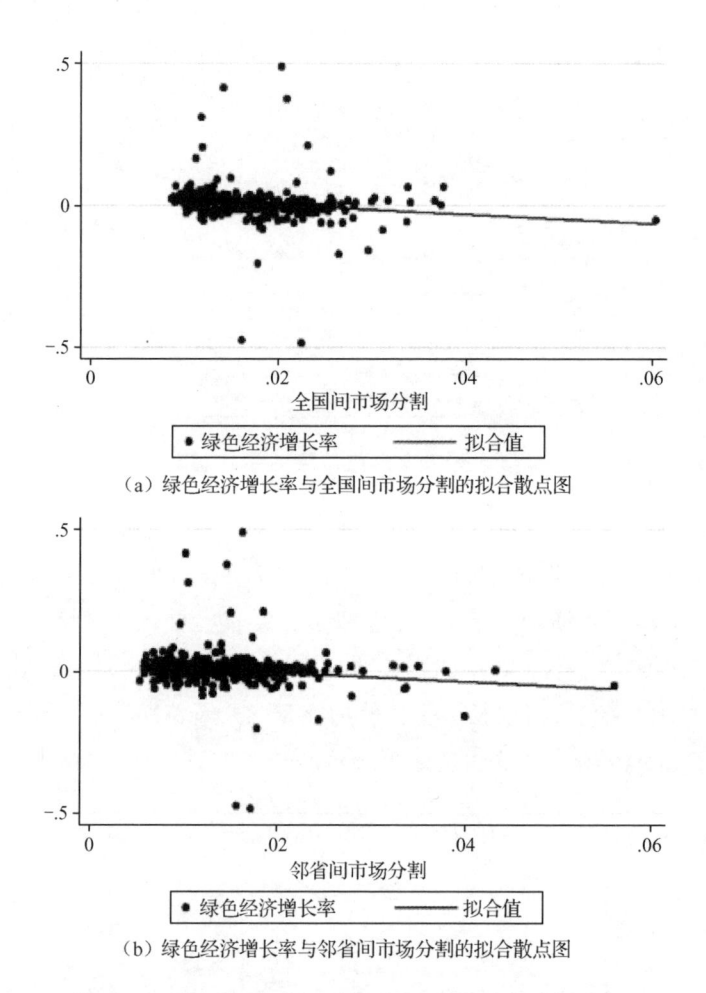

图 4-5　绿色经济增长率与市场分割的拟合散点图

三、基准实证结果分析

采用动态面板系统广义矩估计模型进行估计，在回归方程式的解释变量中加入被解释变量绿色经济增长率的一期滞后项。

动态面板系统 GMM 方法假定扰动项不存在自相关，并且需要满足差分变量与个体效应不相关。我们对模型的扰动项的一阶自相关和二阶自相关进行了 Arellano-Bover 检验，重点关注并确认扰动项的差分不存在二阶自相关，检验的统计量中，一阶滞后项强烈拒绝原假设，二阶滞后项的结果表明模型设定接受"扰动项无自相关"的原假设，系统 GMM 估计量具有一致性。针对过度识别限制的 Sargan 检验的统计量对应的 P 值大于 0.1，意味着接受"所使用的工具变量有效"的原假设。

我们可以发现，整体市场分割对绿色经济增长率的负向作用大约有七成多来源于剥离了地理距离因素而主要体现人为制度性因素的市场分割，而剩下的不到两成的负向作用来源于地理距离因素导致的市场分割。这表明，人为制度性因素特别是地方政府保护主义的制度性市场分割在整体市场分割负向影响绿色经济增长率中发挥主要的作用。

控制变量的参数估计结果显示，环境规制力度的增大同样会显著地阻碍绿色经济增长率的提高。这背后的原因可能在于环境规制增加了企业生产的污染治理成本，挤压了用于研发和更新清洁高效技术的资金投入，反而在短期内不利于绿色经济增长率的提高，而政府财政支出规模对绿色经济增长率的影响为负但不显著，可能的原因是财政支出的用途众多且其中涉及的因素和作用机制多种多样。地方政府对财政支出用途的侧重不同会极大地影响财政支出对绿色经济增长率发挥的作用，当更大比例的财政支出用于科教领域、公共事业或环境保护、污染治理时，会对绿色经济增长率产生正面效应；而当更大比例的财政支出花费在扶持当地企业或者支撑冗杂的行政管理人员体系时，对绿色经济增长率会产生负向作用。

关于主要被解释变量绿色经济增长率的一期滞后项，中国省级层面的绿色经济增长率呈年际波动的变化状态。相邻两期的绿色经济增长率变动方向相反意味着当本期的绿色经济增长率降低时，往往其上一期的绿色经济增长率是提高的，且伴随着下一期的绿色经济增长率将出现回升的现象。这可能与中国地方政府间存在的经济绩效竞争有关。

长此以往，地方政府官员的晋升机制以与 GDP 挂钩的政绩为考核标准，实现当地 GDP 的增长成为地方政府官员的首要目标，在节能减排理念推广之前是这样，在节能减排约束加大之后仍然如此，"绿色"始终位居"GDP"之后，中央下达的节能减排政策难以落地，措施实行无法到位。同时，地方政府面对节能减排目标存在计划不周、手段粗暴等行为。地方政府的节能减排工作缺乏持续性，政策得不到一以贯之、真正有效地执行，都导致绿色经济增长率得不到持续稳定地提升。在实证估计结果中，绿色经济增长率的一期滞后项显著为负也恰恰反映了这种问题。

静态面板模型采用固定效应模型还是随机效应模型，取决于豪斯曼检验（Hausman Test）的结果。为了对两种模型估计方法进行比较，本节对二者均进行了估计。在静态面板模型中，主要解释变量除了邻省间市场分割在固定效应模型下显著，其他模型的参数估计结果都不显著，但在动态面板系统 GMM 模型中，参数估计结果就较为显著，这也符合我们的设想，因为模型的主要被解释变量绿色经济增长率由劳动和资本等投入要素计算得出，并且包含了期望产出（真实 GDP）的数据信息，与主要解释变量市场分割的相关程度较大，可能存在内生性问题，且当期的绿色经济增长率由于惯性和部分调整取决于往期的绿色经济增长率，因此，动态面板 GMM 方法的模型设定比较合适。

四、市场分割影响绿色经济增长率的传导机制

我们对市场分割影响绿色经济增长率可能存在的传导途径进行实证检验。

构建如下动态面板模型：

$$s_{it} = \varphi + \delta s_{i(t-1)} + \beta \text{markseg}_{it} + \gamma X_{it} + \mu_i + \xi_1^t + \xi_2^{t^2} + \varepsilon_{it}$$

其中，s_{it} 表示市场分割程度对绿色经济增长率可能存在的影响途径，系数 β 代表市场分割程度对绿色经济增长率可能存在的影响效应。

参考现有研究，本节考虑了可能存在的以下三种影响途径。

第一个是产业结构（stru）。市场分割容易引发产业同构，不利于产业结构升级。本节采用第二产业产出增加值比第三产业产出增加值的比值来衡量。

第二个是对外开放。对外开放有利于接受国外先进管理经验和技术的输入，推动技术创新，拉动绿色经济增长率的提高。衡量对外开放程度的指标有两个，分别为外商直接投资（fdi）和对外贸易（open）。将每年的实际利用外资金额（fdi）和每年的经营单位所在地进出口总额折算为以人民币为单位，汇率均采用中国人民银行发布的该年月度人民币对美元期末中间价的年度平均值。将实际利用外资金额与地区名义 GDP 的比值作为衡量外商直接投资的指标。将经营单位所在地的进出口贸易

总额与地区 GDP 的比值作为对外贸易的衡量指标。

第三个是科技创新（inno）本节采用每万人国内专利申请授权数来衡量。把上述四个指标作为被解释变量 s，市场分割程度指标作为主要解释变量分析其对绿色经济增长率的传导机制。

结果显示，全国间市场分割程度的提高会降低地区的对外贸易水平，但是对外商直接投资没有显著影响。市场分割程度高的地区经济封闭程度也较高，对外贸易活跃度较低，对外开放水平较低。市场分割程度高的地区可能因为其相对较差的交通运输条件对外商直接投资吸引力弱，而如果市场分割程度高的地区的政府为拉动经济鼓励外商直接投资，市场分割对外商直接投资存在不确定的效应。

全国间市场分割程度提高对科技创新有负向效应，市场分割阻碍科研成果的传播和推广，先进知识的外溢作用难以发挥，科技创新驱动不足。

邻省间市场分割程度的加深不利于产业结构优化，当系数在 5%的显著水平上就正意味着市场分割程度越高，第二产业比第三产业的比值越大。制度性市场分割可能引发产业同构问题，也可能通过户籍政策限制劳动力的流动，从而不利于服务业和第三产业的发展、产业结构升级。

邻省间市场分割程度的提高对外商直接投资没有显著影响，这主要跟地方政府的行为有关。地方政府官员存在应对中央政府强制要求地方节能减排目标任务的压力。同时，以地方经济生产总值为主要政绩考核的晋升机制也使地方政府的决策行为急功近利，变相激励分割市场下的地方政府追求经济的"高速"发展，而其中的一个重要手段就是通过引进外商直接投资来达到。陈刚在 2009 年认为，地方政府为吸引外商直接投资的流入放松对生产行为的环境规制，这可能导致国内地区成为跨国污染企业的"污染避难所"。但较高的市场分割程度往往存在市场竞争不公平的现象，而市场环境的不健全对外商直接投资的吸引力低。

邻省间市场分割程度提高对科技创新有负向效应。在制度性市场分割程度高、地方保护主义严重的地区，政府可能对国有企业进行隐性补贴，这种"特殊照顾"降低国有企业加大科技研发投入的动力，不利于科技创新。市场分割程度高的地区市场竞争缺乏，存在市场竞争激励企业科研创新的损失。同时，市场分割阻碍科研成果的传播和推广，也不利于提高科技创新水平。

第三节 市场分割对绿色经济增长率影响的再检验

一、理论框架

自然性市场分割刻画了区域受地理距离约束,自然分割并形成不同市场的现象,商品的运输和贸易成本主要由地理距离决定,自然存在的地理距离因素构成了商品市场分割的主要成因之一,而高速铁路等交通基础设施的改善将降低分割的地区间沟通联系的成本,减少地理距离构成的自然壁垒。改变自然性市场分割程度。

高速铁路的开通所带来的"时空压缩效应"有实现临近大城市之间"同城化效应"的作用,同时也带动这些大城市周围的中小城市在一定程度上得到这种"同城化效应"扩散传播的有益影响。宋文杰等在2015年提出高铁建设不仅可以促进区内竞争的缓和,还强化了区内的分工合作,带动沿线各级城市共同实现经济增长,区域经济增长趋势更加均衡。

高速铁路建设对其连接的区域中心站点城市和途径的边缘城市的经济发展效应也存在不平衡的情况。Komei 等在 1997 年构建了以供给为导向的区域经济增长模型,实证检验了日本新干线铁路建设对日本区域市场产生的经济分布效应并不均衡,不利于区域经济的协调发展。其研究指出,新干线网络建设的布局和线路的蔓延有推动区域中心城市向外围城市经济扩散的作用。铁路干线的存量效应对核心区域是有利的,而在边缘区域,新建高速铁路又进一步增大了核心区域的可达性。Vickerman、Givoni 对欧洲的一些交通基础设施项目进行实证研究后发现,高速铁路发展会助长布局于区域核心站点城市的企业开拓其生产要素的获取来源,蔓延生产经营的势力范围,进一步吞噬和蚕食高速铁路途经的边缘城市企业的市场和利益,扩大了区域间的经济增长差距,特别是降低了交通设施沿途的边缘城市的经济增长率。

Levinson 等在 2010 年总结了西方高铁的可达性研究后提出,高速铁路的开通拉大了不同等级城市区域可达性之间的差距。高速铁路网络的建设发展拉大了中国不同等级城市之间区域可达性上的差距,位于区域中心节点的大城市获益明显高于部分沿途的中小城市,甚至某些中小城市还出现交通可达性比高铁开通建设前更加不理想的情况。边缘的沿线地区中小城市在区域交通基础设施升级中实现了可达性的绝对意义上的增加，但是这种可达性的增加相对比区域中心城市悬殊巨大，区域中心城市无疑才是交通基础设施升级中的绝对赢家。

Preston、Wall 等的研究也表明，高速铁路等交通基础设施的发展可能会导致区域"极化效应"的产生，这种"极化效应"也被称为"隧道效应"。该效应的作用机制在于高速铁路实际连接沟通的仅仅是站点所在的区域中心城市，并不能认为高速铁路同样把这些站点城市之间的区域连接整合起来，即使不否认这种作用的存在，其效果也微乎其微。因此当高速铁路的开通运行提升了所连接的主要核心城市之间的交通可达性时，沿途站点所在城市中间区域的小城市将进一步被忽视，进而产生使市场分割化、经济分散化的"隧道效应"。其原因在于交通通达的提高会把沿途区域边缘城市的要素资源向区域中心城市转移，高速铁路的通达性助长了位于交通中心节点的大城市对其周边小城市的生产要素和资源的"掠夺"。一体化市场内的既有利益存在"此消彼长"的"零和"特点。传统的"时空压缩效应"分析忽略了"隧道效应"存在的可能。而高速铁路等交通基础设施连接城市之间的区域有可能因为其交通相对可达性变得更小而被更加边缘化，更坏的情况是，当这种交通可达性的相对减弱因为原有的铁路站点因高速铁路建设项目被取消而绝对减弱时，这种边缘化将更加严重。

二、估计模型的设定、变量选取和数据说明

作为交通基础设施的重要组成部分，高速铁路的开通运行会显著减小所在区域各城市之间的地理距离导致的交通不便和流通障碍，削弱地理距离导致的市场分割。本节以高速铁路开通的二元虚拟变量作为主要解释变量实证检验地理距离导致的市场分割对绿色经济增长率的影响。在研究方法层面，双重差分模型在公共政策或项目实施效果评估研究中被广泛使用。研究交通基础设施建设对经济增长指标的影响的关键难点之一在于，其中存在交通基础设施与经济增长之间反向因果互动所致的内生性问题。虽然理论上来说，中国铁路提速的区域线路分布安排主要来自中央国家机构的统筹规划决策，可以认为外生于沿途各站点城市地方政府的意愿，具备将其视为计量经济学中的"准自然实验"的性质，

在一定程度上不存在基础设施建设安排与经济增长效率之间相互影响而产生的内生性问题,即对于非区域中心城市的沿途地级市而言,决定高速铁路建设项目是否经过某一地级市的标准取决于该城市是否位于高速铁路站点所在的由区域中心城市连接构成的连线上。因此可以将高速铁路的开通看作一项"准自然实验"的政策实施展开研究。基于此,本节地级市部分的实证研究所选取的研究对象是高速铁路途经的地级市单位,并在样本中剔除所有的区域中心城市,在很大程度上避免反向因果带来的内生性问题。

经整理发现,现有参考文献对控制组的选取可以分为以下几类:①以高速铁路没有经过的地区或高速铁路没有提速升级的地区作为控制组;②按实验组(高速铁路经过或高速铁路提速升级的地区)的各项经济增长特征的指标合成模拟的虚拟地区作为控制组。现有研究在样本设定上有一个共同点。即为了避免实验样本中出现"自我选择"的问题,区域中心城市、政治地位特殊的城市,还有经济政策支持的城市要被剔除到样本之外。

本部分以绿色经济增长率(GEGI)作为计量模型的被解释变量,以高铁开通(hsr)的二元虚拟变量作为主要解释变量,构建双向固定效应的面板数据模型。由于不同地级市高速铁路开通的时间各异,年份上存在不一致的情况。而经典的"双重差分法"适用于所有实验组个体在同一时间接受同一政策的作用,面板数据划分为政策实施前和政策实施后两部分。为解决实验组个体政策实施年份不一致的问题,我们采用包含多期面板数据的双向固定效应模型。该模型从本质上来说,具备"双重差分法"的核心思想,与"双重差分法"的区别在于只保留了政策处理效应和时间处理效应的交互项,即政策实施项。本部分使用的模型同样需要剔除固定的共同趋势和效应,使政策变量的效果凸显出来。

构建静态面板双向固定效应模型如下:

$$GEGI_{it} = \alpha + \beta hsr_{it} + \gamma X_{it} + \mu_i + \xi t + \varepsilon_{it}$$

其中,hsr_{it}是主要解释变量,为二元虚拟变量,当在年份 t 地级市 i 有高速铁路经过时,$hsr_{it}=1$,否则 $hsr_{it}=0$。$GEGI_{it}$是主要被解释变量。X_{it}代表一系列其他控制变量,μ_i用来控制不随时间变化的个体效应,t为时间趋势项,ε_{it}是用来控制其他遗漏变量的随机扰动项。

构建动态面板系统 GMM 模型如下:

$$GEGI_{it} = \alpha + GEGI_{i(t-1)} + \beta hsr_{it} + \gamma X_{it} + \mu_i + \xi t + \varepsilon_{it}$$

其中，hsr_{it} 是主要解释变量，为二元虚拟变量，$GEGI_{it}$ 是主要被解释变量。为了避免由于滞后一期的绿色经济增长率对当前绿色经济增长率的影响而产生反映系统模式的误差项，被解释变量 $GEGI_{it}$ 的一阶滞后项 $GEGI_{i(t-1)}$ 也被纳入回归方程中，用来刻画上一期绿色经济增长率对本期的影响。同样地，X_{it} 代表一系列控制变量，μ_i 用来控制不随时间变化的个体效应，t 为时间趋势项，ε_{it} 是用来控制其他遗漏变量的随机扰动项。X_{it} 代表的控制变量包括其他可能影响本地区绿色经济增长率的因素。

地区市场化（ownership）。用私营和个体经济从业人员数与全社会从业人员数的比值来衡量。私营和个体经济的比重是反映地区市场化程度的重要指标，市场化程度越高，私营和个体经济的经营自主空间越大，生产活动越活跃繁荣。市场化程度的提高也能更充分地发挥市场价格的信号作用，资源和能源要素价格更能反映供需情况，生产配置更高效，更有利于提升绿色经济增长率。

科技研发投入（gvsi）。用地方政府科技研发类财政支出占其一般预算内财政支出的比重来衡量。在省级层面的实证模型中，我们选取环境规制（regu）作为控制变量之一，其衡量指标为环境污染治理投资占地区 GDP 的比重，由于地级市层面相对应的数据难以获得，而环境规制对绿色经济增长率的主要影响渠道为科学技术研究与创新，我们尝试以地方政府的科技研发投入作为替代。

财政支出规模（gow）。用地方财政一般预算支出占地区 GDP 的比重来衡量。

产业结构（stru）。当样本数据细化到地级市层面，城市的产业结构特征更加凸显，例如，对于一些著名的旅游城市而言，其经济增长主要依靠第三产业，而有些城市因为资源禀赋的原因有重点发展某类重工业的传统。因此我们将产业结构作为控制变量加入本部分的模型中，用第二产业产出增加值与第三产业产出增加值的比值来衡量。

本部分的实证模型以中国地级市行政单位为研究对象。主要被解释变量绿色经济增长率的计算方法与省级层面的数据一致。计算所需的数据来源主要为《中国城市统计年鉴》、CEIC 中国经济数据库及各省市的历年统计年鉴。主要解释变量的数据整理自中国铁路总公司公布的高铁开通运营信息。根据本节的计量模型设定要求，在本部分的样本中，我们剔除了所有省会城市、直辖市和经济特区，本部分最终选定250个地级市行政单位，涵盖了2006年至2015年共10个年份的观测数据并构成面板数据集。其余变量的数据来源于《中国城市统计年鉴》、CEIC中国经济数据库及各省市的历年统计年鉴。选用全市（地区）的数据，而非市辖区数据。对于存在的少数缺失值，采用插值法进行内推或者外推补充。

图4-6描绘了绿色经济增长率的全国平均值与高速铁路开通二元虚拟变量的全国平均值随年份变化的趋势。可以看出，绿色经济增长率的变动呈波动不定的趋势，但大体上随时间推移而上升。2009年起，绿色经济增长率的数值出现较大幅度的下降，我们猜想是受到全球金融危机的冲击影响所导致的整体经济下滑的现象。近几年呈现出波动爬升的趋势。每年开通的高速铁路数目逐年增长，且增长的速度加剧，意味着新开通的高速铁路线路一年比一年多。

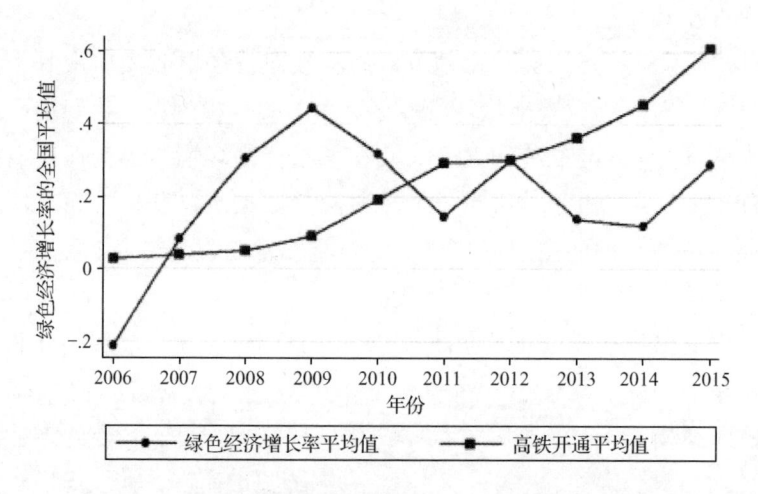

图4-6 绿色经济增长率的全国平均值与高速铁路开通
二元虚拟变量的全国平均值随年份变化的趋势

三、基准实证结果分析

不论是在静态面板模型还是在动态面板模型中，高速铁路开通都显著降低了绿色经济增长率。我们认为，因为实证检验的样本剔除了所有区域中心城市，样本所包含的城市均为区域内非中心城市。对这些城市而言，交通基础设施建设的"隧道效应"和"极化作用"产生了比缩小地理分割更大的影响。

高速铁路开通降低了交通运输成本，增强了交通通达度和地区间的经济贸易联系，加速了因生产经营活动而带来更高利润回报的地区转移，即高速铁路开通推动了生产要素和经济活动由线路沿途城市向中心节点城市集聚。这种效应使边缘城市在能源分配和生产活动中处于劣势地位，使能源环境效率提升受阻。

高速铁路开通固然相对缩短了地区间的地理距离，减小了自然性市场分割，但同时也可能通过改变地方政府行为改变制度性市场分割。高速铁路开通在降低了地区间的运输成本、加强了区域的经济贸易联系、推动市场一体化的同时，也使本地企业面临更多来自外地企业的竞争，这有可能促使相对落后的非区域中心城市的地方政府设置政策性市场壁垒以保护本地企业、扶持本地产业，由此，高速铁路开通有可能会加剧落后地区的地方保护而使市场分割更加严重，从而对绿色经济增长率产生不利影响。

四、稳健性检验

探究政策实施效果的计量模型普遍采用安慰剂检验的做法来对实证结果进行稳健性检验。由于我们无法完全排除高速铁路已经开通的地级市和高速铁路尚未开通的地级市之间系统性差异的存在，出于消除潜在遗漏变量的考虑，使用安慰剂检验进一步验证前文所得到的实证结果。

具体做法是假设高速铁路开通的时间分别提前了三年、四年和五年，以虚拟构造的"伪高速铁路开通"变量代替原模型中的"实际高速铁路开通"变量并进行固定效应模型和随机效应模型的静态面板回归，同时进行系统 GMM 的动态面板回归。本节由于样本起始年份 2006 年已有高速铁路开通，因此对应地，在以提前五年的"伪高速铁路开通"变量为主要解释变量的模型样本中删除 2006 年至 2010 年已有高速铁路开通的地级市，样本期为 2006 年至 2010 年，同时在以提前四年的"伪高速铁路开通"变量为主要解释变量的模型样本中删除 2006 年至 2009 年已有高速铁路开通的地级市，样本期为 2006 年至 2011 年，在以提前三年的"伪高速铁路开通"变量为主要解释变量的模型样本中删除2006年至2008年已有高速铁路开通的地级市，样本期为2006年至2012年。

如果"伪高速铁路开通"变量对该地区的绿色经济增长率有显著影响，则说明模型中的系统性差异与高速铁路开通一起发挥了作用，原实证结果不是稳健的。如果"伪高速铁路开通"变量的回归系数都不显著，我们就可以确认在基准模型的样本时期内，绿色经济增长率的变化是由自变量"实际高速铁路开通"所引起的。

第五章
环境规制与绿色经济增长实证研究

第一节 环境规制与绿色经济的相关理论

一、环境规制相关概述界定

（一）环境规制的概念

"规制"一词最早由日本学者提出，是指政府为限制某种行为而制定的有关规定，如今是指政府用来改善经济市场存在的问题的一种制约手段。人们对于环境规制概念的认识经历了一个较长的时期，最早的环境规制概念，主要是指作为规制主体的政府通过强制手段进行环境资源管控。但随着环境问题日益复杂，环境规制概念也逐渐变得丰满，现阶段主要可分为命令型、市场型和公众参与型三种类型。

现如今的环境规制由三大要素组成：一是环境规制主体，主要是指行使规制政策的主体，多是政府行政部门；二是环境规制客体，一般来说是类似企业的各类经济主体；三是环境规制手段，主要是主体对客体实施的相关法规及政策等。若环境污染积累量超过环境承受阈值，那么不仅会严重影响绿色经济增长，同时也会对生态环境造成无可挽回的破坏，因此通过环境规制手段进行生态污染治理显得尤为重要。本节对环境规制进行了再定义，认为其指的是环境现状受企业创造经济利润时产生的污染排放影响，造成了一定程度的负面效应，政府由此制定的一系列对其有规制作用的，且能在一定程度上实现环境与经济协调发展的相关环境政策。

1. 环境规制的动因

（1）经济增长的负效应

经济增长作为政府目前最为关注的目标之一，其如何快速发展是政府部门工作的重点，而在实现经济增长的过程中，势必会影响公众环境，产生与社会环境可持续性、绿色转型发展目标之间的矛盾。由于这种经济增长的负效应，使环境成为社会经济快速发展过程中的牺牲品，导致生态修复成本远远大于保护成本，甚至带来不可逆转的结果。

（2）环境资源的局限性

环境资源存在稀缺性和公共性的特点，稀缺性分为绝对稀缺性和相对稀缺性，绝对稀缺性是指有限的环境资源与无限的社会需求之间存在的矛盾使资源难以获得的现象，相对稀缺性则是指环境恶化和资源消耗使资源开采成本增加的现象。公共性意味着环境资源作为一种社会公共品，每位消费者都可以在一定程度上消费环境，甚至破坏环境。正是由于环境资源带有的公共性，使人们对环境资源的态度较为随意，人们的环境保护意识自然也得不到提高。

（3）环境污染的外部性

最早对外部性的合理解释是，当某个经济主体受其他因素影响时会出现外部效应，而出现的该种外部效应并未给受影响的主体进行相应的补偿。环境污染的外部性问题则是由于回避整治污染问题带来的巨大成本，如为满足当代人的需求而不惜损害后代人利益等，造成环境透支型的经济发展模式；又如为了本地区的经济高速发展而将环境污染向其他地区转移，造成不同地区的经济增长与环境污染水平不均衡的发展模式。环境污染的外部性会减弱环境规制的目标效果，从而造成实际情况与生态环境建设治理理论相悖的情况。

（4）环境机构的糅杂性

环境污染的治理离不开相关政府机构政策的实施，现今中国与环境治理相关的政府职能部门众多，由此导致了环境治理权力的冲突，使环境治理效果大打折扣。同时，环境治理相关部门对环境产权的模糊性也提升了环境污染治理的难度，由于环境机构在设置上的糅杂性造成了环境治理职能的交叉重叠，对环境污染问题难以实行切实有效的举措，从而进一步弱化了环境规制的施策效果，让环境规制的治理效果难以达到预期。

2. 环境规制的工具

为适应经济发展的需求和实现环境治理的目标，目前中国已经基本形成运用命令型工具、市场型工具以及自愿型工具的综合环境规制手段。命令型工具主要是指规制主体利用设立的相关法律法规、政策，赋予环境治理部门一定的治理权，根据相关政策对排污者的违法违规行为做出处理，帮助排污者树立保护环境的观念思想。例如，通过法律法规手段对企业的污染行为进行严格管控，制定符合环境规制政策标准的相关准则，严格监管环境治理阶段的全过程，以达到建设绿色生态环境的要求。市场型工具利用经济手段（如排污收费和交易许可证制定）将环境污染的外部性因素进行转化以促进企业对环境资源的有效利用。例如，依照国家有关法律法规，对环境排放物超标者按标准强制实施缴纳税费来减少污染物排放量。自愿型工具是指企业在环境治理的过程中，通过对自身环境治理方式的改进，降低生产过程中的环境污染，使自身的市场竞争力与发展前景由此得到提升。如今，中国的经济发展状况与环境资源维护之间存在矛盾，为更好地治理环境污染现象，现阶段环境规制手段逐渐向多种工具相结合的方向发展。

（二）环境规制的度量

随着经济发展和环境现状的影响，环境规制的含义进一步扩展，同时越来越多的人意识到，通过环境规制手段可以治理污染现状。由于测量隐性环境规制强度的相关数据库尚未建立，尚不能对隐性环境规制做出具体的研究。考虑到中国环境规制的适用性和实施范围，本节主要研究的是显性环境规制强度对环境治理效果的相关影响。

尽管环境规制是政府统一制定的环境治理政策，但不同地区在实施强度上存在差异，对环境规制强度的度量与政策的制定需要做到因地制宜，这存在一定的难度。陆旸在 2009 年选取人均收入水平来作为衡量环境规制强度的指标。张成等在 2010 年选取污染治理费用或人均治理费用指标来衡量环境规制。张文彬等在 2010 年通过正式环境规制下的污染排放量指标来度量环境规制强度。李玲等在 2012 年则针对中国制造业这一层面，选取产业污染密度的面板数据指标并以此构造反映环境规制强度的度量方法。沈能在 2012 年选用行业的治污成本占工业产值比来作为衡量环境规制强度的指标。然而这些方法均存在指标单一化的缺点，为了更准确地度量正式环境规制强度，本节在上述方法上进行了相应的调整，参照原毅军等在 2014 年建立的指标构建方法来研究环境规制强度。

具体地，选取了各省份废水排放率、二氧化硫和烟粉尘去除率以及废固利用率等指标来构建环境规制强度的综合度量体系。

首先，对指标进行标准化处理，即换算为[0,1]的取值范围以消除相关矛盾性，计算公式为：

$$\text{PR}_{ij}^S = [\text{PR}_{ij} - \min(\text{PR}_j)]/[\max(\text{PR}_{ij}) - \min(\text{PR}_j)]$$

其中，i 表示各省份，j 表示污染物，PR_{ij} 表示各指标的初始值，PR_{ij}^S 表示各指标的标准化值。

其次，计算各指标的调整权重数 ω_{ij}。由于不同省份的污染物排放量相差较大，因此对各省份的废水、废气和废固等指标赋予不同的权重值，并进行相应调整用以反映各省份污染物治理的程度。调整权重的计算公式如下：

$$\omega_{ij} = \left(\frac{E_{ij}}{\sum E_{ij}}\right) / \left(\frac{Y_i}{\sum Y_i}\right)$$

其中，ω_{ij} 表示各省份的权重系数，E_{ij} 表示各省份的污染物排放量，$\sum E_{ij}$ 表示全国污染物排放总量，Y_i 表示各省份的工业增加值，$\sum Y_i$ 表示全国工业增加值。在计算各省份每年的废弃物排放调整权重系数后，接着测算全部年份的平均调整权重系数。

最后，利用上述计算的各指标标准化后的值和平均调整权重系数，计算出各省份的环境规制强度，计算公式如下：

$$\text{ERG}_i = \frac{1}{4} \sum_{j=1}^{4} \bar{\omega}_{ij} \times \text{PR}_{ij}^S$$

二、绿色经济的相关概述界定

（一）绿色全要素生产率的概念

绿色经济是以绿色市场为导向、传统经济为基础、经济发展与环境保护和谐统一为目的的现阶段中国经济发展的重要模式。为了更好地研究如何开展绿色经济转型，本节选取了绿色全要素生产率作为绿色经济的替代指标，以探讨绿色经济的相关理论与发展要求。全要素生产率是指企业在生产过程中各个要素的综合生产率。罗伯特·M.索洛率先研究了总量生产函数并进行测算，然而随着环境保护与经济发展相矛盾的现象出现，学者们认识到，在测算绿色全要素生产率时仅仅按传统方法加入资本和劳动要素是远远不够的，还须将环境因素作为经济增长的负产出，纳入绿色全要素生产率的估算中。因此，本节在估算绿色全要素生产率的过程中不仅加入了传统的投入要素，也考虑了环境污染对绿色全要素生产率的影响。一般来说，传统全要素生产率主要是用来说明技术与制度的改革、资源环境的配置、生产规模的扩大等因素的变动对经济增长的影响，而绿色全要素生产率在测算时将环境污染考虑在内，既提高了测算的精准度又全面地解释了绿色经济增长的内涵。

（二）绿色全要素生产率的度量

绿色全要素生产率主要用来评估企业的投入要素绿色化程度。Mohtadi 在构建指标之初，将环境污染作为一种变量，与资本、劳动、土地资源等因素一起纳入生产函数中。随着研究的深入，研究者认识到环境污染并不是生产的投入要素，而应该作为非期望产出输入生产函数。于是，Chung 通过建立 SBM-DEA 函数与 M-L 模型，首次将环境污染作为非期望产出以测得更为真实有效的绿色全要素生产率。本节参考相关文献，将熵值法拟合的三废排放量替代环境污染指标，作为非期望产出纳入生产核算中，用来测算绿色全要素生产率。

1. DEA-Malmquist 指数法

Malmquist 在 1953 年便提出可以通过距离函数比来构造生产率指数（Malmquist 指数），Charnes 和 Cooper 在 1978 年又提出 DEA 理论来对生产率进行测算。为了更好地研究绿色全要素生产率，通过将 DEA 理论与 Malmquist 指数相结合来测算生产率，即 DEA-Malmquist 指数法。Malmquist 指数定义为：

$$M_0^{(t,t+1)} = \left(\frac{D_0^t(x^{t+1},y^{t+1})}{D_0^t(x^t,y^t)} \times \frac{D_0^{t+1}(x^{t+1},y^{t+1})}{D_0^{t+1}(x^t,y^t)} \right)^{\frac{1}{2}}$$

其中，x、y 分别表示模型的投入和产出，$\frac{D_0^t(x^{t+1},y^{t+1})}{D_0^t(x^t,y^t)}$ 表示 t 时期的 Malmquist 指数，$M_0^{(t,t+1)}$ 表示 $t \sim t+1$ 时期的全要素生产率增长函数，$D_0^t(x^t,y^t)$ 则表示 t 时期的投入与 t 时期的产出之间的距离函数，并且该

距离函数是通过 DEA 理论得出的，即：
$$D_0^t(x^t,y^t)^{-1}=\max\theta_k$$

$\max\theta_k$ 为生产效率值，n 为决策单元，m 为要素投入。取 t 时期，在第 k 项样本中加入要素 $x_{k,n}^t$ ($n=1,2,\cdots,N$)，得到相应产出 $y_{k,m}^t$。

$$\theta_k y_{k,m}^t \leq \sum_{k=1}^{K} Z_k^t y_{k,m}^t, \sum_{k=1}^{K} Z_k^t x_{k,n}^t \leq \theta_k x_{k,n}^t (Z_k^t \geq 0)$$

根据上式并结合 DEA 理论，将 Malmquist 指数进一步分解为效率变化和技术进步情况的乘积，如下所示：

$$M_0^{(t,t+1)}=\frac{D_0^t(x^{t+1},y^{t+1})}{D_0^{t+1}(x^{t+1},y^{t+1})}\times\left(\frac{D_0^t(x^{t+1},y^{t+1})}{D_0^{t+1}(x^{t+1},y^{t+1})}\times\frac{D_0^t(x^t,y^t)}{D_0^{t+1}(x^t,y^t)}\right)^{\frac{1}{2}}$$

其中，$\frac{D_0^t(x^{t+1},y^{t+1})}{D_0^{t+1}(x^{t+1},y^{t+1})}$ 表示效率变化情况，$\left(\frac{D_0^t(x^{t+1},y^{t+1})}{D_0^{t+1}(x^{t+1},y^{t+1})}\times\frac{D_0^t(x^t,y^t)}{D_0^{t+1}(x^t,y^t)}\right)^{\frac{1}{2}}$ 表示技术进步情况，另外，效率变化情况可进一步分解为纯效率变化和规模效率变化情况的乘积。于是利用 Malmquist 指数对经济增长进行分解，分别得到纯效率变化率、技术进步率和规模效率变化率：

$$\frac{y^{t+1}}{y^t}=\frac{D_0^{t+1}(x^{t+1},y^{t+1})}{D_0^t(x^t,y^t)}\times\left(\frac{\bar{y}_{t+1}(x^t)}{\bar{y}_t(x^t)}\times\frac{\bar{y}_{t+1}(x^{t+1})}{\bar{y}_t(x^{t+1})}\right)^{\frac{1}{2}}\times\left(\frac{\bar{y}_t(x^{t+1})}{\bar{y}_{t+1}(x^{t+1})}\times\frac{\bar{y}_t(x^t)}{\bar{y}_{t+1}(x^t)}\right)^{\frac{1}{2}}$$

由等式 $\bar{y}_t(x^{t+1})=\frac{y^{t+1}}{D_0^t(x^{t+1},y^{t+1})}$ 和 $\bar{y}_{t+1}(x^t)=\frac{y^t}{D_0^{t+1}(x^t,y^t)}$，对上式两边分别取自然对数得：$\ln\frac{y^{t+1}}{y^t}=\frac{1}{2}\left[\ln\left(\frac{D_0^{t+1}(x^t,y^t)}{D_0^{t+1}(x^{t+1},y^{t+1})}+\ln\left(\frac{D_0^t(x^t,y^t)}{D_0^t(x^{t+1},y^{t+1})}+2\ln\left(\frac{y^{t+1}}{y^t}\right)\right)\right)\right]+\operatorname{Ln} M_0(x^{t+1},y^{t+1},x^t,y^t)$。

由此，生产率增长又可以进一步分解为效率变化增长和技术进步增长。

2. US-SBM 超效率模型

SBM 超效率模型作为 DEA 理论的扩展模型，能够在更大程度上实现更精确的测度。在本节模型中，假设存在 n 个决策单元（DMU），每个 DMU 都是由投入 m、期望产出 r_1 和非期望产出 r_2 组合所构成的，且 $x_i \in \mathbf{R}^m$，$y_s^d \in \mathbf{R}^{r_1}$，$y_i^b \in \mathbf{R}^{r_2}$。令 $x=[x_1,\cdots,x_n] \in \mathbf{R}^{m\times n}$，$y^d=[y_1^d,\cdots,y_n^d] \in \mathbf{R}^{r_1\times n}$，$y^u=[y_1^u,\cdots,y_n^u] \in \mathbf{R}^{r_2\times n}$，则 US-SBM 超效率模型如下：

$$\rho_{kt} = \min\rho = \frac{1-(1/m)\sum_{i=1}^{m}(\overline{w}_i/x_{ik})}{1+1/(r_1+r_2)\left(\sum_{s=1}^{r_1}\frac{w_s^d}{y_{sk}^d}+\sum_{q=1}^{r_2}\frac{w_q^u}{y_{qk}^u}\right)}$$

$$x_{ik}=\sum_{j=1}^{n}x_{ij}\lambda_j+\overline{w}_i,\ y_{sk}^d=\sum_{j=1}^{n}y_{sj}^d\lambda_j+w_s^d,\ y_{qk}^u=\sum_{j=1}^{n}y_{qj}^u\lambda_j+w_q^u$$

其中，$j=1,2,\cdots,n$；$i=1,2,\cdots,m$；$s=1,2,\cdots,r_1$；$q=1,2,\cdots,r_2$；$x_{ik}, y_{sk}^d, y_{qk}^u, \lambda_j$ 分别代表第 k 个 DMU 的第 i 个投入、第 s 个期望产出、第 q 个非期望产出及第 j 个 DMU 线性组合；$\overline{w}_i, w_s^d, w_q^u$ 分别表示第 i 个投入、第 s 个期望产出和第 q 个非期望产出的松弛变量；ρ_{kt} 为 t 时期第 k 个 DMU 效率值。

当且仅当 $\rho_{kt}=1$，$\overline{w}_i, w_s^d, w_q^u=0$ 时，US-SBM 模型表示如下：

$$\varphi_{kt}=\min\varphi=\frac{1/m\sum_{i=1}^{m}(\overline{x}/x_{ik})}{1/(r_1+r_2)\left(\frac{\sum_{s=1}^{r_1}\overline{y}^d}{\overline{y}_{sk}^d}+\frac{\sum_{q=1}^{r_2}\overline{y}^u}{\overline{y}_{qk}^u}\right)}$$

$$\text{s.t.}\ \overline{x}\geq\sum_{j=1,\neq k}^{n}x_{ij}\lambda_j,\ \overline{y}^d\leq\sum_{j=1,\neq k}^{n}x_{sj}^d\lambda_j,\ \overline{y}^u\leq\sum_{j=1,\neq k}^{n}y_{qj}^u\lambda_j,\ \sum_{j=1,\neq k}^{n}\lambda_j=1$$

其中，$\overline{x}\geq x_{tk}$，$\overline{y}^d\leq y_{sk}^d$，$\overline{y}^u\geq y_{qk}^u$，$\lambda_j\geq 0$。所以，根据建立的模型可估算全国 31 个省份 1999—2016 年环境规制下的绿色全要素生产效率 EE，故省份 k 在年份 t 的 EE 为：

$$EE_{kt}=\begin{cases}\rho_{kt}(\rho_{kt}<1)\\ \varphi_{kt}(\varphi_{kt}=1)\end{cases}(k=1,\cdots,31;\ t=1999,\cdots,2016)$$

三、环境规制对绿色经济增长影响的理论分析

（一）波特假说

1. 波特假说的提出

环境资源与经济增长之间的矛盾一直都是社会关注的重点，传统经济学派认为两者之间存在一种负相关关系，环境规制会增加环境治理成本进而影响经济的发展。17 世纪后，有经济学家认为环境规制有助于降低资源浪费，为了检验这一想法，很多学者开始研究环境规制与经济发展之间是否存在隐藏的正向关系。Porter 在 20 世纪 90 年代提出了著

名的波特假说，反驳了传统经济学派关于环境规制会降低企业竞争力的观点，认为采用适当规制政策能够启发环保思想并激励创新行为，弥补环境规制带来的成本负担，从而提升产业竞争力。波特假说认为，严格的环境规制能够促进技术的绿色改革，加快创新活动和绿色经济增长，实现绿色生产和收益的双赢局面，另外还有学者特别指出，严格执行环境规制政策将是发展中国家获取未来竞争优势的重要途径之一。

2. 波特假说的内涵

企业在追求利润增长时常常会忽视对生态环境的保护，如果任由这种生产行为继续下去，那么生态系统必将受到影响，因此必须对此加以规制。波特假说将环境规制作用主要归纳为改进生产效率和推动创新改革，如图 5-1 所示，Q 与 E 分别表示环境规制实施前的产出和环境质量，Q^* 与 E^* 分别表示环境规制实施后的产量和环境质量。

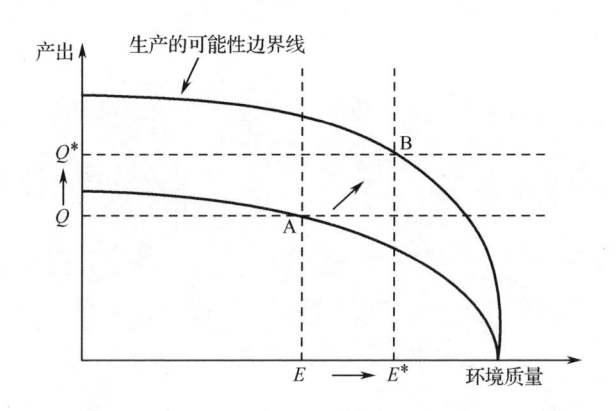

图 5-1 波特假说的环境规制作用

图 5-1 提供了环境规制正向作用的理论支持，很多学者基于不同视角对波特假说进行了解释和研究，可总结为以下三个方面：第一，环境规制可实现环境治理和经济增长的共赢。企业的前期环境成本并不会对竞争力造成相应的影响，波特假说认为创新和效率的改进会使企业具有更长久和稳定的竞争优势，因此，适当的环境规制不仅可以加强环境保护，还有助于绿色经济增长。第二，环境规制可实现改革创新。从波特假说的动态分析角度能够验证环境规制与经济增长的作用关系，尽管受环境规制约束会增加前期环境保护成本，但从企业创新和效率改进的长期效果来看，能够抵消环境规制带来的环境成本并形成绿色经济发展优

势。第三，政府是推动环境规制实施的主体。波特假说认为，在造成前期环境成本剧增的同时，环境规制也会在一定程度上增加相应的运营难度，因此需要在政府层面上出台各类环境规制政策，这样能够在很大程度上提升企业对环境保护的热情与动力，为绿色经济的发展带来优势和保障。

（二）环境规制对绿色经济增长的影响分析

环境规制与绿色经济之间既相互制约又相互促进。环境规制强度的增加势必会使绿色经济水平增长产生一个"U"形的变化趋势，绿色经济水平的增长也会给环境规制带来相应的要求与内涵。根据波特假说理论，追求经济增长往往要以牺牲一定的期望产出为代价，因此两者之间的影响主要归纳为改进生产效率和推动创新活动。本节主要通过以下两点来说明两者的作用理论与影响机理。

一是环境规制会造成前期治理成本增加。

由于环境技术和治污设备的更新成本较高，污染排放企业对环境规制的"忍受能力"也相应较高。当环境规制强度比较弱时，企业为实现利润最大化，会选择接受环境税而不是环境治理。但随着环境规制强度的增强，环境税逐渐大于环境治理成本，企业则会选择投资治理污染以达到环境规制的标准。所以，环境规制会造成前期环境治理成本的增加。

二是长期环境规制会促进绿色经济的增长。

短期内环境规制政策的确会带来企业设备、人力物力等生产成本的骤增，但长期来看这种说法是不准确的，它会在一定程度上为企业带来技术进步，抵消企业的环境治理成本，以促进绿色全要素生产率的提升。同时，环境规制带来的另一间接影响则是促进了创新。由图5-1可以看出，创新激励能够扩张生产的可能性边界，同等投入换来的是更多的有效产出和更多的绿色经济效益。通过提升现有的技术创新水平和生产方式激励企业通过创新投入来生产绿色产品，在生产层面上促进了绿色经济增长。而且，这一间接影响还推动了政府在创新激励方面的投入，如政府投资、研发投入等政策都会对绿色全要素生产率产生正向影响，这些创新政策与环境规制相互影响又相互促进，推动了中国绿色经济的增长与转型。

第二节　环境规制与绿色经济的发展和统计描述

一、中国环境规制的发展历程

环境规制政策是政府有效落实环境保护的战略手段，也是解决当前环境问题并达到预期目标的指导准则。随着经济模式的逐步转变，不同阶段的环境规制政策也会流露出不同的重点与要求。经过不断探索和实践，中国初步形成了一套较为完善的环境规制政策制度。

（一）20世纪80年代环境保护的认知

1972年联合国在瑞典召开了人类环境会议，会议重点强调了环境对人类经济社会发展进步的重要性。为进一步确定环境保护的战略地位，1973年中国召开了第一次全国环境保护会议，会上提出了明确的环保方针，并首次成立了国务院环境保护领导小组及各省市环保机构，面向全国开展工业污染治理和环境保护规划。1979年，中国颁布了《中华人民共和国环境保护法试行》，从法律法规的层面明确制定了环境影响评价制度和排污收费制度，以此开展环境相关管理方法。

（二）20世纪90年代环境规制体系的初建

1982年，中国环境保护总局正式成立，标志着环境保护成为国家行政管理的主要工作之一。1983年，国务院在第二次全国环境保护会议上宣布，环境保护成为中国发展的一项基本国策，明确了环境保护政策在中国的战略高度。1989年，在第三次全国环境保护会议上，中国又制定了五项环境管理制度，标志着环境规制体系初步建立。同年，《中华人民共和国环境保护法》正式实施，中国的环境规制政策与环境保护方针正式走上正轨。

（三）20世纪90年代环境规制政策的发展

1992年，中国颁布首份有关环境的重要文件《环境与发展十大对策》，明确提出环境可持续发展的战略。1995年，第四次全国环境保护会议进一步制定了环境发展的决策监管、环保投入和公众参与制度，有效推动了环境规制政策的实施。1996 年，国务院发布了《关于环境保护若干问题的决定》，以确保在环境治理过程中阶段性目标的实现。1998 年，经第九届全国人大会议批准，新的国家环境保护总局成立了，以此更好地实施环境规制政策。

（四）21 世纪环境规制政策的绿色转型

2000 年后中国开始提倡可持续发展观，强调环境保护政策的地位和生态环境的重要性。2005 年，国务院发布了《关于落实科学发展观加强环境保护的决定》，首次提出了环境保护优先原则。2009 年，《中华人民共和国循环经济促进法》的正式施行有效提高了资源利用效率并实现了环境的可持续。"十一五"期间，政府将环境保护政策作为国家发展战略之一，首次将污染排放的减少量作为绿色经济发展的指标。十八届三中全会指出，通过赋予可持续发展观新的政治内涵来建设生态文明需要完善生态制度体系。十八大报告进一步提出，需要对环境保护和创新改革两把抓，通过提倡自主创新、鼓励研发投入的方式来转变经济增长方式。十九大报告提出，建设生态文明需要进行体制改革，推动绿色经济建设美丽中国，为未来中国的生态文明和绿色经济发展指明了规划方向和路线部署。

二、中国绿色经济的发展历程

随着可持续发展理念的普及，中国开始认识到绿色经济的重要性，先后提出相关政策与法律法规来推动绿色经济的发展。纵观中国绿色经济的发展历程，大致可以分为以下三个阶段：

（一）绿色经济理念的认识（1989—2006 年）

中国早期成立了"三废"治理办公室，主要用来处理环境污染治理的相关事务，但很多人并没有意识到，"三废"实际上还是放错了位置的资源。从 1989—2006 年的发展历程中，通过对资源和能源的学习认知，人们开始认识到资源能够循环利用，而能源却是不可再生的。但是当时对于绿色经济的理解比较单一，仅仅只是为了改善资源环境而采取了相关经济措施。

（二）绿色经济理念的理解（2007—2009 年）

伴随着改革开放的发展，越来越多的绿色话题与绿色概念被提及，人们对于绿色经济的认知开始由浅入深，可持续发展观的绿色内涵也相应得到拓展与丰富，即转变当前的粗放式经济发展模式，采用和谐统一的发展观平衡经济发展和生态环境保护，以达到生态、经济和社会效益相统一的目的。中国自改革开放以来，一直都着重关注经济发展的绿色转型与升级，以进一步达成经济与生态环境和平共处的发展模式。

（三）绿色经济理念的深化（2010 年以后）

2010 年之后，人们对发展绿色经济的重要性有了新的认知，由此绿色经济也具备了更加全面深刻的定义。绿色经济基于要素投入和生产产品的绿色化，以改变现阶段中国高耗能、高污染、高排放的经济粗放型发展模式为目的，来推动中国的绿色经济发展和生态环境的可持续利用。2014 年，习近平总书记在的中央经济工作会议上指出，要科学认识当前形势，准确研判未来走势，历史地、辨证地认识中国经济发展的阶段性特征。十九大报告提出，要通过生态文明的绿色发展思想来加快生态环境改革与发展，指明了中国未来生态文明环境建设和绿色经济发展的方向与路线。新的绿色经济理念为社会带来了全新的经济发展模式，通过调节经济发展与生态环境保护之间的矛盾，实现两者和谐统一的综合发展模式。

三、环境规制与绿色经济的空间分布现状

（一）环境规制的空间分布现状

根据中国各省份的相关地理统计数据，采用 Geoda 软件得到的环境规制空间分布情况。

1999 年中国 31 个省份的环境规制水平分布：高强度环境规制主要集中在西部（甘肃、贵州、陕西、宁夏）、中部（山西）、东部（北京、山东、江苏、天津、浙江）地区；中强度环境规制主要集中在西部（云南、内蒙古、青海）、中部（黑龙江、安徽、吉林）、东部（河北、辽宁）地区；低强度环境规制则主要集中在西部（新疆、西藏）、中部（四川、

重庆、湖北、河南、湖南、江西)、东部(广东、福建)地区。1999年的中国环境规制整体强度不大,并呈现出东部地区>西部地区>中部地区的趋势。其中,东部地区和西部地区的环境规制强度相差不大,而中部地区仅有山西一个省份为高强度,说明该年份中国环境质量较好,整体环境规制水平较弱。

2007年中国31个省份的环境规制水平分布:高强度环境规制主要集中在西部(新疆、甘肃、宁夏、内蒙古)、中部(山西、黑龙江、安徽、河南)、东部(山东、天津)地区;中强度环境规制主要集中在西部(云南、青海、广西、陕西)、中部(湖北、江西)、东部(河北、辽宁、上海、江苏、浙江)地区;低强度环境规制则主要集中在西部(西藏、四川、贵州、重庆)、中部(湖南、吉林)、东部(北京、福建、广东)地区。其中,高强度环境规制地区中,中部地区增加了3个省份,东部地区省份则有明显的减少。另外,2007年的环境规制水平较1999年明显增强,且呈现由东部地区向中西部地区过渡的趋势,可以推测东部地区受到环境规制的影响环境有所改善,或是将污染进行了转移;中西部地区则可能由于自身的发展加速了环境污染程度,或是成了污染转移地。

2016年中国31个省份的环境规制水平分布:高强度环境规制主要集中在西部(新疆、青海、甘肃、宁夏、内蒙古)、中部(山西、黑龙江、安徽、河南、广西)、东部(山东)地区;中强度环境规制主要集中在西部(云南、广西、陕西)、中部(湖北、江西)、东部(河北、辽宁、上海、江苏、浙江)地区;低强度环境规制则主要集中在西部(西藏、四川、贵州、重庆)、中部(湖南、吉林)、东部(北京、天津、福建、广东)地区。可以看到,2016年西部地区环境规制强度持续增加而东部地区明显减弱,所以1999—2016年的环境规制整体趋势是增强的,且呈现一个倒"U"形趋势。造成这一情况的原因,可能是受中、西部地区环境规制强度较强,而东部地区环境规制强度较弱影响。

(二)绿色经济的空河分布现状

1999年中国31个省份的绿色经济水平分布:高水平绿色经济主要集中在西部(新疆、重庆)、中部(黑龙江、湖南、湖北)、东部(山东、江苏、天津、上海、广东)地区;中水平绿色经济主要集中在西部(陕西、内蒙古、四川)、中部(河南、山西)、东部(北京、河北、辽宁、浙江、福建）地区；低水平绿色经济则主要集中在西部（青海、甘肃、宁夏、云南、贵州、广西）、中部（吉林、安徽、江西）、东部（海南）地区。可以看出，中国1999年的绿色经济发展水平整体不高，尤其是中西部地区，而东部地区的绿色经济发展水平相对较高且分布较广。

  2007年中国31个省份的绿色经济水平分布：高水平绿色经济主要集中在西部（青海、内蒙古、宁夏、陕西、贵州、重庆）、中部（山西、安徽）、东部（天津、江苏）地区；中水平绿色经济主要集中在西部（新疆、四川、云南）、中部（湖北、湖南、江西）、东部（广东、山东、辽宁、北京）地区；低水平绿色经济则主要集中在西部（甘肃、广西）、中部（黑龙江、吉林、河南）、东部（河北、浙江、福建、上海、海南）地区。可以看出，1999—2007年，中国的绿色经济水平有了明显的转移，西部地区的绿色经济水平得到了明显提升，而东部地区则出现了明显减弱。可以推测受弱环境规制影响，西部地区的绿色经济发展得以促进，而东部地区的高速发展引起的强环境规制反而抑制了绿色经济发展。

  2016年中国31个省份的绿色经济水平分布：高水平绿色经济主要集中在西部（四川、重庆）、中部（湖南、安徽）、东部（江苏、浙江、福建、广东、北京、上海）地区；中水平绿色经济主要集中在西部（青海、云南、广西、贵州）、中部（湖北、江西、河南）、东部（海南、山东、河北）地区；低水平绿色经济则主要集中在西部（新疆、甘肃、宁夏、内蒙古、陕西）、中部（山西、吉林、黑龙江）、东部（辽宁、天津）地区。可以看出，2007—2016年，西部地区的绿色经济水平出现了下降趋势，而东部地区则由下降转为上升趋势。这说明由于西部地区经济水平的提升造成了对环境一定程度的污染，从而引起绿色经济水平的下降，而受强环境规制的约束与激励作用，东部地区的绿色经济水平呈现了明显的上升趋势。

四、环境规制与绿色经济的相关性分析

（一）数据说明

  本节选取了中国31个省份1999—2016年的面板数据[①]，来研究环

[①] 数据来源《中国统计年鉴》《中国环境年鉴》（2000—2017年）。

境规制和绿色经济之间的相关性，其中，环境规制指标记作 ERG，绿色全要素生产率作为绿色经济的研究指标，记为 GTFP。

（二）相关性分析

相关性分析是指通过分析两个或多个具备相关性的变量来衡量变量彼此间的相关程度。通过分析环境规制和绿色经济的空间分布状况，可以初步判断两者之间存在着一定程度的相关性。为了进一步量化两者的相关性程度，本节采用了 Stata 软件对两者对应指标进行了相关性分析，得到如图 5-2 所示的散点拟合图。

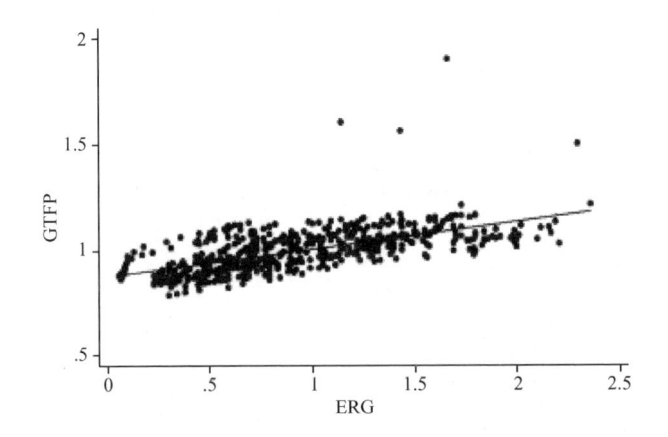

图 5-2　环境规制指标与绿色经济指标散点拟合图

图 5-2 展示了中国 31 个省份 1999—2016 年的环境规制指标和绿色经济指标的相关程度。可以看出，两者之间似乎存在正相关性，这是否意味着环境规制促进了绿色经济发展？

在这里从两个方面展开分析：第一，两者之间的直接影响。经历前期环境规制政策带来的高成本阶段后，以技术创新作用弥补了高成本损失，绿色经济逐渐回归增长趋势，也就形成了图 5-2 中的两者的增长正相关拟合。第二，两者之间的间接影响。环境规制促进了企业的创新激励，从而间接促进了绿色经济增长，更进一步验证了图 5-2 中的正相关拟合。一般来说，越严格的环境规制通常越促进绿色经济增长，同时绿色经济的增长又能够带来更严格的环境规制。

第三节 环境规制对绿色经济影响的实证分析

一、空间计量模型的构建

(一)模型设定

本节选取了空间滞后模型(SLM)和空间误差模型(SEM)作为实证研究的主要模型,前者主要研究区域环境污染受邻近区域环境污染行为影响的现象,后者主要研究邻近区域变量的变化对该地区因变量的空间影响程度。本节采用了改进后的空间计量模型,具体如下。

1. 环境规制对绿色经济增长的直接影响

$$GTFP_{i,t} = \rho W GTFP_{i,t} + \alpha_0 + \alpha_1 ERG_{i,t} + \alpha_2 FDI_{i,t} + \alpha_3 HUM_{i,t} + \alpha_4 LOT_{i,t}$$
$$+ \alpha_5 IND_{i,t} + \alpha_6 FES_{i,t} + \alpha_7 MAR_{i,t} + \varepsilon_{i,t} \text{(模型一)}$$

$$GTFP_{i,t} = \alpha_0 + \alpha_1 REG_{i,t} + \alpha_2 FDI_{i,t} + \alpha_3 HUM_{i,t} + \alpha_4 LOT_{i,t}$$
$$+ \alpha_5 IND_{i,t} + \alpha_6 FES_{i,t} + \alpha_7 MAR_{i,t} + \varepsilon_{i,t} \text{(模型二)}$$

$$\varepsilon_{i,t} = \lambda W \varepsilon_{i,t} + \mu_{i,t}, \mu_{i,t} \sim N(0, \delta^2)$$

其中,模型一与模型二分别为空间滞后模型和空间误差模型。i 和 t 分别表示省份和年份,GTFP 表示某省份的绿色全要素生产率,ERG 表示某省份的环境规制指标,FDI 表示某省份外商直接投资,HUM 表示某省份的人力资本,LOT 表示某省份的贸易水平,IND 表示某省份的产业规模,FES 表示某省份的要素禀赋,MAR 表示某省份的市场化程度,W 表示邻近空间权重矩阵,λ 表示自回归系数,ε 表示残差项。

2. 加入创新激励后环境规制对绿色经济增长的间接影响

波特假说认为,环境规制通过技术创新能有效提升现有的技术水平,引起环境规制生产边界的扩张从而获得更多的绿色经济利润。于是,本节建立了关于环境规制、创新激励与绿色经济的相关空间计量模型:

$$GTFP_{i,t} = \rho W GTFP_{i,t} + \alpha_0 + \alpha_1 REG_{i,t} + \alpha_2 IIS_{i,t} + \alpha_3 FDI_{i,t} + \alpha_4 LOT_{i,t} + \alpha_5 IND_{i,t}$$
$$+ \alpha_6 FES_{i,t} + \alpha_7 MAR_{i,t} + \alpha_8 HUM_{i,t} + \varepsilon_{i,t} \text{(模型三)}$$

$$GTFP_{i,t} = \alpha_0 + \alpha_1 REG_{i,t} + \alpha_2 IIS_{i,t} + \alpha_3 FDI_{i,t} + \alpha_4 LOT_{i,t} + \alpha_5 IND_{i,t}$$
$$+ \alpha_6 FES_{i,t} + \alpha_7 MAR_{i,t} + \alpha_8 HUM_{i,t} + \varepsilon_{i,t} \text{(模型四)}$$

$$\varepsilon_{i,t} = \lambda W \varepsilon_{i,t} + \mu_{i,t}, \mu_{i,t} \sim N(0, \delta^2)$$

其中,模型三、模型四分别表示加入创新激励指标后,环境规制与绿色经济增长之间的空间滞后模型、空间误差模型。IIS 表示某省份的创新激励指标，其余指标含义与直接影响模型一致。

（二）指标选取及数据来源

1. 环境规制

本节参照原毅军和谢荣辉在 2016 年的方法，充分考虑了废水、废气、废固的减排情况，构建了一个针对环境规制强度的综合度量指标 ERG。

2. 创新激励

本节建立了以创新投入、创新产出和创新环境为核心的创新激励能力评价体系，参考相关文献选取了部分指标。

在创新激励能力评价体系中，如何确定各指标的权重是评价关键。本节通过采用熵值法对相关指标进行权重值的确定，并对中国 31 个省份的创新激励能力做出一个较为综合的评价比较。

3. 其他控制变量

人力资本（HUM）：选取了各阶段教育水平人口比重乘以相应年限作为指标。

要素禀赋（FES）：本节借鉴了王兵的做法，选取了各省份公路与铁路长度的几何平均值作为近似指标。

市场化程度（MAR）：选取了各个省份非国有企业的工业产值比重作为指标。

外商直接投资（FDI）：选取了各省份外商投资额与 GDP 的比值作为指标。

贸易水平（LOT）：选取了各省份进出口总额与该省份 GDP 的比值作为指标。

产业规模（IND）：选取了各省份非国有化企业生产总额与该省份 GDP 比值作为指标。

二、空间相关性检验分析

（一）相关性检验理论

1. 全局空间自相关性检验

全局空间自相关分析是通过 Moran 指数来分析探讨不同区域在整

体上存在的空间差异性和空间相关性，其计算公式为：

$$I = \frac{\sum_{i=1}^{n}\sum_{j=1}^{n}w_{ij}(x_i-\bar{x})(x_j-\bar{x})}{s^2\sum_{i=1}^{n}\sum_{j=1}^{n}w_{ij}}$$

其中，n 表示样本总数，w_{ij} 表示空间权重，x_i 表示 i 地区的观察值，$\bar{x} = \frac{1}{n}\sum_{i=1}^{n}x_i$，$s^2 = \frac{1}{n}\sum_{i=1}^{n}(x_i-\bar{x})^2$。同时，Moran 指数的取值范围为（-1，1），若结果大于 0 表示相关指标之间具有正空间自相关性，反之则具有负空间自相关性，且结果越接近边界值，正（负）空间自相关性程度越显著。

2. 局部空间自相关性检验

局部空间自相关性是通过 LISA 指数来反映不同区域间的空间相关性的方法，计算公式为：

$$L = \frac{(x_i-\bar{x})}{s^2}\sum_{j\neq i}w_{ij}(x_j-\bar{x})$$

LISA 指数主要用来检验局部空间内是否存在高值或低值的聚集，若结果大于 0，代表存在聚集现象，反之不存在。

（二）相关性检验结果

本节选取了中国 31 个省份 1999—2016 年的绿色经济面板数据，构建一个 0-1 空间邻接矩阵，通过运用空间计量模型的相关性检验方法对中国的绿色经济做自相关性检验，得到了 Moran 指数结果。

1999—2016 年的 Moran 指数绝大部分都是为正，且 P 值均小于 0.1。

这说明了绿色经济指标正向的空间自相关性十分显著，反映出绿色经济程度相似的城市存在明显的空间聚集趋势。同时也进一步说明，绿色经济指标在邻接地区之间可能存在一定程度上的经济辐射影响。所以一般在研究绿色经济问题时，不能忽略区域之间的地理因素和空间影响，而是需要将区域之间空间影响因素纳入考虑范围来建立模型。

2006—2011 年的 Moran 指数均小于 0.01。

这说明了这段时期的绿色经济存在显著的空间自相关性。2012 年后，Moran 指数值有一个连续时段的上升趋势，可以推测该阶段的环境因素可能存在一个自身或者外界的刺激，这很大可能与国家颁布的环境规制政策数量增多有关。中国在 2006 年加大了环境规制政策的发布力度,从外界因素的角度对环境污染问题加以规制,同时由波特假说可知,受两者时间滞后性的影响,这会引起 2006 年后 Moran 指数的上升。因此,绿色经济的 Moran 指数值的增长趋势与国家颁布的环境规制相关政策有着必然的联系与影响。

全局空间自相关性检验能够进一步判断中国不同年份绿色经济发展程度的高低属性,本节采用 Moran 指数散点图来考察不同年份绿色经济个体对全局空间的相关性影响。根据相关文献与理论可知,Moran 指数散点图的坐标主要分为了"高—高""低—低""低—高""高—低"四个象限,其中,散点落在前两个象限内的城市代表绿色经济的空间关联模式为正相关关系,落在后两个象限内则代表空间关联模式表现为负相关关系。在本节中,有关绿色经济相关性的 Moran 指数散点图如图 5-3～图 5-5 所示。图中横纵坐标的数值均代表 Moran 指数与平均值的差。

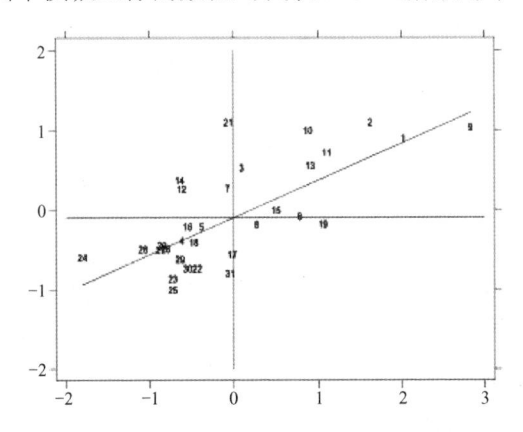

图 5-3　1999 年绿色经济 Moran 指数散点图

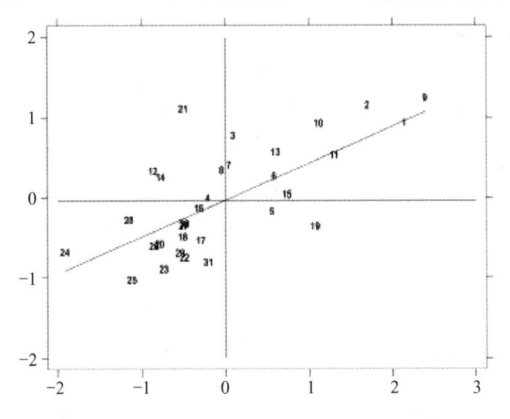

图 5-4　2007 年绿色经济 Moran 指数散点图

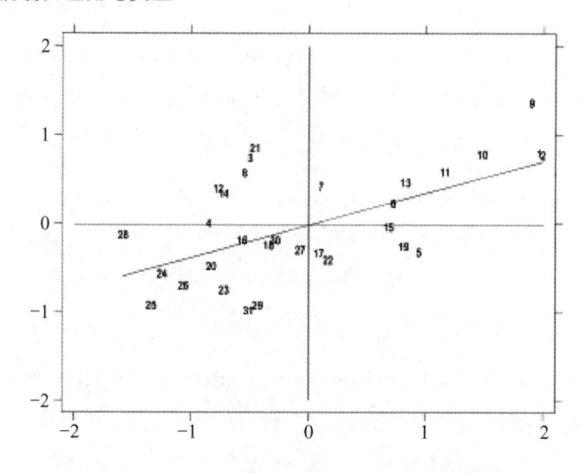

图 5-5　2016 年绿色经济 Moran 指数散点图

图 5-3、图 5-4、图 5-5 分别是中国 1999 年、2007 年和 2016 年绿色经济 Moran 指数散点图。可以看出，1999 年与 2007 年绝大部分省域的绿色经济 Moran 指数散点分布在第三象限"低—低"与第一象限"高—高"中，也就是说绿色经济水平在局部相关性上基本都是正相关的。同时，在 1999 年到 2016 年的三个散点图中，散落在负相关性象限内的省份个数分别为 9、7 和 9，说明各省份的正相关数量呈现一个先上升后下降的趋势。这可能是由于 1999—2007 年环境规制力度较弱，绿色经济发展呈现一个明显的正向趋势，而 2007 年后，受强环境规制的影响，绿色经济水平稍有下降，但随着时间的推移，绿色经济水平将又会呈现增长趋势。

三、回归结果分析

在进行模型实证之前，需对模型适用的空间计量类型进行判定。LM 检验主要用于检验方程的残差项是否存在空间自相关性，并且在方程存在滞后项的情况下仍有效，因此 LM 检验在本节模型中是适用并且合理的。本节正是通过空间滞后模型和空间误差模型的 LM 检验来选择统计量适合使用的空间计量模型，可以看到指标均通过了 LM 显著性检验。

（一）环境规制对绿色经济增长的直接影响

为研究环境规制与绿色经济两者之间的直接影响，本节以环境规制指标为自变量,绿色全要素生产率为因变量,选取了贸易水平、外商直接投资、市场化程度、产业规模、人力资本、要素禀赋作为控制变量建立模型。

1. 概述

根据两种模型的 LM 检验可以看到,空间滞后最大似然,(LM-LAG)统计量的 P 值为 0.533,大于 0.1,空间误差最大似然(LM-ERR)统计量的 P 值为 0.000。这说明空间误差模型的结果相较于空间滞后模型更具有可信度。

2. 环境规制因素

（1）总体

无论是空间误差模型还是空间滞后模型,空间和时间固定效应（STF）检验均显示了两者的作用效果在 1% 的水平下显著为正,验证了随着环境规制水平的提高,绿色经济的增长效果会越来越强。

（2）短期

在 TF 检验中,该因素以 5% 的水平显著为正,该显著性相较于空间固定效应（SF）检验稍稍变弱,这可能是存在时间滞后性,所以两者之间的影响效果在短期内并不能产生明显的正向关系。

（3）长期

随着时间的推移明显的正相关性逐渐呈现,这验证了前文讨论的环境规制会导致绿色经济呈现出"U"形增长趋势的理论。另外,在 STF 检验中,环境规制又回到了在 1% 的水平下显著为正,这说明双效应模型中空间效应大于时间效应,即环境规制带来的空间相关性（如由邻近省份的环境规制溢出效果）大于时间效应,这种情况说明了趋同效应和空间依赖性存在在各省域的影响关系中。

3. 贸易水平因素

（1）总体

无论是空间误差模型还是空间滞后模型,贸易水平因素对绿色经济增长的影响均具有显著性。同时,负的系数也进一步说明了贸易水平对绿色经济增长存在着负的相关性,随着贸易水平的提高,可能会抑制绿色经济水平的增长。产生这种现象的原因可能是由于贸易活动的增加,相应造成了环境污染程度的增强,从而抑制了绿色经济水平的发展。

(2) 短期

由于空间误差模型具有更高的可信度,在空间误差模型的时间固定效应(TF)检验中,关于贸易水平的最高显著性水平为5%,稍低于SF检验1%的显著性水平,说明贸易水平的短期发展,在一定程度上会促进绿色经济增长。

(3) 长期

随着时间的推移,贸易水平愈加成熟,对绿色经济增长的作用也更为显著,另外还可以推测贸易水平在发展的同时也会带来一定的环境污染。

4. 外商直接投资因素

(1) 总体

无论是空间误差模型还是空间滞后模型,外商直接投资因素均以1%的水平显著为负,说明外商直接投资因素和绿色经济增长之间存在一定的负相关性,外商直接投资所占的比重越高,绿色经济水平增长的程度会相应有所下降。这可能是由于外商直接投资因素带来发展的同时也带来了环境问题,从而产生的环境规制抑制了该省域的绿色经济发展水平。

(2) 短期

从TF检验结果发现,外商直接投资因素的显著性水平为5%,说明外商直接投资在短期内会一定程度地促进绿色经济的增长。

(3) 长期

尽管从SF检验结果发现,外商直接投资因素对绿色经济的增长并不显著,但在STF检验中外商直接投资因素的显著性水平变为1%,说明外商直接投资因素的时间效应是绿色经济增长的重要影响因素,进一步说明随着时间的推移,外商直接投资因素能够显著促进绿色经济发展,同时空间效应也是造成这一结果的原因。

5. 市场化程度因素

(1) 总体

无论是空间误差模型还是空间滞后模型,市场化程度因素都在1%的水平下显著为正,这表明市场化程度因素对绿色经济增长的影响非常大,市场化程度越高,绿色经济发展水平越高。这也正说明随着市场化程度的加深,伴随的环境污染状况可能带动了环境规制政策的实施,逐渐加强的环境规制随着时间的推移会提升市场生产技术与效率，随之也提高了绿色经济水平。

（2）结果

根据 LM 检验可知，空间误差模型的结果相较于空间滞后模型更具可信度。在空间误差模型中，无论是从短期还是长期来看，市场化程度因素与绿色经济增长之间都呈现出显著的正向关系，从而进一步推断出，市场化程度因素在时间与空间效应上都会对绿色经济的增长带来明显的正向作用。

6. 产业规模因素

（1）总体

无论是空间误差模型还是空间滞后模型，产业规模因素与绿色经济增长之间都不具有显著的相关性，这表明产业规模并不是影响绿色经济发展水平的主要因素，但是正的系数可说明产业规模与绿色经济增长之间存在着正向相关性，产业的规模越大，绿色经济发展水平越高。造成这种现象的原因可能是随着产业规模的扩大，企业为追求更高的效益与利润，选择了排放污染的低成本发展模式而不是采取创新激励的高成本发展模式。

（2）短期

正是由于呈现的产业规模与绿色经济增长之间并不显著的相关性，通过以低成本发展模式进行产业规模的扩大势必会造成环境污染程度的加剧，短期内对绿色经济增长会起到抑制作用。

（3）长期

由于存在时间滞后性，要想通过环境规制手段来抑制由于产业规模的扩大而引起的污染需要一段时间的积累，所以尽管在长期发展中两者可能存在正向的相关性，但这种关系较难体现。

7. 人力资本因素

（1）总体

无论是空间误差模型还是空间滞后模型，人力资本因素都在 1% 的水平下显著为正，这表明了人力资本因素对绿色经济增长产生了显著影响，人力资本投入比重越大，绿色经济发展水平随之也越高。

（2）短期

在空间误差模型的 TF 检验中，人力资本因素以 1% 的水平显著，由此可知，人力资本因素对绿色经济增长有显著的促进作用。

（3）长期

SF检验以5%的水平显著，而STF检验的显著性水平为1%，说明人力资本因素的时间效应显著于空间效应，同时随着人力资本的长期累积会进一步促进绿色经济增长。这可能是由于在某一地区投入了大量的人力资本后，可以对该地区环境污染进行切实有效的治理，也可以通过创新激励进行改革发展。然而由于空间效应影响，某一地区的人力资本投入也必然会对周边地区带来一定程度的影响，但人力资本带来的时间效应还是占主导地位，并对绿色经济增长产生显著的正向影响。

8. 要素禀赋因素

（1）总体

无论是空间误差模型还是空间滞后模型，要素禀赋因素与环境污染之间都不具有显著的相关性，这表明了要素禀赋因素并不是影响绿色经济发展增长的主要因素，同时正的系数说明了要素禀赋与绿色经济增长之间存在着正向相关性，要素禀赋越充分，绿色经济发展水平就越高。

（2）短期

由TF检验可知，要素禀赋因素与绿色经济之间存在显著相关性，也就是短期内要素禀赋因素与绿色经济发展存在着明显的正向关系。

（3）长期

在SF与STF检验中之间不存在显著相关性，说明尽管要素禀赋短期内在很大程度上促进了市场化要素禀赋因素与绿色经济程度的加深，伴随的环境污染状况可能带动环境规制政策的实施，逐渐加强的环境规制随着时间的推移会提升市场生产技术水平与效率，随之也发展了绿色经济。根据LM检验结果可知，空间误差模型的结果相较于空间滞后模型更具可信度。在空间误差模型中，无论是从短期还是长期来看，要素禀赋因素与绿色经济增长都呈现出显著的正向关系，从而进一步推断出，要素禀赋因素在时间与空间效应上都会对绿色经济的增长带来明显的正向作用。

（二）环境规制对绿色经济增长的间接影响

通过环境规制对绿色经济增长的直接影响回归估计可知两者存在显著的相关性。同时波特假说可知，受创新激励因素的影响，两者之间还存在一定的间接作用与影响。为进一步研究两者之间的间接影响，本节在控制变量中加入新的创新激励变量，以更好地观察三者之间的相应关系。

1. 概述

由空间误差模型与空间滞后模型的 LM 检验可以看到，LM 检验下的统计量的 P 值均小于 0.1。这说明空间误差模型与空间滞后模型的结果同样具有可信度，这进一步验证了环境规制促进了绿色经济的增长。

2. 创新激励因素

（1）总体

两种模型均体现了创新激励因素对绿色经济的增长具有正向的显著性，且在 1% 的水平下显著。也就是说，加入的创新激励的程度越大，绿色经济增长的程度也越高，体现了创新激励是影响绿色经济增长的重要因素。

（2）结果

加入创新激励因素后，在创新投入、创新产出与创新环境上进行了一定程度的改革，不仅能够有效地降低生产成本，并且能够抑制环境污染现状。因此，无论是从短期还是长期来看，创新激励因素一方面能够直接提升绿色经济水平，另一方面则能够通过提升生产效率间接提升绿色经济水平，所以创新激励因素是促进绿色经济增长的重要指标。

3. 环境规制因素

（1）总体

加入创新激励因素后，两种模型中的环境规制因素对绿色经济增长的影响均在 1% 的水平下显著为正，体现了环境规制因素与绿色经济增长之间存在正向相关性。

（2）结果

加入创新激励因素后，环境规制因素在空间滞后模型的 TF 与 STF 检验中，其显著性水平由 5% 提升至 1%，说明加入创新激励因素后，无论是短期还是长期内，都实现了环境规制因素与绿色经济增长之间促进作用的显著提升。这可能由于加入创新激励后实现了多角度抑制环境污染，从而使相同程度的环境规制对绿色经济的发展产生了更为显著的正向作用。也就是说，加入创新激励因素后，环境规制因素对绿色经济增长产生了更显著的间接影响。

4. 贸易水平因素

（1）总体

加入创新激励因素后，两种模型中的贸易水平因素对绿色经济增长影响的显著性均有一定程度的提高，但空间误差模型的显著性变化相差不大。

（2）结果

加入创新激励因素后，空间滞后模型中的 SF 检验的显著性水平由 5%提升至 1%，TF 与 STF 检验的显著性水平相差不大，说明了贸易水平受创新激励因素影响，尽管在空间相关性上对绿色经济的增长会带来更显著的负向影响，但在时间效应模型中，无论是从短期还是长期来看，贸易水平对绿色经济增长并没有因为加入创新激励因素而产生负向影响。造成这种现象的原因可能是由于存在时间滞后性，创新激励因素势必会导致短时间内生产成本的提高，并且由于短时间内的环境规制成果并不显著，高成本和环境污染状况会抑制绿色经济的发展。

5. 外商直接投资因素

（1）总体

加入创新激励因素后，两种模型中的外商直接投资因素与绿色经济增长之间的显著性关系并未发生明显的变化，外商直接投资仍对绿色经济的增长产生了一定的负向影响。

（2）结果

加入创新激励因素后，空间误差模型中的 TF 检验的显著性水平由 5%变为 10%，说明外商直接投资因素在短期和长期上都对绿色经济增长产生促进作用。这可能是由于加入创新激励因素能够在更大程度上吸引外商直接投资，从而进一步得到更加全面具体的发展。但是这种发展有利也有弊，在经济利润得到提升的同时，也带来了相应程度的环境污染，由此产生的环境规制势必也会抑制当地的绿色经济增长，故而外商直接投资因素在创新激励作用下仍对全国绿色经济发展产生显著的负向影响。

6. 市场化程度因素

（1）总体

加入创新激励因素后，两种模型中的市场化程度因素都对绿色经济增长具有显著性，即市场化程度越高，绿色经济水平也会越高。

（2）结果

加入创新激励因素后，无论从短期还是长期来看，市场化程度因素与绿色经济增长间的显著性水平由1%降至5%且系数均为正数，说明受创新激励因素的影响，市场化程度因素对绿色经济增长的影响程度变弱。这可能是由于加入创新激励后，降低生产成本占据了更大的投入比重与精力，同时通过创新激励手段降低生产成本的方式来扩大市场化程度的过程是具有时间效应的，由于时间的滞后性，加入创新激励后，市场化程度因素对绿色经济发展水平的间接影响较之前会有所降低。

7. 产业规模因素

（1）总体

加入创新激励因素后，两种模型中的产业规模因素对绿色经济增长的影响仍均不具有显著性，表明尽管加入创新激励因素，产业规模仍不是影响绿色经济增长的主要因素，正的系数则说明产业规模受创新激励因素的影响，对绿色经济的发展存在着正向作用。

（2）结果

在STF检验中，产业规模在创新激励的作用下以10%的水平显著，造成这种现象的原因可能是创新激励能够降低生产成本，尽管在短期内会有一定的正向影响，但由于受时间滞后性影响，产业规模对绿色经济的增长并没有立刻产生显著的影响，不过从长期发展来看两者之间可能会存在显著的正相关性。

8. 人力资本因素

（1）总体

加入创新激励因素后，两种模型中的人力资本因素对绿色经济增长的影响仍都具有显著性，表明在加入创新激励因素后，人力资本仍然是影响绿色经济增长的重要因素，且正的系数说明人力资本因素对绿色经济增长的影响非常大，人力资本投入比重越大，绿色经济发展水平越高。

（2）结果

从模型的TF与STF检验结果可以看到，人力资本因素对绿色经济增长的显著性由1%的水平降至5%，说明在加入创新激励后，短期或长期的人力资本因素的影响程度有所降低。这可能是由于增加了创新激励，投入并占用了部分人力资本进行降低成本改革，对绿色经济的增长带来相应的影响，也就是说在加入创新激励因素后，人力资本因素对绿色经济增长的影响减弱。

9. 要素禀赋因素

（1）总体

加入创新激励因素后，两种模型中的要素禀赋因素对绿色经济增长的影响仍并不具有显著性，表明加入创新激励因素后，要素禀赋仍不是影响绿色经济增长的主要因素，但是正的系数则说明了加入创新激励后，要素禀赋因素与绿色经济发展之间存在着正向相关性，也就是说要素禀赋越充分，绿色经济发展水平就越高。

（2）结果

从模型的 TF 检验结果可知，要素禀赋受创新激励因素影响，其显著性由 1% 的水平变为 10%，说明无论是从短期还是长期来看，随着创新激励的加入，要素禀赋在一定程度上促进了绿色经济的增长。

四、稳健性检验

本节通过空间误差模型和空间滞后模型对环境规制对绿色经济增长的直接影响与间接影响分别进行了回归结果估计，并针对相关控制变量进行了讨论分析。为了对回归结果的稳健性有一个更好的认识，本节选取了一个经济距离空间矩阵，重新对环境规制与绿色经济增长相关指标进行回归结果稳健性分析。

可以发现，当重新选取一个经济距离空间矩阵后，研究两者影响关系的控制变量的回归结果具有相当程度的稳健性，从而进一步证明了结果与本节的相关结论的准确性。无论是两者间的直接影响，还是加入创新激励后的间接影响均呈现了一个显著的正向关系，同时，与环境规制和绿色经济增长相关的控制变量在研究过程中也呈现出对应关系。

第六章
技术经济与绿色经济增长实证研究

第一节　区域技术经济能力评价

一、区域技术创新能力指标体系构建

（一）指标选取的原则

构建评价指标体系前必须先明确指标选取的原则，只有在遵循指标选取原则的基础上，才能构建具有操作性且合理的区域技术创新能力评价指标体系。笔者主要遵循以下四个原则。

1. 稳健性原则

稳健性原则要求指标的有效性不会引起争议，也就是说应当选取与技术创新活动有直接关联的指标，如"R&D人员全时当量""专利申请授权数"等作为技术创新能力的评价指标是被普遍认可的，但"新增就业机会"就很容易引起争议，因为新增就业机会往往与整个宏观经济环境有关，很难界定是否直接由技术创新导致，因此该指标不适合作为区域技术创新能力的评价指标。

2. 一致性原则

一致性原则要求指标意义以及指标统计口径一致，以保证同一指标数据具有可比性。区域技术创新能力指标的数据通常是从年鉴或公开发布的报告中获得的二手数据，要保持指标的一致性，就要求同一指标数据来源于同种年鉴或者由同一部门搜集统计，并且保持统计标准不变。

3. 可操作性原则

指标的可操作性主要体现在三个方面。一是数据的可量化性，选择的指标应为定量指标，以确保可以进行定量评价；二是数据的可获取性，即选择的指标数据比较容易获取，评价区域技术创新能力，涉及的全部是宏观数据，因此所设立的指标应该能够在年鉴上可以直接获得或能够通过年鉴中的指标计算得到；三是指标的简洁性，区域技术创新能力评价指标不是越多越好，而应尽量选取比较有代表性的指标，在确保真实的同时，简化评价工作。

（二）区域技术创新能力构成分析

在熊彼特开启创新研究后形成了技术创新研究的"线性范式"，即"发明—开发—设计—中试—生产—销售"，该线性范式较好地诠释了企业技术创新活动的全过程。在这种范式下，企业通过技术创新投入获得一定的技术创新产出，即技术创新成果，建立起企业新的生产函数，便完成了技术创新。技术创新投入能力和技术创新产出能力即可构成企业的技术创新能力，但这种技术创新需要投入一定的资金和人力，并且蕴含着很大的风险，技术创新投入和技术创新产出之间往往呈非线性关系。因此，或是由于资金和人才的约束，或是出于对风险的规避，一些企业希望通过购买的方式直接获得其他企业的技术创新成果并应用到自身的生产经营系统中。此外，技术创新成果一旦应用到市场，很容易被其他企业学习、模仿，其商业价值迅速降低，因此，一些企业为了避免因被学习和模仿而失去技术创新成果原有的价值，也乐意将自身的技术创新成果转卖给其他企业，以快速获取技术创新回报。买方和卖方的存在，提供了技术扩散的基础，一旦技术创新成果交易完成，技术创新成果便从卖方企业扩散到买方企业，改变买方企业的生产函数，买方企业同样完成了技术创新，只是其技术创新的实现不是由技术创新投入引起的，而是由技术扩散引起的。因此，企业技术创新能力可由技术创新投入能力、技术创新产出能力以及技术扩散能力构成。

在区域宏观层面，区域通过技术创新投入取得一定的技术创新产出，即技术创新成果，建立新的区域生产函数，完成技术创新。但区域内部创新主体，或是由于资金和人力成本的约束，或是为了规避风险，会不断地从区域外部或区域内部其他创新主体处吸收技术创新成果，区域技术创新能力就可由技术创新投入能力、技术创新产出能力和技术扩散能力构成。因此笔者从技术创新投入能力、技术创新产出能力和技术扩散能力三个方面入手构建区域技术创新能力指标体系。

（三）区域创新能力指标体系

1. 技术创新投入能力

技术创新投入是技术创新活动的基础，人力和资金是技术创新活动的基本要素，因此在技术创新能力综合评价中，必须包含技术创新投入指标。国内外一般用"R&D 人员全时当量"作为技术创新人力资本投入的衡量指标，R&D 人员全时当量通过 R&D 人员的有效工作时间来折算 R&D 人员数量，比单纯从人员数量角度衡量技术创新人力资本投入更有效。"R&D 经费内部支出"是技术创新资金投入最常用的衡量指标。"R&D 投入强度（R&D 经费内部支出/GDP）"则从 R&D 投入力度的角度衡量技术创新投入水平，是当前国际上衡量一个国家技术创新投入水平的重要指标。因此，笔者选用"R&D 人员全时当量""R&D 经费内部支出""R&D 投入强度"三个指标衡量区域技术创新投入能力。

2. 技术创新产出能力

区域技术创新产出可分为直接技术创新产出和间接技术创新产出，直接技术创新产出即新知识、新技术或新产品，间接技术创新产出则是直接技术创新产出所带来的产值。在区域宏观层面，一般用论文数量衡量创造新知识的能力，同时兼顾论文的质量，国内多数学者选择"国际论文数"指标衡量区域创造新知识的能力。对于新技术的衡量，本文同样遵从国内多数学者的做法直接采用"国内专利申请授权数"指标。新产品产值是衡量技术创新产出创造产值的重要指标，一般选用"高技术产业新产品产值"指标。因此，笔者选用"国际论文数""国内专利申请授权数""高技术产业新产品产值"三个指标从直接和间接两方面衡量区域技术创新产出能力。

3. 技术扩散能力

在宏观层面，技术创新与技术扩散是紧密相连的，技术创新在很大程度上取决于技术扩散。将 R&D 活动引发的新发明引入生产经营系统中便完成了微观技术创新，但要实现宏观技术水平的提高，则需要对微观技术创新进行扩散。2002 年，中国科技发展战略研究小组给出了较为全面的区域技术扩散能力评价指标框架，认为区域技术扩散能力主要体现在以下四个方面：技术市场成交额、国内技术购买、国外技术引进和外商直接投资，笔者选用"技术市场成交额""工业企业购买国内技术经费支出""国外技术引进""外商直接投资（FDI）"四个指标衡量区域技术扩散能力。其中，技术市场成交额不仅涵盖了技术引进的内容，还包含了将技术扩散出去所获得的收益。

二、数据来源及处理说明

本节区域技术创新能力评价指标数据来源于《中国统计年鉴》（2005—2013年）、《中国科技统计年鉴》（2005—2014年）、《高技术产业统计年鉴》（2005—2013年）、《工业企业科技活动统计年鉴》（2006—2014年）以及《中国经济普查年鉴2004》。R&D经费内部支出、高技术产业新产品销售收入、工业企业购买国内技术经费支出、外商直接投资（FDI）、国外技术引进、技术市场成交额等以货币单位计量的指标均通过各区域消费价格指数折算为以2004年为基期的实际值，消除价格因素的影响。其中，以美元为计量单位的国外技术引进和外商直接投资这两个指标，均通过当年汇率换算为以人民币为单位的数值后再折算为基期值，消除汇率和价格因素的影响。

三、全局主成分分析法的优点

全局主成分分析法是能够避免主观随机因素影响评价结果的常用综合评价方法。首先，全局主成分分析法最大的优点就是能起到良好的降维效果，可以在尽可能保留原有数据所含信息的前提下，使用少数相互独立的指标来替代原有存在显著相关性的多数指标，简化评价工作；其次，全局主成分分析法赋予存在较大差异的指标较大的权重，赋予存在较小差异的指标较小的权重，从而使最终的评价结果能较好地体现评价对象间的差异；再次，全局主成分分析法能够很好地处理多重共线性的问题，在很多研究中，为了对事物进行全面客观地评价，往往需要选取尽可能多的指标，但是这些指标间常常存在一定程度的相关性，导致重复评价，影响评价结果的真实性；最后，全局主成分分析法是在主成分分析法的基础上发展而来的，能弥补主成分分析在动态综合评价中的局限性。运用全局主成分分析法评价区域技术创新能力，不仅能使任意空间截面上的个体技术创新能力具有可比性，而且使不同时期不同个体的技术创新能力也具有可比性。

在面板模型分析中，不仅要求变量在时间维度上可比，而且要求变量在空间维度上可比，否则分析结果就没有任何现实意义。考虑评价方法的客观性、评价指标的多重共线性以及评价结果要应用于面板模型分析，为确保面板模型分析结果真实可信，更好地揭示技术创新能力与区域绿色经济增长之间的关系，笔者选取基于主成分分析法的全局主成分分析法对区域技术创新能力进行综合评价，把不同时空的区域技术创新能力指标数据置于同一简化空间，确保评价结果的统一性、整体性和可比性。

四、区域技术创新能力评价

运用 SPSS 软件进行全局主成分分析，需要将原始截面数据按时序排列，建立全局数据表，然后对全局数据进行主成分分析。笔者将 2004—2012 年的截面数据按时序排列之后，运用 SPSS 软件进行全局主成分分析。

（一）相关性分析

全局主成分分析法被广泛用于指标间具有较强相关性的综合评价中，主要目的是进行数据降维。如果各指标间具有显著相关性，则可以考虑采用全局主成分分析法做综合评价，如果各指标间不存在显著相关性，采用全局主成分分析法评价，则不能达到很好的数据降维效果。因此，在使用全局主成分分析法之前，需要先分析指标的相关性，初步判断全局主成分分析法是否适用。

（二）KMO 检验和 Bartlett 球形检验

虽然相关性分析结果已经表明了指标间存在显著相关性，但是数据是否适用于全局主成分分析法，需要进行进一步的相关性检验。在全局主成分分析中指标相关性检验的方法主要有 KMO 检验和 Bartlett 球形检验。当 KMO 检验和 Bartlett 球形检验的结果不理想时，一般不考虑使用全局主成分分析法。

相关性检验结果的判断一般采用如下标准：KMO 在 0.9 以上，非常合适；KMO 在 0.8~0.9 之间，很合适；KMO 在 0.7~0.8 之间，合适；KMO 在 0.6~0.7 之间，不太合适；KMO 在 0.5~0.6 之间，勉强合适；KMO 在 0.5 以下，不合适。样本数据的 KMO 为 0.844，依据主观判断标准，可以选用全局主成分分析法。Bartlett 球形检验的原假设 H_0 的相关系数矩阵为单位矩阵，即各指标相互独立。如果 Bartlett 统计值的显著性概率小于等于 a（设定的显著性水平），则拒绝原假设 H_0，即各指标之间的相关系较强；反之，则接受原假设 H_0。样本数据 Bartlett 统计值的显著性概率为 0.000，拒绝原假设 H。指标显著相关，可以选用全局主成分分析法。综合 KMO 检验和 Bartlett 球形检验的结果，本书采用全局主成分分析法进行区域技术创新能力的综合评价。

（三）抽取主成分

全局主成分分析法抽取主成分的方法有两种，第一种是抽取特征值大于 1 的主成分；第二种是以累计方差贡献率高于某确定值为要求确定主成分，笔者选择第二种方法抽取主成分。当累计方差贡献率高于 85% 时，抽取的综合性指标就能很好地反映原指标数据的主要信息。依据此标准，笔者最终抽取 3 个主成分，累计方差贡献率为 87.65%。

（四）主成分系数

运用 SPSS 软件做主成分分析时，不能直接得到主成分系数矩阵，需要根据得到的主成分矩阵和各主成分特征值，计算主成分系数矩阵。

（五）区域技术创新能力评价结果

通过计算，笔者得到 3 个主成分各指标的系数，将标准化后的全局数据代入全局主成分表达式，并归一化方差贡献率以确定各主成分权重，最终得到 2004—2012 年中国 30 个省级区域的技术创新能力综合评价值，并从截面和时序两个维度进行了简要分析。

笔者通过分析发现，在评价期内，北京的技术创新能力基本处于最高水平，仅在 2012 年略低于江苏。从 2004 年到 2012 年，中国各区域的技术创新能力均有提高，但提高速度差异比较大。江苏和广东两地增速很大，增加值均在 5 以上，而青海、宁夏、海南增速很慢，增加值均未超过 0.1。从时间截面的极差来看，中国技术创新能力最强的省级区域与技术创新能力最弱的省级区域差距越来越大，中国技术创新能力的区域差距进一步拉大。图 6-1 给出了 2004—2012 年中国各地区平均技术创新能力趋势图。从图 6-1 可以发现，中国技术创新能力呈现出由东到西减弱的趋势，东部地区技术创新能力最强，中部地区次之，西部地区最弱。曲线的斜率代表了技术创新能力的提高速度，从技术创新能力的提高速度来看，依然呈现出由东到西依次递减的趋势，东部地区技术创新能力的提高速度明显高于中西部地区，中部地区的增速略高于西部地区。

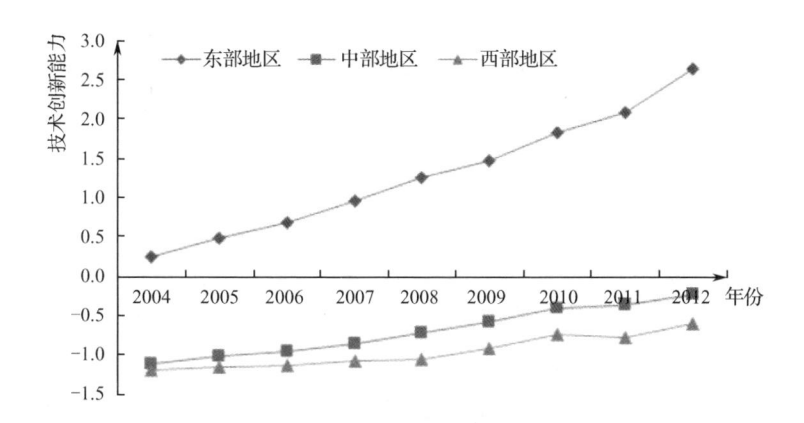

图 6-1 中国各地区平均技术创新能力趋势图

为进一步了解中国各地区技术创新能力的分布情况，整理出中国东部地区各省级区域在 2004—2012 年的平均技术创新能力，采用柱状图表示，如图 6-2 所示。可以看出，东部地区 9 年内技术创新能力最强的省级区域是北京，其次是江苏、上海、广东，最弱的是海南，广西的技术创新能力略高于海南，东部地区除了河北、福建、广西和海南以外，各省级区域的技术创新能力均是正值，处在全国领先地位。

五、聚类分析

运用 SPSS 软件对 2004—2012 年中国 30 个省级区域技术创新能力进行聚类分析，笔者选用系统聚类法，采用离差平方和计算类间距法，得到聚类谱系图，如图 6-3 所示。

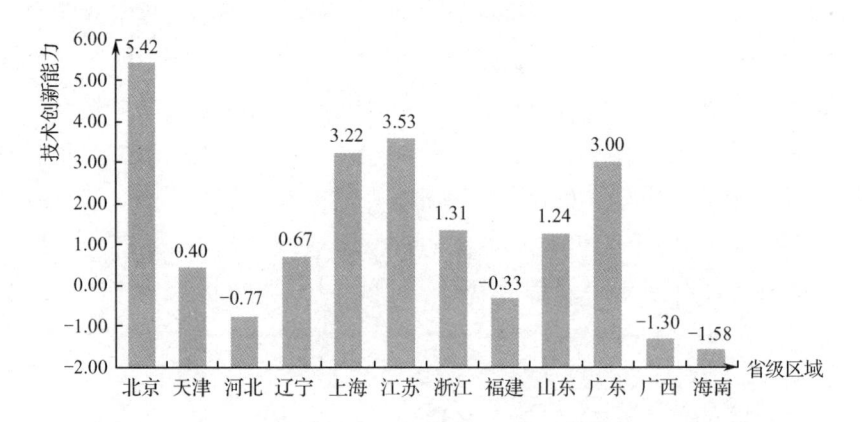

图 6-2　2004—2012 年中国东部各省级区域的平均技术创新能力

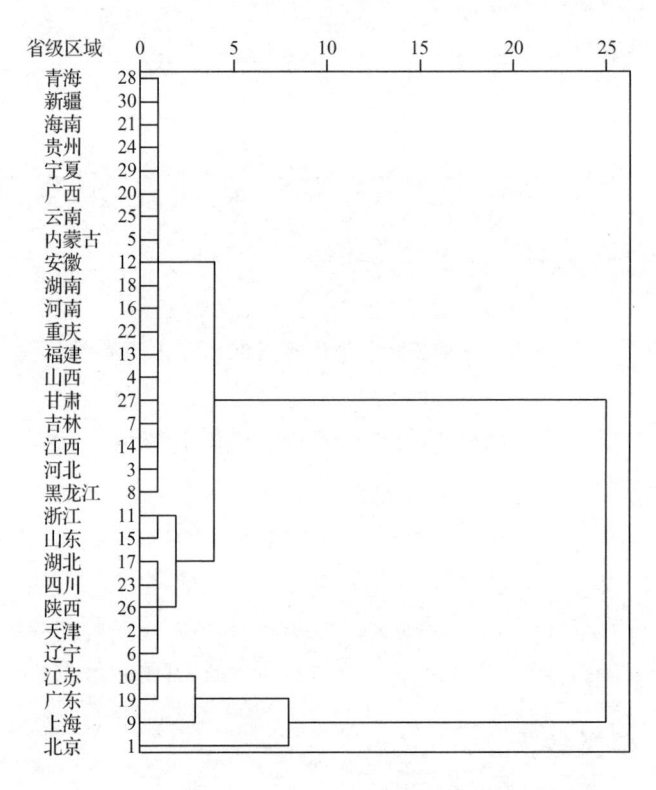

图 6-3　中国各省级区域技术创新能力聚类谱系图

根据图 6-3，可以简单将 30 个省级区域划分为四类。第一类：北京。第二类：江苏、广东、上海。第三类：浙江、山东、湖北、四川、陕西、天津、辽宁。第四类：青海、新疆、海南、贵州、宁夏、广西、云南、内蒙古、安徽、湖南、河南、重庆、福建、山西、甘肃、吉林、江西、河北、黑龙江。从分类结果来看，北京是技术创新能力强的省级区域，江苏、广东和上海是技术创新能力较强的省级区域，浙江、山东、湖北、四川、陕西、天津、辽宁是技术创新能力一般的省级区域，其余都属于技术创新能力较弱的省级区域。

第二节 区域 GGDP 核算

GDP 是目前世界各国国民经济核算体系中的重要指标，用来衡量一个国家或地区的国民经济增长水平。然而，现行 GDP 指标只考虑了经济活动创造的产出，忽视了经济活动所造成的自然资源耗减和环境恶化等问题。在经济增长面临资源环境压力的局势下，GGDP 的概念应运而生。

一、GGDP 核算思路及应用

国内外学者普遍认为将 GGDP 作为衡量一个国家或地区经济发展的重要指标，对于促进经济、社会、环境可持续发展具有重要作用。从 20 世纪 70 年代开始，不少政府、组织和学者就开始进行以 GGDP 为核心的国民经济核算研究，一些国家或地区甚至已经尝试公开发布 GGDP 核算结果。

（一）GGDP 核算思路

GGDP 的定义目前主要有两种：一种基于资源损耗和环境污染，另一种基于生态系统服务价值。笔者基于资源损耗和环境污染定义 GGDP，这种定义下的 GGDP 核算又存在两种主要的不同观点。一种观点认为，只需要在现行 GDP 的核算框架下，增加资源环境账户，在现行 GDP 的基础上扣减经济活动造成的资源损耗成本和环境污染损失成本，得到的数值就是 GGDP，这种方法核算出来的 GGDP 是一个绝对值。另一种观点则认为，GGDP 应该是一个相对值，可以通过资源环境相对效率进行核算。例如，目前国内比较权威的 GGDP 报告《中国 300 个省市绿色经济和绿色 GDP 指数》中的 GGDP，便是通过资源环境相对效率核算 GGDP。笔者采用第一种核算方式核算区域 GGDP。

（二）国外 GGDP 核算应用

早在 20 世纪 70 年代国外就有学者开始了 GGDP 核算研究。1987 年，挪威政府统计局编制了包括能源、矿产、森林、渔业和土地使用等主要项目的自然资源核算账户，并公开发布了《挪威自然资源核算报告》。芬兰于 20 世纪 90 年代初开始对森林资源的价值进行核算。日本基于联合国环境经济综合核算体系（SEEA）于 1999 年首次发布 GGDP 核算结果，并于 2000 年修正了该结果。

（三）国内 GGDP 核算应用

在国内，过孝民等主持的"六五"计划经济损失研究项目最早开始对中国环境污染的经济损失进行全面研究。雷明教授基于现行的 GDP 核算方法，建立了比较系统的 GGDP 投入产出核算理论体系。北京哲学社会科学"九五"重点课题——《以 EPD 为核心指标的国民经济核算体系研究》核算了北京市 1997 年的 GGDP。1997 年，北京市按生产法计算的 GGDP 占 GDP 的比重为 74.94%，按支出法计算的 GGDP 占 GDP 的比重为 75.75%。

二、区域 GGDP 核算内容与方法

（一）自然资源损耗成本核算

1. 核算对象

在经济活动中，自然资源的投入主要包括耕地资源、森林资源、能源、水资源、矿产资源。由于没有矿产资源损耗的统计数据，所以多数国内 GGDP 核算研究文献中均未考虑矿产资源损耗成本。另外，虽然经济活动会造成森林面积和耕地面积的减少，但是由于森林和耕地保护有关政策的实施，整体而言，近年来，中国各区域森林面积和耕地面积的变化量较小，对 GGDP 核算结果的影响很小。鉴于数据无法获得和影响较小，参照现有文献的做法，在核算中，不考虑矿产资源、森林资源和耕地资源。因此，在自然资源损耗成本核算中，本节仅对能源、水资源进行核算，并取标准煤的消费量作为能源的损耗量。

2. 核算方法

不同类型自然资源的损耗成本有不同的核算方法，针对不可再生资源，如能源、矿产资源、水资源等，目前主要有市场定价法、成本定价法、补偿费用法。

（二）环境污染损失成本核算

1. 核算对象

环境污染损耗成本主要包括环境退化成本、环境保护支出和自然灾害损失。环境退化成本主要核算"三废"（废气、废水和固定废弃物）排放和 CO_2 排放导致的环境退化。环境保护支出应当包括城市环境基础设施投资、工业污染源投资和建设项目投资三方面内容。由于环境保护支出的后两项投资由企业出资，在 GDP 核算时已经被当作成本纳入核算体系，因此，在核算 GGDP 时只需核算由政府投入的城市环境基础设施投资部分。理论上，自然灾害损失核算包括直接经济损失和间接经济损失，但考虑到核算的难度，在现有研究中，一般只核算直接经济损失。

2. 核算方法

关于环境退化成本，主要的核算方法有维护成本定价法，该方法假设环境污染造成的损失相当于环境治理成本。而事实上，环境污染造成的损失远高于污染治理成本。

（三）区域 GDP 核算公式

根据上述核算方法和数据，最终笔者建立 GGDP 的核算公式如下：

$$GGDP_{it} = GDP_{it} - RLC_{it} - EPC_{it}$$

$$RLC_{it} = EC_{it} * p + WC_{it} * dc$$

$$EPC_{it} = (\sum PE_{itj} * epc_j) + UII_{it} + NDL_{it}$$

其中，$GGDP_{it}$ 为 i 区域 t 年的绿色 GDP，GDP_{it} 为 i 区域 t 年的实际现行 GDP，RLC_{it} 为 i 区域 t 年的资源损耗成本，EPC_{it} 为 i 区域 t 年的环境污染损失成本，EC_{it} 为 i 区域 t 年的能源消费总量（以标准煤计算），p 为 2004 年标准煤的价格（1133 元/吨），WC_{it} 为 i 区域 t 年的用水总量，dc 为 2004 年的水资源单位耗减价值（0.135 元/立方米），PE_{itj} 为 i 区域 t 年 j 污染物的排放量，epc_j 为 j 污染物的单位退化成本，UII_{it} 为 i 区域

t 年的城市环境基础设施投资，NDL_{it} 为 i 区域 t 年的自然灾害直接经济损失。

（四）数据来源及处理说明

考虑统计数据的完整性，笔者只核算中国 30 个省级区域（西藏除外）2004—2012 年的 GGDP。这些数据主要来源于《中国统计年鉴》（2005—2013）、《中国环境统计年鉴》（2005—2013）、《中国能源统计年鉴》（2005—2013）。由于无法直接获取 CO_2 排放数据，因此笔者参照国内外比较常用的方法，通过区域各能源的消费数据间接核算各区域 CO_2 排放量，具体核算方法将在二氧化碳排放量的核算中详细介绍。另外，由于《中国环境统计年鉴》统计指标的调整，不能直接获得 2011 年、2012 年各地区的烟尘排放量和工业粉尘排放量，而二者的单位环境退化成本相差较大，为了保证 GGDP 核算的精确度，笔者将对这两年烟尘排放量和工业粉尘排放量两个指标的数据进行处理。2011 年、2012 年的工业固体废弃物产生量由一般工业固体废弃物产生量和危险废弃物产生量加总得到。将以货币计量的城市环境基础设施投资、自然灾害直接经济损失以及 GDP 通过各区域的消费价格指数折算为以 2004 年为基准的值。

1. 二氧化碳排放量的核算

目前，国内并没有公布有关 CO_2 排放量的统计数据，参照国内外常用的估算方法，可以通过各能源消费数据估算区域的 CO_2 排放量。笔者利用《中国能源统计年鉴》报告的 9 种能源的消费数据估算各区域的 CO_2 排放量，具体估算公式如下。

$$CDE = \sum_{i=1}^{9} E_i * SCF_i * CEF_i$$

其中，CDE 表示二氧化碳排放量，E_i 表示能源 i 的消费量，SCF_i 表示能源 i 的折标准煤系数，CEF_i 表示能源 i 的碳排放系数。

在国内的文献中，除电力以外的其他 8 种能源的碳排放系数差异很小，基本可以忽略不计，笔者直接参考李志国等学者的研究结果，而电力的碳排放系数存在较大争议，因此，有关电力的碳排放系数笔者将参照权威部门公布的数值。日本能源经济研究所公布的电力碳排放系数为 0.2900，温室气体控制项目公布的电力碳排放系数为 0.2860，本书中的电力碳排放系数取两者的均值，即 0.2880。各能源的折标准煤系数参照《中国能源统计年鉴》给出的参考值。

2. 烟尘与工业粉尘排放数据处理

从 2012 年开始，《中国环境统计年鉴》中各地区的"烟尘排放量"和"工业粉尘排放量"两个指标被合并为同一个指标"烟（粉）尘排放量"。考虑到烟尘排放量和工业粉尘排放量的单位退化成本差异较大，为保持核算的一致性和精确性，笔者对 2011 年和 2012 年的烟（粉）尘排放量数据进行处理，将合成指标分解为烟尘排放量和工业粉尘排放量。对之前年份的相关数据进行分析，可以发现，烟尘排放量/烟（粉）尘排放量这一比值存在明显的地区特征，即不同的地区之间会有明显的差异，而同一地区不同年份中，这个比值相对比较稳定。因此，笔者通过对邻近的两年取均值的方法来估计 2011 年、2012 年的比值。虽然以 2011 年的估计值去估计 2012 年的值会影响结果，但鉴于数值本身趋于平稳，笔者认为这不会对结果造成太大影响。

（五）区域 GGDP 核算结果及分析

为进一步了解 2004—2012 年中国 30 个省级区域经济增长的绿色水平差异及变化趋势，笔者用 GGDP 占 GDP 的比值作为区域经济增长绿色水平的指标，GGDP/GDP 的值越大，说明该区域经济增长的绿色水平越高；反之，则说明该区域经济增长的绿色水平越低。

从图 6-4 中可以看出，中国东部地区经济增长的平均绿色水平相对较高，中部地区次之，西部地区最低。说明中国东部地区经济增长对资源环境的依赖程度较低，西部地区经济增长对资源环境的依赖程度较高。这是因为中国东部地区第三产业比较发达，而西部地区经济增长主要源于第二产业，第三产业比第二产业要高效、清洁很多。同时，东部地区技术较为先进，东部地区工业企业节能减排能力强于西部地区的工业企业。但从绿色水平变化趋势来看，西部地区平均绿色水平提高得比较快，中部地区次之，东部地区比较缓慢。这是因为西部地区本身平均绿色水平比较低，经济发展对资源环境的依赖程度高，绿色经济政策和绿色技术的作用会更为明显。

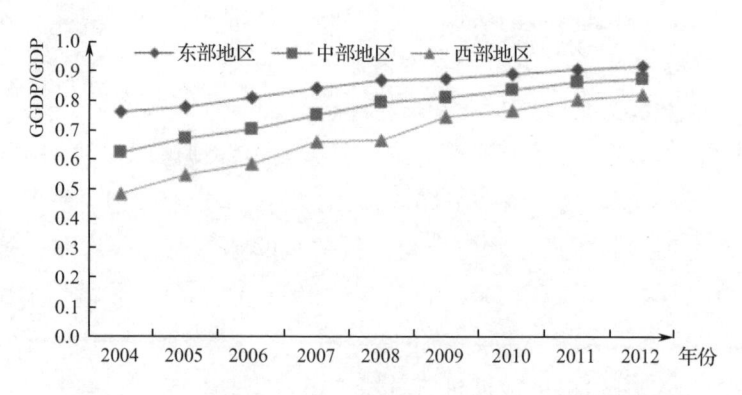

图 6-4 2004—2012 年中国各地区平均绿色水平趋势图

第三节 技术经济与绿色经济增长实证分析

一、技术创新与绿色经济增长面板模型初步设定

本章第一节已经综合评价了 2004—2012 年中国 30 个省级区域的技术创新能力，得到了各省级区域的技术创新能力得分值。第二节已经核算出了 2004—2012 年中国 30 个省级区域的 GGDP。笔者将通过检验建立合适的面板数据模型，运用 2004—2012 年中国 30 个省级区域的面板数据，研究技术创新能力对区域绿色经济增长的影响。

区域技术创新能力是一个综合评价值，评价指标体系中的指标在一定程度上已经反映了人力资本投入和物质资本投入，如依据内生经济增长模型，在模型中再加入物质资本和人力资本作为控制变量会产生多重共线性，笔者研究的目的是观察技术创新对各区域绿色经济增长的影响，因此解释变量之间不能存在严重的多重共线性，否则会严重影响回归结果的真实性，基于以上原因，笔者选择技术创新能力（公式中用 tic 表示）作为解释变量，面板模型初步设定如下：

$$y_{it} = \alpha_i + \beta_i + tic_{it} + \mu_{it}$$

二、技术创新与绿色经济增长面板模型设定及检验

（一）单位根检验

在经济领域，大多数时间序列观测值都是非平稳的，会随着时间推

移保持长期的递增或递减趋势，它们通常表现出共同的变化趋势，对这些数据进行回归分析会有较高的拟合度，但这些时间序列本身不具有关联性，这样的回归结果是没有实际意义的，即出现所谓的伪回归。因此，为了避免伪回归，确保估计结果有意义，必须先检验时间序列的平稳性。

实践中，一般采用单位根检验来判定时间序列的平稳性。单位根检验包括相同根情形和不同根情形两种检验。相同根情形单位根检验的原假设 H_0 为面板数据各截面都具有一个相同的单位根。不同根情形单位根检验则是对面板数据的不同截面分别进行单位根检验，并综合各截面的检验结果构造统计量，以判断整个面板数据是否含有单位根。Eviews7.2（一种经济数据分析软件）中对于单位根检验的方法有四种，分别为：Levin-Lin-Chu（LLC）检验、Im-Pesaran-Skin 检验、Fisher-ADF 检验、Fisher-PP 检验。

为避免使用一种检验方法进行检验所带来的误差，笔者同时选用 Levin-Lin-Chu 检验、Im-Pesaran-Skin 检验、Fisher-ADF 检验、Fisher-PP 检验四种方法对面板数据进行单位根检验。取置信度为 5%，若在 5% 的显著性水平下，四种检验同时拒绝原假设，则认为时间序列是平稳的，反之，则认为时间序列是非平稳的。分别对变量 LNGGDP、tic 进行单位根检验，单位根检验结果见表 6-1（**表示在 5% 的水平下显著）。

表 6-1 单位根检验结果

序列	LLC	IPS	ADF-Fisher	PP-Fisher	平稳性判定
LNGGDP	-7.23624**	1.55230	44.3781	154.191	非平稳
tic	8.52138	8.11571	25.8718	22.8659	非平稳
ΔLNGGDP	-17.0387**	-8.23448**	193.166**	226.214	平稳
Δtic	-14.02747**	-5.07475**	138.981**	145.648**	平稳

综合分析表 6-1 的结果得知，LNGGDP 与 tic 的单位根检验都接受原假设，即 LNGGDP 与 tic 均存在单位根。而 △LNGGDP 与 △tic 都拒绝了原假设，即 LNGGDP 与 tic 均不存在单位根。检验结果表明，样本中变量 LNGGDP 与 tic 都是一阶单整，所以 LNGGDP 与 tic 之间可能存在协整关系。

（二）协整检验

通过面板数据的单位根检验发现，LNGGDP 与 tic 都是一阶单整，存在协整关系的可能，因此可以进行协整检验，检验是否存在 LNGGDP 与 tic 的某种平稳的线性关系，即 LNGGDP 与 tic 是否存在长期均衡关系。

面板数据协整检验的方法有两大类：一类建立在 Engle and Ganger 二步法检验的基础上，主要包括 Pedroni 在 1999 年提出的 Pedroni 检验和 Kao 在 1999 年提出的 Kao 检验；另一类建立在 Johansen 协整检验的基础上，由 Maddala 等在 1999 年提出的 Johansen 面板协整检验。笔者采用 Pedroni 在 1999 年提出的 Panelv-Statistic、Panel rho Statistic、Panel PP-Statistic、Panel ADF Statistic、Group rho-Statistic、Group PP-Statistic、Group ADF Statistic 7 个统计量检验变量之间是否存在协整关系。检验原假设 H_0 为变量间不存在协整关系。

（三）固定随机效应检验

在多数研究中，均是直接用 Hausman 检验来判定选择固定效应模型和随机效应模型，而忽视模型冗余的问题，不对模型是否为混合模型进行判定。考虑到模型冗余的问题，笔者同时运用似然比检验和 Hausman 检验来确定模型的效应。

1. 似然比检验

似然比检验的原假设 H_0 为固定效应模型是冗余的。通过操作 Eviews7.2 得到的似然比检验结果见表 6-2。

表 6-2 似然比检验结果

检验类别	统 计 值	自 由 度	P 值
F 检验	15.616715	（29,239）	0.0000
卡方检验	286.998067	29	0.0000

表 6-2 检验结果表明，在 1% 的显著性水平下，拒绝原假设 H_0，可以认为固定效应模型不冗余，因此可以选择固定效应模型。

2. Hausman 检验

Hausman 检验原假设 H_0 为随机效应模型中个体效应与解释变量相互独立。通过操作 Eviews7.2 得到的 Hausman 检验结果见表 6-3。

表 6-3 Hausman 检验结果

	卡方值	自由度	P值
个体自由	5.11619	1	0.0238

表 6-3 的检验结果表明，在 5%的显著性水平下，拒绝原假设 H_0，随机效应模型中个体效应与解释变量相关，应当选择固定效应模型。

综合似然比检验和 Hausman 检验的结果，笔者最终选择固定效应模型。

（四）模型形式设定及检验

依据模型截距项与系数项的不同，面板数据模型又可具体划分为联合回归模型、变截距模型和变系数模型 3 种形式。

联合回归模型：$y_i + \alpha e + x_i \beta + \mu_i, i = 1, 2, \cdots N$

变截距模型：$y_i = \alpha_i e + x_i \beta + \mu_i, i = 1, 2, \cdots N$

变系数模型：$y_i + \alpha_i e + x_i \beta_i + \mu_i, i = 1, 2, \cdots N$

选择的面板模型形式的正确与否直接影响面板估计结果与所要模拟的经济现实的偏离程度。因此在回归分析之前，应当先选定合适的面板模型形式。笔者使用常用的协方差分析检验（双 F 检验）确定面板模型形式。检验假设公式如下。

$$H_1: \beta_1 = \beta_2 = \cdots = \beta_N$$

$$H_2: \alpha_1 = \alpha_2 = \cdots = \alpha_N$$

如果接受假设 H_2 则认为面板数据适合选用联合回归模型。如果拒绝假设 H_2 则需要进一步检验假设 H_1。如果接受假设 H_1，则认为面板数据适合选用变截距模型。若拒绝假设 H_1，则认为面板数据适合选用变系数模型。

在假设 H_1 下，检验统计量 F_1 服从相应自由度下的 F 分布，即

$$F_1 = \frac{(S_2 - S_1)/[(N-1)K, N(T-K-1)]}{S_1/(NT - N(k+1))} \sim F[(N-1)k, N(T-k-1)]$$

在假设 H_2 下，检验统计量 F_2 服从相应自由度下的 F 分布，即

$$F_2 = \frac{(S_3 - S_1)/[(N-1)(K+1)]}{S_1/(NT - N(k+1))} \sim F[(N-1)(k+1), N(T-k-1)]$$

上面两式中，S_1、S_2、S_3 表示 3 种面板模型形式的残差平方和。利用笔者给出的数据操作 Eviews7.2 得到，3 种面板模型形式的残差平方和：S_1=24.84，S_2=84.93，S_3=85.76，计算假设 H_1、H_2 下的检验统计量 F_1=17.54、F_2=8.89。利用 Excel2016 得到，在 5%的显著性水平下的两个统计量 $F_{2\alpha}(28,203)$=1.532，$F_{1\alpha}(56,203)$=1.395。由于 F_2>1.532，所以拒绝假设 H_2，排除联合回归模型；又由于 F_1>1.395，所以拒绝假设 H_1，放弃变截距模型。因此面板数据模型采用变系数模型，也就是不同的省级区域技术创新对绿色经济增长的作用系数存在差异。

为探讨技术创新对绿色经济增长的影响是否存在地区共性，根据中国东部地区、中部地区、西部地区的划分标准，笔者将进一步将样本数据划分为三个面板模型。三个面板模型设定检验均拒绝假设 H_1 和 H_2，因此笔者不再对东部地区、中部地区、西部地区分别进行分析。

三、技术创新与绿色经济增长面板模型估计

在面板模型估计中，当存在截面异方差或序列自相关时，运用普通最小二乘法（Ordinary Least Square，OLS）估计模型很有可能会导致结果失真，因此在很多时候选用广义最小二乘法（Generalized Least Square，GLS）估计模型可能会更加精确。在面板分析中，一般情况下，如果横截面个数小于时序个数，就采用不相关回归方法（Seemingly Unrelated Regression，SUR）来估计模型；如果横截面个数大于时序个数，则通常采用截面加权估计法（Cross Section Weights，CSW）。但加权的效果是否优于不加权的效果，需要对比检验结果。笔者分别采用 OLS 和 GSW 两种方法估计方程，并通过对比检验结果，最终确定选用更优的方法估计。表 6-4 给出了两种估计方法的检验结果。

表 6-4 检验结果

估 计 方 法	R^2	P 值	DW
OLS	0.937534	0.000	1.393271
GSW	0.962491	0.000	1.610483

通过对比两种估计方法的检验结果，可以发现，无论是使用 OLS，还是使用 CSW，R^2 的值都接近于 1，并且均通过了显著性检验，DW 值均较为理想，说明模型的拟合效果比较好。但在使用 CSW 时，R^2 和 DW 的值均被提高，说明选择截面加权估计法要优于普通最小二乘法。因此，笔者最终采用截面加权估计法。

笔者在选择解释变量的时候强调过，由于笔者所述的技术创新能力是一个综合评价值，在一定程度上已经包含了人力资本投入和物质资本投入，而面板分析检验的 R^2 达到了 96%以上，这证明了笔者之前的考虑是合理的，在模型中可以不再选择人力资本和物质资本作为控制变量。

为了解技术创新对绿色经济增长影响的区域差异，可以进一步分析各区域技术创新对绿色经济增长影响的系数 β。发现江苏、广东、北京、上海、浙江等地的系数 β 很小，而宁夏、青海、海南、贵州、新疆等的系数 β 相对比较大。从边际效用的角度分析，宁夏的技术创新能力提高 1%，其 LNGGDP 就能提高 25%，北京的技术创新能力提高 1%，其 LNGGDP 只能提高 0.4%。

从整体来看，技术创新能力的提高对中国技术创新能力强的区域绿色经济增长的作用比较小，技术创新能力的提高对中国技术创新能力弱的区域绿色经济增长的作用较大。因此，笔者认为技术创新能力对中国不同区域绿色经济增长的影响存在明显的边际效用，当技术创新能力达到一定水平的时候，绿色经济增长可能需要通过调整产业结构或进行绿色技术创新等手段来促进。孙瑾等在 2013 年的研究也表明了技术进步对中国东部地区的绿色经济增长影响不显著，而第三产业占比对中国东部地区绿色经济增长具有显著的正向影响。

从实际情况来看，宁夏、新疆、甘肃、青海等西部地区，在 2004 年 GGDP/GDP 的值相当小，技术水平低，资本效率也低，单位 GDP 能源消耗量和单位 GDP 污染排放量相当高，普通的技术创新能在提高资本效率的同时，极大程度地促进节能减排。而东部地区，技术水平高，资本效率也高，单位 GDP 能源消费量和单位 GDP 污染排放量比较低，一般的技术创新对其资本效率提高作用相对较小，促进节能减排的效用相对较低。因此，技术创新对西部地区绿色经济增长的作用会高于东部地区。

通过单位根检验和协整检验，笔者确定技术创新能力与中国区域绿色经济增长之间存在长期均衡关系，可以进行面板数据回归分析。回归结果表明技术创新对中国各区域绿色经济增长均具有正向影响。但技术创新对不同区域绿色经济增长的边际效用差异比较大，表现为西部地区边际效用很大，中部地区居中，东部地区边际效用最小。由此，在中国技术创新对绿色经济增长的作用从西部地区到东部地区存在边际效用递减的规律。随着区域技术创新能力的提升，技术创新对绿色经济增长的边际效用递减，其绿色经济增长可能需要通过调整产业结构或通过有针对性的绿色技术创新实现。

第七章
外商直接投资与绿色经济增长实证研究

第一节 外商直接投资的绿色经济增长效应的作用机制

基于对绿色经济概念的辨析和具体界定,外商直接投资对绿色经济增长的作用机制从整体角度划分为两个层面:一是外商直接投资对流入国经济社会的规模和发展速度的影响,以下笔者将其划分为资本和技术两个角度,称其为资本形成效应和生产技术渠道效应;二是外商直接投资对流入国整体生态环境带来的影响,本文称为生产环境渠道效应。将两个层面的综合影响用绿色全要素生产率来反映,如图7-1所示。

一、基于资本形成效应的作用机制分析

外商直接投资不仅仅是狭义的资本,而是一种资本、知识、技术以及管理经验的结合体,它首先作用于流入国的投资环境,其次影响其生产技术进步、产业结构调整,进一步间接地对流入国经济的全要素生产率产生影响。鉴于此,想要探究FDI对流入国的绿色全要素生产率的作用机理,探究FDI对流入国的资本形成效应是首要任务。

在国外,FDI资本形成理念在经济学者R.Nurse的《不发达国家的资本形成问题》中首次出现,R.Nurse认为发展中国家在追赶发达国家经济发展的初期最重要的问题就是政策资本救市与市场资本严重短缺之间的冲突。在20世纪中叶,G.D.Macdougall和M.C.Ketmp围绕世界经济与资本流入国的关系,提出资本国际间流动,在缩小国际间资本价

格差异的同时，还能够优化全球资源配置。国内对于外商直接投资研究的起步比较晚，刘学武设立考虑外商直接投资的完全信息博弈模型，提出由于社会福利最大化的税率大于地方政府的 FDI 税率，中国可能会面对过量吸收 FDI 的隐忧。祝波提出 FDI 的大量引进存在加剧流入国市场竞争的可能性，会抢夺流入国国内的投资机会以及原有的市场份额，进而引起内资企业的生产率降低。国内外研究者对于外商直接投资对流入国的投资是"挤入效应"还是"挤出效应"并没有达成一致。

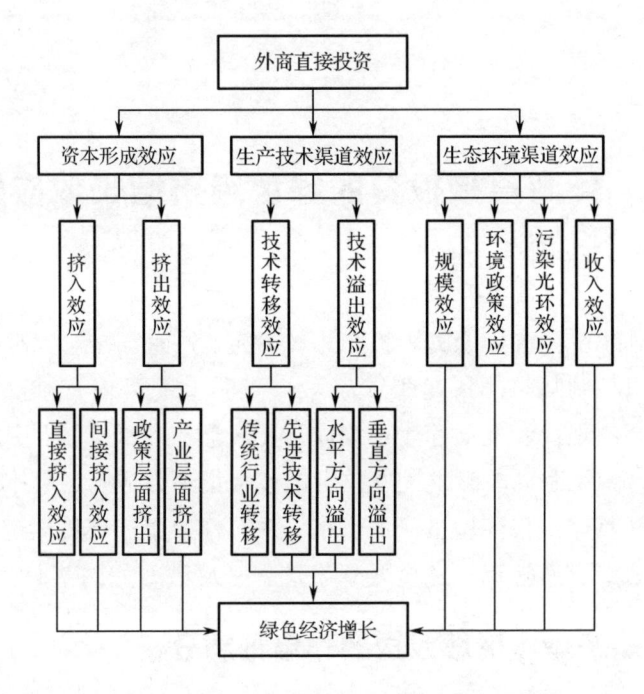

图 7-1 FDI 对绿色经济增长效应的作用机制的总路径

（一）FDI 对流入国投资的挤入效应

1. 直接挤入效应

整体来看，FDI 的直接挤入效应是指外商资本的流入直接地弥补了流入国的外汇缺口和用于投资的储蓄缺口，以金融市场作为杠杆，投入市场的资本会进一步放大外商资本作为现实生产力的作用，可以直接促进全要素生产率的提升。具体来看，FDI 的直接挤入效应集中体现于以下三个层面。一是改善流入国投资短缺的环境，如果流入国处于发展中国家的初级阶段，FDI 一般会选择其国内资本稀少的领域，在很大程度上弥补了其国内资本的缺口，与国内资本保持一种互补关系，伴随着流入国的经济蓬勃发展，投资市场的情况也在变化，外商资本与其国内资本之间的关系由互补逐渐转化为竞争，且竞争的程度会愈演愈烈。二是并购国内投资，在股权转移的同时，使沉默资本重新投入市场，提高了国内资本的利用效率，促进国内资本形成。三是追加投资，外资企业为了保持高产能和高市场占有率，会在获利后进一步投资以扩大生产规模或者进行技术升级。

2. 间接挤入效应

从整体上看，FDI 的间接挤入效应具有滞后性，外商资本推动产业发展，间接地影响资本形成，同时提升了流入国的市场效率，进一步提升生产率。具体来看，FDI 的间接挤入效应集中体现于以下四个层面。一是产业关联效应促进相关行业投资，主要是指产业在自身发展的同时，促进与其关联产业的发展，外资企业对其上游企业的产品需求以及对其下游企业的产品输出，带动了上下游相关产业发展，进一步促进相关产业的投资扩张。二是外资企业的竞争效应提升了国内资本规模，外资企业会争夺流入国原本市场行业内的"蛋糕"，在同行企业日益激烈的竞争市场中，会增加资本投入。三是起到示范作用，FDI 会给流入国带入新产品，在提升消费需求的同时提升消费的整体水平，促使国内企业积极地加入该行业，间接地引起资本市场的扩张。四是拉动流入国资本市场，外商资本进入流入国后，很多会在当地融资，间接地把国际上的先进融资方式带入流入国，提高资金使用效率，并促进资本市场的完善，为资本形成创造更好的环境。

（二）FDI 对流入国投资的挤出效应

1. 政策层面的挤出效应

政策层面的挤出效应集中表现在两个层面。一是对于外商投资的"超国民待遇"导致的资本挤出。很多国家为了吸引外商资本，会为其制定土地优惠政策以及减低税收甚至免税的优惠待遇，这种"超国民待遇"尽管在一定程度上能够促进国内经济快速增长，但是会使国内企业在市场竞争中处于弱势，国内企业的经营成本较高，管理和人才竞争力不足，会出现外商投资逐渐将内资企业挤出原本市场的情况。二是金融市场梯度导致的资本挤出。Alfaro 等提出外商资本的流动给金融市场发达的国家带来的是利润,但是给金融市场不发达的国家很可能带来的是损失,以中国为例,金融市场具有一定的体制性和特殊性,国家对资本具有一定的分配权利,民营企业在与 FDI 的竞争或合作时,可能因受限于市场发达程度来不及或者不能够获取金融支持而失去机遇。所以,在金融资本的梯度作用下,FDI 很容易对流入国的民营企业资本产生挤出效应。

2. 产业层面的挤出效应

产业层面的挤出效应集中表现在以下四个层面。一是流入国的地区引进外商投资时的"逐底竞争"方式,这种方式在迅速吸引大量 FDI 的同时,已经不再是对投资市场的良性互补,会使资本聚集于某一行业,而且 FDI 在利润驱使下不断流入同一行业,直接促使这个行业的市场竞争更加激烈,竞争就意味着淘汰,国内技术或者管理经验落后的企业就会被挤出市场。二是 FDI 以其携带的先进技术、营销手段以及管理经验等竞争优势,对流入国某些行业或者市场形成垄断,导致了对国内资本的全部挤出。三是因 FDI 引起消费结构转变和资源配置升级而引起的挤出,外商投资一般会使流入国的经济迅速增长,经济增长会提高社会的个人可支配收入,拉开群体的收入差距,FDI 所投资的奢侈品等经济利润较高的产品迎合了富人心理,短期内具有不错的市场,这种不合理的消费水平提升会导致流入国的经济结构产生非理性跨越,同时导致基础性投资项目资金缺口。四是由于国内企业的基础规模太小或者规模经济水平比较低,对外商资本先进技术的学习和消化能力具有一定滞后性,同时国内企业的自我创新能力比较低,从而导致国内企业在竞争中处于弱势,被逐渐挤出行业和市场。

二、基于产业技术渠道的作用机制分析

FDI 对绿色经济增长的产业技术渠道产生的作用可以划分为技术转移效应和技术溢出效应。FDI 的技术转移效应进一步可划分为对传统行业的技术升级式转移和先进技术输入式转移,FDI 的产业技术溢出效应进一步可划分为对流入国经济水平方向的产业内部溢出效应以及垂直方向的产业关联溢出效应。综合以上作用的渠道可知,FDI 既可能促进流入国的绿色经济增长,也存在阻碍其发展的可能性。

（一）FDI 的技术转移效应

在科技作为产业发展驱动力的今天，技术进步越来越重要，外商资本以技术转移渠道作用于流入国的技术进步，促进其全要素生产率的增长，集中体现于以下两个方面。

1. 对流入国的传统行业技术升级式的技术转移效应

由于 FDI 的流入国以发展中国家为主，发展中国家传统行业的规模受限于生产设备老化、生产技术落后、管理经验不足，且呈粗放式的生产，这些因素也阻碍了其进行产能提升和产业升级。FDI 在资本流入的同时，通常伴随技术支持、技术售卖、合作研究项目等多种形式，多与流入国的传统行业产生对接，促进了传统行业的技术升级和技术改造，优化行业的资源配置，进一步促进当地产业的绿色全要素生产率增长。

2. 对流入国先进技术输入式的技术转移效应

FDI 通常使跨国企业的资本流入其他国家，并在流入国设立子公司。流入国的法律环境相对不完善，对于知识产权保护的法律法规可能不健全，跨国企业出于保护自身技术专利和竞争优势的目的，一般会将比较成熟的技术转移至流入国。鉴于跨国企业内部运作机制的要求，它需要将总公司的设备、技术以及管理经验等转移到资本流入国的子公司，从而在流入国产生包含先进技术的综合资本，推动其产业结构的优化升级，进一步促进当地产业的绿色全要素生产率增长。

但是，需要注意 FDI 的具体技术转移效应方向还取决于外商资本的投资动机、产业分布、空间区位、资源禀赋以及地区政策等因素，FDI 原有的技术水平和行为目的不同，带来的产业转移效应也会产生差异，对流入国的全要素生产率的影响也不同，甚至会存在负向的影响。

（二）FDI 的技术溢出效应

FDI 的技术溢出效应通常表现为以下两个方面：水平方向的产业内部溢出效应以及垂直方向的产业关联溢出效应。水平方向的产业内部溢出效应可以划分为示范效应、市场竞争效应以及劳动力溢出效应；产业关联溢出效应可以划分为前向关联效应和后向关联效应。

1. 水平方向的产业内部溢出效应

（1）示范效应，指跨国企业的技术水平通常高于资本流入国，这会使流入国的内资企业借鉴、模仿和学习跨国企业的先进技术水平、成熟的管理经验等,这就是跨国企业对流入国的内资企业所产生的示范作用,促进了FDI流入国的绿色全要素生产率增长。在很大程度上,FDI流入加强了流入国内资企业与跨国企业的交流,在缩小企业间空间距离的同时,内资企业学习、模仿、吸收跨国企业的前沿技术工艺、先进管理制度等,不断革新生产流程,与跨国企业开启了新的合作形式,这为当地企业起到了良好的示范作用,也缩小了流入国与国际的技术差距。但是,示范作用在使流入国企业节省研发成本去学习跨国企业的技术的同时,也考验内资企业的学习、吸收和消化能力,有些内资企业受限于自身的生产规模、资金能力、技术成熟度等因素,并不具备对外商直接投资的技术溢出的学习和吸收的能力。

(2)市场竞争效应,具体分为正效应和负效应。正效应是外商资本的流入,参与国内的市场竞争,跨国资本以其丰厚的资金实力和先进的技术水平,必然会使整体行业市场的竞争更加激烈,宏观上可以促进流入国资源配置的进一步优化,微观上可以激发企业主动增加其研发项目、优化经营管理模式,进一步改良生产工艺,从而促进流入国的绿色全要素生产率增长。市场竞争效应也可能给FDI的流入国带来负效应,由于跨国企业具有技术水平、资金规模和管理经验上的相对优势,容易对流入国的市场产生相对垄断的局面,大量占有当地企业的市场份额,导致内资企业被挤出市场,阻碍了FDI流入国的绿色全要素生产率增长。

(3)劳动力溢出效应,也是产业技术溢出的重要渠道,也存在正效应和负效应。跨国企业在进入当地市场投资时,通常需要具备一定技术水平和管理水平的从业人员,由于其自身人员数量很难满足企业需求,跨国企业就会在当地寻找与其需求匹配的从业人员,并对他们进行技术和管理上的相关教育和培训,这些从业人员在掌握技术和具备经验后会通过劳动力市场逐渐进入内资企业,促进内资企业的技术和企业管理水平升级,从而促进企业、行业、国家的绿色全要素生产率增长。但是,跨国企业具有先天的资本优势,很可能以高于国内市场的薪资抢夺当地企业的人才储备,这可能会影响内资企业的技术发展,从而阻碍绿色全要素生产率增长。

2. 垂直方向的产业关联溢出效应

FDI 的垂直方向的产业关联溢出效应集中表现在上下游企业，按照跨国企业在国内行业市场中的不同地位，进一步将 FDI 的产业关联溢出效应划分为前向关联效应以及后向关联效应。

（1）前向关联效应，是指跨国企业处于生产链的上游，由于外资企业拥有先进的技术和管理经验，可以为处于产业链下游的内资企业提供更高质量的中间产品以及售后服务，促进了 FDI 流入国的最终产品的质量提升，进而产生前向关联的外溢效应。

（2）后向关联效应，是指跨国企业处于生产链的下游，由于其对中间产品的要求较高，流入国的原材料或者组成部件的质量和产量很难满足要求，迫使外资企业需要对内资企业进行技术指导，传授生产流程组织经验，从而提升内资企业的产能，产生后向关联的外溢效应。

三、基于生态环境渠道的作用机制分析

FDI 流入不但会影响流入国的全要素生产率增长，还对当地的生态环境产生影响，他们的共同作用，就是对绿色全要素生产率产生影响。FDI 对流入国基于生态环境渠道的作用机制，集中体现在规模效应、环境政策效应、污染光环效应以及收入效应四个方面。

（一）规模效应

规模效应是指 FDI 可以促进流入国的经济总量增加，扩大其投资规模以及市场规模，进而提升流入国的生产总值。但是，企业产能的提升意味着原材料等能量的消耗量增加，污染物的排放量也会随之增加。鉴于此，在内资企业的技术水平仍属落后，整体的产业结构尚未完成升级的情况下，尽管 FDI 提升了经济总量，但是付出了严重的环境代价，实际上很可能阻碍了绿色全要素生产率增加。如果流入国的产业成熟度较高，生产过程的能源消耗与能源排放有技术支持，FDI 所带来的环境污染就会较小。随着流入国内的经济发展阶段、流入的产业类型不同，外商资本对流入国的生态环境的规模效应也不同，如 FDI 分别投入到资源密集型和技术密集型的产业，产生的规模效应方向就不相同，对绿色经济所产生的影响也不同。

（二）环境政策效应

环境政策效应就是指"污染天堂"假说，是指由于发展中国家在经济追赶阶段，为了快速发展经济，倾向以相对宽松的环境政策来吸引外商资本，这会导致很多发达国家选择将包含大量污染的污染重工业及其相关产业转移到环境政策较低的国家或者地区，这种 FDI 的流入，只是使欠发达国家成为发达国家的"污染避难所"，会对流入国的生态环境带来损害。一般来说，经济欠发达的国家的自然资源丰富，又存在较大的投资市场缺口，为了改善投资环境，加快发展国民经济，会选择以相对宽松的环境政策吸引 FDI，这会导致 FDI 聚集在高能耗的污染密集型行业。即使跨国企业在一定程度上占有污染密集型产业，也不会进行技术升级、技术效率提升，更偏向于调整其产品种类与产品结构，使得 FDI 流入国成为经济全球化中的环境牺牲品——"污染天堂"，阻碍了绿色全要素生产率的增长。

（三）污染光环效应

污染光环效应是指 FDI 流入所引起的组织结构调整以及生产技术改进给当地生态环境带来的影响。跨国企业带来的大量资金、先进技术手段以及技能培训可以提升流入国的产业集群效应，产业聚集后共享基础设施、共同研发污染处理方法等，可以优化当地的资源配置，提升资源的使用效率、降低能源消耗和污染排放。

同时，跨国企业的母公司通常面临相对严格的环境政策，使得它们的污染处理技术水平比较高，在流入其他国家的子公司，可以转移污染处理手段以及施行清洁型生产流程，进一步促进本地企业的污染处理和清洁技术水平提升。而且很多跨国企业的资金投入到清洁型技术的研发，进而为当地的生态环境带来正面效应，提高绿色全要素生产率。

（四）收入效应

收入效应是指 FDI 流入增加了当地居民的收入水平，进而对生态环境产生的效应。国民生产活动消费的社会产品，会消耗大量的自然资源，生产过程中自然会产生工业废气、废水和固体废物，这会加重对环境的污染。但是，随着工业化水平的提高，国民收入水平也随之不断提升，当居民的收入达到一定水准，其消费层次、消费结构会逐步提升，对质量和健康程度的要求更高，需求的结构反作用于生产端，在很大程度上加速本地产业的技术革新，间接地发展了低碳环保产业，进而促进绿色全要素生产率的增长，微观经济学将这种现象归纳成库兹涅茨曲线。随着流入国的工业化发展阶段的不同，FDI 通过影响流入国的居民收入而对生态环境产生的影响，大体上呈现先负向后正向的趋势，对绿色经济的影响大体上也是先负向后正向的趋势。

第二节　外商直接投资的发展历程及分布差异分析

一、中国外商直接投资的区域层面分布分析

根据 2003—2015 年中国 30 个省份实际利用外商直接投资额的数据，外商资本在中国各省份的分布并不均匀，改革开放以来，中国东部地区拥有得天独厚的沿海位置，借助政策的不断扶持，具有吸引外资的诸多优势，外资的规模、质量以及形式都远远优于其他地区，外商资本在中国的分布呈现"东高西低"的特点。

1979—2003 年，东部地区的外商直接投资所占全国比重保持领先地位，2003—2007 年，东部地区的外商直接投资比重维持在 70%～80%，在 2005 年之后，尤其在 2006 年中央提出"中部崛起"战略规划，在政策的扶持和引导以及东部地区（尤其是沿海城市）的土地成本以及劳动力价格越来越高的影响下，东部地区外商直接投资的比重有下滑的趋势，中部地区由于紧邻东部地区，相较于西部地区和东北地区，其具有城市发达程度更高、基础设施建设相对完善、交通成本更低以及技术承接能力较强等优势，外商直接投资的比重有了明显的增加。随着政策对中部地区的倾斜，2008 年东部地区在使用外商投资所占的比重中降至 70%以下，中部地区所占比重提升 2%左右。2014 年，由于中部地区逐步崛起，中部地区实际使用外资的比重已经突破 20%。自 2004 年发布了"西部大开发战略"以来，税收优惠政策、交通设施逐步完善带来的便利以及低廉的土地成本，使西部地区对外资的吸引力也在不断提升，使用外资所占的比重在 2010 年之后维持在 10%以上。相较于东部地区与中部地区，东北地区具备丰富的自然资源，交通便利程度不断提升，

与京津冀地区的联系也日趋密切，实际使用外资的比例不断提升，从2003年的9.45%到2015年的12.84%，占比的年均增速达11.32%。

整体来看，四个经济地区实际利用外商投资额的不均衡态势，会产生经济发展的"马太效应"，即东部地区以其高消费水平、高收入水平的优势，会吸引越来越多的资金，而资金严重短缺、基础设施亟待健全的中西部地区的投资环境仍旧无法改变，经济的发展步伐与东部地区相比也会落后更多。同时，东部地区在快速发展的同时也面临着挑战，密集的外商资本加大了对自然资源的消耗，伴随着污染物的大量排放，地区的环境压力越来越大，一旦突破自然环境的阈值，外商资本就面临着向东北地区、中西部地区转移的局面，与地区经济相协调的发展才是绿色经济意义上的发展。

二、中国外商直接投资的省域层面分布分析

根据区域分布分析，我们可知外商直接投资的分布不均，呈东高西低的特征，东部地区实际利用外资所占的比重占绝对优势。东部地区外商直接投资的分布也存在较大差异，江苏、广东以及山东可以称作是引进外资的"三巨头"，占据了全国外资的50%，海南、北京、天津、河北和海南相对较少。

2003年以来，广东、江苏、山东、上海一直是外资的重要聚集地，这四个省份利用外资的比重远超过50%。改革开放以来，大量的外资持续地集中于广东，1985年广东实际利用FDI高达5.15亿美元，同年的中西部地区实际使用外商投资额总计不到1亿美元。广东凭借独特地理优势，可以便利地处理国际事务，外商在广东直接投资的比重一直名列前茅。江苏以低廉的劳动成本和产业集群效应，吸引了大量外商资本，同时由于它周围市场的广阔和便利的交通条件，使外商资本集中于江苏的加工业和轻工业，且在全国排在前列。辽宁、山东与韩国、日本隔海相望，海上交通便利，山东自然资源丰富，增加了山东对外资的吸引力，在面向内陆市场的同时，可以兼顾日韩的市场。

2005年以来，环渤海经济圈的建设日益兴盛，使北京、天津以及河北的实际利用外商投资额迅速增加，进入发展的新阶段，其中北京的实际利用外商投资额从2003年的21.47亿美元提升至2015年的130亿

美元，总量增长了 6.05 倍，天津的实际利用外商投资额从 2003 年的 16.33 亿美元提升至 2015 年的 211.34 亿美元，总量提升了 12.94 倍，河北的实际利用外商投资额从 2003 年的 11.16 亿美元提升至 2015 年的 61.8 亿美元，总量增加了 5.53 倍。江西、福建和浙江相邻，同时与上海相距不远，主要负责承接东部地区各城市的产业转移，实际利用外商投资额从 2003 年的 16.12 亿美元增至 2015 年的 94.7 亿美元，提升了 5.87 倍，俨然成为中部地区的发展先驱。

综合分析中国实际利用外商投资额排名变化的趋势，江苏、广东、上海的交通便利、科技发展领先，且市场拥有广阔的发展前景，对外商资本的吸引力并未下降，但是外商投资呈现自南向北转移的趋势，辽宁、北京、河北的外商资本引进比重不断攀升，尤其是 2015 年，辽宁的实际外资引进比重已经攀升至全国第一名。

第三节 外商直接投资的绿色经济增长效应的实证分析

一、外商直接投资的绿色经济增长效应的模型构建

1957 年，Frrell 首次提出将决策单元的生产边界作为评价技术效率的指标，产生了数据分段的线性凸包分析方法，但是这种方法只能评判单一投入和单一产出，因此适用领域比较有限。1978 年，Cooper、Charnes 以及 Rhodes 结合数理经济学、管理科学与工程以及运筹学等学科，将这种不完善的效率评价方法进行了改进，最早提出评价"相对效率"的数据包络分析理论（Data Envelopment Analysis，DEA），以三人姓氏命名的 CCR 模型是第一个基础性 DEA 模型，它假设决策单位的规模报酬不变（Constant Returnsto Scale，CRS），评价决策单元（Decision Making Unit，DMU）间处于前沿面的技术效率值，进而得出 DEA 有效或无效的结论。由于适用于多投入、多产出的问题，该模型得到日益广泛的应用。

鉴于 CCR 模型中规模报酬不变的假设不完全适用于实际问题，1984 年，Banker、Cooper 以及 Charnes 提出 BCC 模型，通过设置凸性约束条件，实现了规模报酬可变（Variable Returns to Scale，VRS）状态下

的效率评估。当投入和产出变量选取较多的时候，首先，CRS 径向的 CCR 模型和 VRS 径向的 BBC 模型经常会出现有效 DMU 不唯一的情况，无法对多个有效 DMU 的效率值进行区分，1993 年，Andersen 和 Petersen 提出了超效率 DEA 模型，参考所有 DMU 的前沿，实现多个有效 DMU 情况下的效率对比。其次，以基于投入方向的 CRS 径向 DEA 模型为例，OA'/OA 和 OB'/OB（如图 7-2 所示）分别为 A、B 两个决策单元的技术效率测度，S 为技术前沿，此时，在不改变产出的同时，可以减少已投入量 X_2（过 CA'），那么 A'是不是有效率的就值得怀疑，我们称投入目标值与原始投入之间的差额为投入的松弛变量。松弛变量是决策单元的投入或者产出的衡量标准，而 CCR 模型和 BCC 模型无法实现，会影响效率评价的结果。Tone Kaoru 和 Fukuyama 等提出了基于松弛变量测度的 DEA 效率分析方法——SBM 模型，解决了存在松弛变量的问题，是一种较为完善的 DEA 拓展模型。以上的 DEA 模型，虽然可以得到参考单元的技术效率和规模效率，却在测量的过程中忽略了测量误差和存在的随机因素，同时，也未考虑客观因素以及决策单元所处的外部环境所带来的影响。

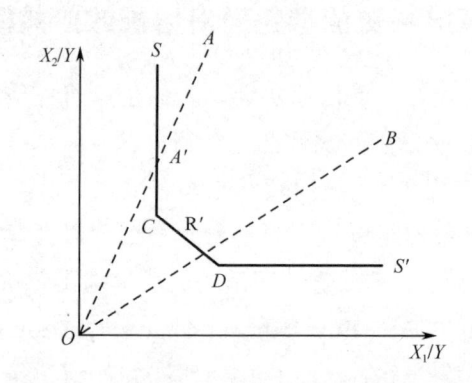

图 7-2　基于投入方向的 CRS 径向 DEA

鉴于以上问题，Banker、Morey 等学者在经典 DEA 模型中考虑了外部环境变量，提出一阶段 DEA 研究方法，但仍旧没有解决随机因素以及一些主观因素。Fare 等提出二阶段 DEA 研究方法，将传统 DEA 模型第一阶段计算得到的决策单元效率值作为被解释变量，将其外生变量作为解释变量，在第二阶段结合 Tobit 回归模型，对决策单元的效率值进行分析，但仍旧没有彻底消除外部环境变量对结果的影响，而且也忽略了松弛变量的影响。Fired 等引入随机前沿分析（Stochastic Frontier Analysis，SFA）并提出了三阶段 DEA 方法，尽管考虑了随机因素，但是忽略了随机误差作用于松弛变量。2000 年，Fried、Schmidt 等研究者提出了四阶段 DEA 方法，通过 Tobit 回归模型分析环境变量影响效率的程度，进而调整 DMU 的松弛变量以过滤外部环境差异，用调整后的投入或者产出重新计算效率值。但是，2002 年 Fired 和 Lovell 等研究者认为这种方法无法剔除外生因素的随机冲击，他们通过调整得到更为准确的三阶段 DEA 方法，在随机前沿分析中采用松弛变量，这样可以同时过滤传统 DEA 模型中影响效率测度的环境变量和随机因素。

2008 年以来，国内学者在管理效率测度中越来越多地应用三阶段 DEA 模型，与其说三阶段 DEA 模型是一种研究模型，不如说它是一个方法论，将 DEA 模型与 SFA 理论结合，为广大研究者提供了一种解决现实问题的逻辑方法。

笔者意在探究外商直接投资的绿色经济增长效应的效率评价，外商直接投资作为环境变量，需要在效率测度中剔除，考虑到随机冲击带来的影响，所以笔者采用了 2002 年 Fried 等研究者修正后的三阶段 DEA 方法，它可以不限定函数形式、变量单位以及价格信息，便于生产率的计算，可以得到更精确的结果。同时，笔者引入了绿色经济增长的理念，在投入变量中考虑了能源投入，在产出中考虑了非期望产出，包括工业废水排放量、工业废气排放量以及工业一般固体废弃物产生量，在三阶段 DEA 方法中的第一阶段和第三阶段采用包含非期望产出的全域参比的 SBM 方向距离函数测度中国 2003—2015 年 30 个省份面板数据的 Global Malmquist-Luenberger 生产率指数，得到更具有现实经济意义的绿色经济效率。

二、变量选取与数据说明

（一）变量选取

笔者选择了包含非期望产出的三阶段 SBM 模型，并且在第一阶段和第三阶段选择了 SBM 模型的 Global Malmquist-Luenberger 生产率指数测度绿色经济发展。该方法不限定具体的生产方式，在整个计算过程中，只要求具备投入变量、环境变量、期望产出量以及非期望产出量。

变量的选择，是保证绿色经济增长效率评价合理性的基础，基于学术研究的科学性、系统性以及准确性原则，笔者选用中国各省份资本投入、劳动投入、能源投入作为投入变量，选用各省份外商直接投资额作为环境变量，各省份的实际生产总值作为"好产出"，"坏产出"选取了工业废气排放量、工业废水排放量以及工业一般固体废弃物产生量。

1. 投入变量

资本投入：资本投入应该是每一年的资本存量，因为资本存量可以反映资本在中国各省份的配置情况，考虑到数据可得性，笔者选取固定资产总额作为衡量资本存量的指标，再对其进行处理，并转化成资本存量。

2. 环境变量

外商直接投资额：综合不同地区的统计指标，上海采用实际吸收外资金额，其他地区采用实际利用外商直接投资额，由于《中国统计年鉴》中的单位是万美元，为剔除每年汇率变动对实证结果的影响，用每年对应人民币对美元汇率的中间价将美元转换为人民币，考虑到地区的异质性，笔者用处理后的实际 FDI 与各地区的名义 GDP 相除，用外商直接投资额占名义生产总值的比重来衡量。

3. 期望产出量

实际 GDP：在《中国统计年鉴》中可得到各地区的名义 GDP，然后以 2003 年的不变价格作为基期，利用各地区各年的 GDP 平减指数对名义 GDP 进行调整，剔除价格波动带来的影响，即可得到不变价格的实际 GDP（即期望产出量）。

4. 非期望产出量

工业三废：污染物排放绝大部分是由工业产生的，所以采用《中国环境统计年鉴》中的工业废气、废水排放量以及工业一般固体废弃物产生量，作为经济投入的"坏产出"（即"非期望产出量"）。

（二）描述性统计分析

笔者根据相关文献发现，2003—2015 年中国各地区的所有投入产出数据的实际 GDP、工业三废、资本存量、就业人员总数、能源总投入量方面具有非常大的差异。在产出量上，江苏、山东以及广东的数额远远高于其他省份，值得注意的是，内蒙古和江西的实际总产值的增长率在全国处于领先地位，发展潜力巨大；在工业三废的排放量上，江苏、广东、河北以及山东的数额较大，这与其经济体量相关，但在 2010 年之后，中国发布了《国民经济和社会发展第十二个五年规划纲要》，在 GDP 持续增长的情况下，污染物的排放量呈整体下降趋势。其中，东北地区和华北地区的 8 个省份的综合排放量远远超过了均值，且与实际 GDP 的增速不对称，华东地区的综合排放量排在第三位，西南地区重庆和四川的综合排放量较高，但在 2010 年后，尤其是 2013—2015 年数值有明显的下降趋势。在资本投入方面，江苏和山东远高于其他地区，浙江、河北、河南、广东的投入额紧随其后，也有着雄厚的资金投入，同时，浙江、河北以及江苏的资本投入的年均增长率较高；在劳动力投入方面，黑龙江、海南和甘肃的就业人员出现负增长的情况，其他地区则基本保持增长，就业人员主要集中于广东、江苏、河南、山东以及浙江；在能源投入方面，江苏、广东以及山东的数额远超其他地区，且每年的增长率都排在前列。

通过分析可以发现：具有较高产出的地区的各项投入也远超过其他地区，外商直接投资额也较高，同时，非期望产出值也偏高，环境投入和污染排放得多，就意味着要面对资源的不可再生性以及随之产生的阻碍着绿色经济发展的环境问题，因此，客观公正地评价中国各省份的经济发展显得尤为必要，单纯的经济发展速度已经不再适合于当今的世界经济发展主旋律——绿色经济，外商直接投资越来越多地涌入中国市场各大行业，伴随着时间的推进，中国对外商投资质量的要求已经超过以前的数量概念，那么 FDI 对中国绿色经济发展带来的影响也更值得探究。

第四节　促进中国绿色经济增长的政策性建议

一、促进绿色经济协调发展

根据实证分析结果，可以看出中国 GTFP 的空间分布存在显著的差异性，从东部地区、东北部地区向中部地区、西部地区逐步递减，需要中国政府从政策层面进行协调，进一步贯彻落实中部开发、内陆崛起、振兴东北老工业基地的协调发展战略,在长江三角洲、珠江三角洲、京津冀地区高速发展的同时,缩小东部地区、中部地区和西部地区的GTFP差距。在协调发展的同时,地方政府必须坚定贯彻绿色经济发展的观念,大力推动地方绿色经济发展。中西部地区的崛起计划应该坚持绿色发展的观念,以可持续化为基本要求,不能为了追求协调发展而忽视生态环境保护,尤其是不能做高污染、高能耗的重工产业的承接地,注重绿色经济增长。东部地区应该发挥自身的技术优势,以生态环境保护为原则,增加绿色技术的研发投入,发展绿色经济。同时,重视当地人才的教育和培训,完善福利待遇,以防止主要骨干流失到跨国企业,同时大力吸引跨国公司的先进人才。GTFP较高的地区,如广东、江苏、上海、浙江等,应加速产业结构升级,以绿色发展为原则,加快形成绿色经济发展方式,进一步以先进科技和发展经验带动全国的绿色经济协调发展。

二、制定绿色引资政策

根据实证分析结果,从整体来看,外商直接投资的流入促进了中国GTFP的提升,对外开放和引进外资仍旧是中国的必然选择。但是,我们必须转变引进外资的模式,在保证全方位对外开放的同时,由追求外商资本的数量转变为重视外资的质量,改变从前被动地无条件吸引FDI的状况,在面对外商资本时拥有主动选择的权利,提升引进外资的环境效益,提升FDI对绿色经济发展的正向效应,从而达到环境效益、社会效益、经济效益的统一。具体的措施分为地方和中央两个层面:从地方层面出发,地方政府需要甄别外商企业的类型,有选择性地引进当地发展需要的技术水平、技术工艺较高的FDI的同时,引导外商纯资本流向金融、服务业以及高端制造业等低污染、高溢价的行业,带动地方绿色经济发展,促进FDI技术转移效应和示范效应带来的正效应;从中央层面出发,中央政府应该革新国民经济核算指标,以综合了环境、经济因素的"绿色GDP"代替传统的GDP,中央政策作为地方政府经济政策制定的导向,会引导地方的引资政策升级,注重绿色经济发展。与此同时,将绿色经济绩效作为地方政府公务人员的考核标准,逐渐消除"外资逐底竞争"和"盲目GDP崇拜"状况,使地方在各生产环节中贯彻绿色观念。

三、明确禀赋进行引资

鉴于地区间的 FDI 吸收能力不同,所以 FDI 对绿色经济增长的效应也存在差异。要想发挥好外商资本的正向效应,各地区的政府必须明确地区禀赋的差异性,如地区的资源、产业环境、市场容量以及地理位置等要素,利用自己的优势条件制定适合当地发展的引资政策,激发当地市场活力,拉动当地产业和技术水平升级,进一步发挥外商资本对 GTFP 的促进效应。经济发达程度比较高的地区,其对 FDI 的吸引力以及吸收能力也比较强,应着重引入优质的外商资本,积极学习和吸收外资的先进技术、绿色工艺,探求 FDI 促进绿色经济增长的最佳方式。经济发达程度比较低的地区,其对 FDI 的吸引力也比较低,应提高对于外商资本的甄别能力,避免使用逐底竞争方式追求外资的数量,制定合理的环境规制标准,可以促进经济体量与自然环境共同改善的外商资本才是符合绿色经济发展要义的选择,从而促使吸收能力与 FDI 形成良性协调发展,进一步发挥 FDI 对绿色经济增长的促进效应。

第八章
人力资本与绿色经济增长实证研究

第一节 物质资本与人力资本的内涵

一、物质资本的内涵

物质资本是被生产出来的用于生产的一系列异质商品,他们各自有其特定的技术特征。在一般情况下,物质资本被区分为流动资本和固定资本。按照《新帕尔格雷夫经济学大辞典》中的定义:固定资本在传统上是指耐用性生产资料,即所有(像工具、机器和设备那样)不在单一生产阶段中被完全消耗的生产过程投入品。与此不同,非耐久性生产资料被定义为流动资本,包括原料、能源、直接劳动、半成品等。流动资本是指全部参与到一年当中生产的每一件商品中,而固定资本对每一阶段的贡献只能根据其在使用过程中的实际磨损情况来决定,这一数据一般不能通过直接观测得到。

理论上,固定资本按其在社会再生产中的使用情况分为生产性和非生产性两大类。因此,在度量固定资本时,不仅要计算生产性固定资本价值存量,还要计算非生产性固定资本服务生产所耗费的价值。固定资产投资是建造固定资产的活动,是社会固定资本再生产的主要手段。它是反映固定资产投资规模、速度、比例关系和使用方向的综合性指标。资本形成总额是指常住单位在一定时期(通常是一年)内的获得再减去处置固定资产的价值,包括固定资本形成总额和存货增加两项。固定资本形成总额是指常住单位在一定时期(通常是一年)内购置、转入和自产自用的固定资产价值,再扣除处置固定资产(出售和转出)后的价值。存货增加就是指常住单位在一定时期内存货实物量变动的市场价值及期末价值减期初价值的差额,实际上就是这一时期比上一时期流动资本增加的额度。

二、人力资本的内涵

人力资本概念的产生可以追溯到经济学的开创伊始。如经济学名著《论国民财富的性质与原因的研究》的作者亚当·斯密就把全体国民具有的有用能力(包括体力、脑力)都看成是资本的一部分。马歇尔认为所有的投资中,最有价值的是对人本身的投资。当然,在古典经济学中的劳动指的是从事体力劳动的能力,几乎可以认为是天生的能力,它无需或只需较少量的知识和技能。所以也有人反对把资本概念应用于人,如约翰.S·穆勒就曾认为一个国家的人民不应被视为财富,因为财富是由于人的需要才有其存在的意义,两种概念在人力资本的转换过程中产生循环。但随着经济的迅速增长,对于劳动同质性的假设也受到日益严峻的挑战。到20世纪初,美国经济学家费希尔认为,任何可以带来收入的财产都是资本,这一观点得到了多数经济学家的认同。

直到20世纪50年代,美国经济学家舒尔茨在他著名的有关人力资本投资的演讲中,明确提出人力资本概念并首次阐述了人力资本投资及所形成的人力资本在经济增长、工资增长等方面的作用,此观点与他的一些相关论述一起形成了现代人力资本理论的基本框架,开创了经济学中一个崭新的理论。越来越多的经济学文献承认了在经济增长中发挥更大作用的是投入生产过程中的劳动的质量而非劳动的数量。如果我们不考虑人力资本,资本概念就将是不完整的,就如舒尔茨所说的那样:"研究经济增长而无视这些人力资本投资,就等于不用马克思主义来解释苏联的意识形态一样"。他在对教育资本构成的分析中,主张把教育当作一种对人的投资,把教育所带来的成果当作人力资本。他认为接受的教育一旦能够提供一种有经济价值的生产性服务,它就成了一种资本。在另一篇文章中,舒尔茨将人力资本界定为"人民作为生产者和消费者的能力",是体现在人身体上的知识、能力和健康。萨洛认为人力资本应定义为"个人的生产技术、才能和知识",而贝克尔进一步将人力资本与时间因素联系起来，他认为"人力资本不仅意味着才干、知识和技能，而且还意味着时间、健康和寿命"，突出了人力资本的时间价值。

雅各布通过使用 PSID 男性固定样本中有关职业培训的时间选择以及培训持久期的信息，发现培训对于离职和解雇具有负面影响，受培训的工人与未受培训的工人相比较，工资每年增加了 4%~6%。李建民认为个体的人力资本与群体的人力资本存在差异，他给出的人力资本的定义是：对于个体，人力资本是指存在人体之中、后天获得的具有经济价值的知识、技术、能力和健康等因素之和；对于群体，人力资本是指存在于一个国家或地区的人口群体每一个个体之中，后天获得的具有经济价值的知识、技能、能力及健康等因素之整合。这里与前面不同的是强调了具有"经济价值"方面的知识、技能和能力。对于群体不仅强调"经济价值"，而且强调了个体人力资本之间的整合，即"必须要考虑个体人力资本之间替代、互补、互动所形成的整合效应"，换言之，一个国家或地区的人力资本存量通常不等于所有个体人力资本的简单加总。这种人力资本的整合效应反映了一个区域的生产能力。王金营认为人力资本对于个体而言的定义为"通过投资形成，由凝结在人身体内的知识、能力、健康等所构成，能够物化于商品和服务，增加商品和服务的效应，并以此获得收益的价值"。对于一个国家或地区，人力资本是一个总体性的概念，被定义为"一个国家或地区中每个人具有的知识、能力、健康等个体人力资本构成因素的整合，并能够物化于商品和服务，提高商品和服务产出效应的价值"。李忠民从知识、技术、信息的商品化这一实事入手，定义人力资本为"凝结在人体内，能够物化于商品或服务，增加商品或服务的效用，并以此分享收益的价值。"这是一个比较抽象的定义，在使用该定义时需要做进一步的解释。

在继承以上成果的基础上，同时也是为了方便相关数据的收集、整理，本节中界定的人力资本的实质是指通过对人的投资，个体所增加的健康、技能和知识等能够提高生产力且表现为使产出增加的因素。人力资本包括质和量两个方面。人力资本的质是指知识、技能、训练程度等影响人从事生产性工作能力的因素；人力资本的量是指一个社会中从事有用工作的人数。而衡量一个社会应用到生产过程中的人力资本的指标应该是人力资本质与量的统一，即个体的人力资本用劳动者数作加权求和。

第二节　人力资本与绿色经济增长的计量分析

笔者将以黑龙江的教育人力资本为例，对教育人力资本与绿色经济增长的关系进行深入分析。

一、因果关系检验与经济总量模型的设定

笔者分析的目的是为了说明黑龙江的人力资本与绿色经济增长之间的关系，这是通过借助使用柯布—道格拉斯生产函数，进而测算人力资本的产出偏弹性来实现的，所以这里还涉及物质资本变量。我们首先要确定的是三者之间是否存在相关关系或因果关系，以期为引入的生产函数形式寻找根据。这里采用的是 Granger 因果关系检验法，借助 EViews 经济计量学应用软件来进行相应的计算，分析上述三个变量之间的关系，绿色经济增长数据与人力资本之间的 Granger Causality 检验结果如图 8-1 所示。

```
Pairwise Granger Causality Tests
Date: 01/11/04   Time: 08: 45
Sample: 1978 2002
Lags: 2
 Null Hypothesis:                        Obs    F-Statistic  Probability

 H does not Granger Cause GGDP           23      6.34828     0.00820
 GGDP does not Granger Cause H                   2.21899     0.13759
```

图 8-1　绿色经济增长数据与人力资本之间的 Granger Causality 检验结果

绿色经济增长数据与物质资本之间的 Granger Causality 检验结果如图 8-2 所示。

人力资本与物质资本之间的 Granger Causality 检验结果如图 8-3 所示。Granger Causality 检验，H 不是 GGDP 的"因"的假设被拒绝（事件发生为小概率 0.00820，拒绝 Null Hypothesis），KINPUT 不是 GGDP 的"因"的假设也被拒绝（事件发生为小概率 0.00297，拒绝 Null Hypothesis）；同时，GGDP 不是 H 的"因"的假设被接受。在三个变量

```
Pairwise Granger Causality Tests
Date: 01/11/04   Time: 09:40
Sample: 1978 2002
Lags: 2

Null Hypothesis:                              Obs    F-Statistic   Probability

KINPUT does not Granger Cause GGDP            23     8.18331       0.00297
GGDP does not Granger Cause KINPUT                   4.43137       0.02723
```

图 8-2　绿色经济增长数据与物质资本之间的 Granger Causality 检验结果

```
Pairwise Granger Causality Tests
Date: 01/11/04   Time: 08:58
Sample: 1978 2002
Lags: 2

Null Hypothesis:                              Obs    F-Statistic   Probability

KINPUT does not Granger Cause H               23     0.05121       0.95021
H does not Granger Cause KINPUT                      1.82348       0.19006
```

图 8-3　人力资本与物质资本之间的 Granger Causality 检验结果

的前两种关系中，Null Hypothesis 均只有一个被拒绝，而另一个被接受，可以断定 GGDP 与 H、GGDP 与 KINPUT 之间存在 Granger 因果关系。而人力资本与物质资本之间的接受 Null Hypothesis 的概率分别为 0.95021 和 0.19006，两个假设均被接受，即人力资本与物质资本之间不存在"因果关系"。也就是说，某一社会中的经济资源总量既定及其增量有限时，不会出现人力资本与物质资本一起增长的状况，一定的资源若用于人力资本的积累，必然会减少物质资本的积累。新增资源为零时，人力资本与物质资本只能作结构性的调整，此消彼长，这也说明，笔者采用将人力资本、物质资本作为解释变量，GGDP 作为被解释变量的柯布—道格拉斯生产函数来测算人力资本对于绿色经济增长的贡献是可行的。

二、人力资本对经济总量的贡献

笔者将 1978—2002 年的时间序列以 1992 年为间隔点分为两段，假定在各时段内，$A(t)$ 代表的效率参数或包括管理水平在内的技术进步参数保持不变。分别计算黑龙江的人力资本在不同阶段处对于绿色经济增长的影响情况。1978—1992 年的回归结果如图 8-4 所示。

```
LS // Dependent Variable is GGDPL
Date: 02/09/04   Time: 10:51
Sample: 1978 1992
Included observations: 15
Excluded observations: 0 after adjusting endpoints

Variable       Coefficient    Std. Error    T-Statistic    Prob.
HL             0.187081       0.114121      1.639325       0.1271
KL             0.529890       0.081654      6.489436       0.0000
C              0.439216       0.472107      0.930333       0.3705

R-squared              0.996520    Mean dependent var      5.590903
Adjusted R-squared     0.995940    S.D. dependent var      0.302909
S.E. of regression     0.019300    Akaike info criterion  -7.718403
Sum squared resid      0.004470    Schwartz criterion     -7.576793
Log likelihood         39.60394    F-statistic             1718.208
Durbin-Watson stat     1.490324    Prob(F-statistic)       0.000000
```

图 8-4　1978—1992 年的回归结果

常数项系数显著为零，去掉常数项重新进行回归得到的结果，如图 8-5 所示。

```
LS // Dependent Variable is GGDPL
Date: 02/09/04   Time: 10:23
Sample: 1978 1992
Included observations: 15

Variable       Coefficient    Std. Error    T-Statistic    Prob.
HL             0.291902       0.018046      16.17585       0.0000
KL             0.457280       0.023878      19.15066       0.0000

R-squared              0.996269    Mean dependent var      5.590903
Adjusted R-squared     0.995982    S.D. dependent var      0.302909
S.E. of regression     0.019200    Akaike info criterion  -7.782092
Sum squared resid      0.004792    Schwartz criterion     -7.687685
Log likelihood         39.08161    F-statistic             3471.462
Durbin-Watson stat     1.410845    Prob(F-statistic)       0.000000
```

图 8-5　常数项系数显著为零，去掉常数项重新进行回归得到的结果

从得到的结果来看，各项统计指标均很理想，拟合精度很高，参数的估计值也很显著。1993 年以后的数据有所变化，具体如图 8-6 所示。

```
LS // Dependent Variable is GGDPL
Date:   02/09/04   Time:  10: 30
Sample:   1993 2002
Included observations:   10
Excluded observations:   0 after adjusting endpoints
Variable          Coefficient      Std. Error      T-Statistic      Prob.
HL                0.071815         0.113553        0.632441         0.5472
KL                1.002526         0.041488        24.16417         0.0000
C                -1.914137         0.773756       -2.473827         0.0426

R-squared              0.998493      Mean dependent var       6.512985
Adjusted R-squared     0.998062      S.D. dependent var       0.259583
S.E. of regression     0.011428      Akaike info criterion   -8.700047
Sum squared resid      0.000914      Schwartz criterion      -8.609272
Log likelihood        32.31085       F-statistic              2318.286
Durbin-Watson stat     0.953287      Prob(F-statistic)        0.000000
```

图 8-6　1993 年以后的回归结果

从上述结果来看，人力资本的产出弹性较小，只有 0.0718，而且它的 t 统计值也较小，该系数显著为零。去掉人力资本项，重新进行回归得到如图 8-7 所示的结果。

```
LS // Dependent Variable is GGDPL
Date:   02/09/04   Time:  10: 32
Sample:   1993 2002
Included observations:   10
Excluded observations:   0 after adjusting endpoints

Variable          Coefficient      Std. Error      T-Statistic      Prob.
KL                1.026969         0.014506        70.79611         0.0000
C                -1.430382         0.112254       -12.74232         0.0000

R-squared              0.998406      Mean dependent var       6.512985
Adjusted R-squared     0.998207      S.D. dependent var       0.259583
S.E. of regression     0.010991      Akaike info criterion   -8.844480

Sum squared resid      0.000966      Schwartz criterion      -8.783963
Log likelihood        32.03301       F-statistic              5012.090
Durbin-Watson stat     0.962341      Prob(F-statistic)        0.000000
```

图 8-7　去掉人力资本项的回归结果

从得到的结果来看，各项统计指标也很理想，拟合精度也很高，参数的估计值显著。物质资本的产出弹性为 1.027，即 $\alpha=1.027$，这表明当生产过程中所使用的物质资本增加 1%时，绿色经济增长指标 GGDP 的值增长 1.027%。$\alpha+\beta=\alpha\approx1$，即此阶段黑龙江的生产函数从总体来看基本上是规模报酬不变的。比较两阶段各要素投入的产出弹性，可以清晰地看到这种变化。1992 年以前，黑龙江的生产中所使用的人力资本的产出弹性为 0.292，1992 年以后这一数值变得很微小，可以忽略不计，或者说，此时生产中的人力资本使用量相对于物质资本存量而言过剩，因而，继续增加 1%的人力资本使用量对于产出而言几乎没有影响。

第九章
中国绿色经济增长评价指标体系构建

第一节 中国绿色经济增长转型及评价体系设计

一、中国绿色经济增长转型特征

绿色经济增长转型是构建资源节约型、环境友好型绿色生产方式的重要举措。当代背景下,中国绿色经济增长转型具有不断深化完备的政策指引与支持、包容性与可持续性相融合、机遇与挑战共存、以生态创新为新的动力、以实现生态文明为价值追求这5个特征。

(一)政策指引与政策支持

相比于可持续发展等相关理论,绿色增长之所以更成功地成为论述环境与经济关系的新概念,就在于其更细致地聚焦于政策制定者的核心偏好——怎样在保证 GDP 持续增长的同时保存及聚集自然资本。绿色增长理论提出的初衷是重振 2008 年金融危机之后的全球经济,以促进经济和环境协调发展。中国作为世界上最大的经济体和经济增长最快的国家之一,在自上而下的政治、经济背景下,绿色经济增长的动力之一就是从中央到地方的全面政策指引与政策支持,此种政策支持既源于中国内部协调环境、能源与经济关系的政策实践及经验,也是对国际组织及其他国家的成功经验学习。

中国多年来的经济持续高速增长是以沉重的资源浪费和环境污染为代价的,早在 20 世纪 80 年代,政府就开始关注协调经济与资源环境关系,促进经济增长方式的集约化、绿色化转型。过去十多年来,一方面，财政政策、信贷政策、环境管理经济政策、生态补偿、排污权交易等各类环境经济政策已经覆盖了社会经济活动的全链条，多种政策互相协调，共同调整开采、生产、流通或消费环节的社会经济活动，形成了较为完备的环境经济政策体系。另一方面，在可持续发展战略的指引下，以清洁生产促进法和循环经济促进法为依据，以排污收费、资源价值计价、产品负责制三大经济政策支撑循环经济发展模式，以能源政策、支持产业转型升级政策、技术创新政策为支撑发展低碳经济产业，以财政支持政策、税收激励政策、金融信贷政策为基础发展战略性新兴产业和高技术产业。较为完备的政策支撑体系是全方位、多层次、具体化经济增长绿色化转型的基础。

专修内功，外取众长，国际社会如火如荼的绿色增长实践为中国提供模式借鉴和经验参考。联合国呼吁各国实施"绿色新政"，利用系统性、连续性政策解决信用、气候变化和高油价三重危机的绿色新政将创造新的经济增长引擎。OECD 提出绿色增长战略可改变消费和生产模式、完善社会福利、改善人类健康状况、增加就业并解决与此相关的资源分配问题。世界银行认为发展包容性绿色增长是全球化背景下消除贫困、实现各国可持续发展的必由之路。全球"绿色竞争"气氛已日趋激烈，欧洲、美国、日本等主要发达国家及地区和不少发展中国家纷纷制定和推进本国绿色增长战略、政策及发展规划，国际社会的显著示范效应成为中国强化本土绿色经济增长转型政策支撑的催化剂。

（二）包容性与可持续性

目前对于绿色增长或者绿色经济，理论界和实践界还没有统一认同的定义，世界银行将包容性绿色增长简单概括为在保证经济增长的同时实现环境可持续性。联合国规划署定义的绿色经济的发展目标是在提高人类幸福水平的同时实现社会公平，显著减少环境风险和生态不足。这些论述的共同原则就是将绿色增长视为实现可持续发展的具体方向和道路，前者以后者为基础，是后者的子集，而不是后者的替代。绿色增长和实现可持续发展的三大支柱为：经济可持续性和可持续的经济增长、社会可持续性和社会公正、环境可持续性和环境公平。绿色增长作为一种新的发展范式，主张解决全球化背景下的社会不公平和消除贫困，这种理念与亚洲开发银行在 2007 年提出的包容性增长相呼应。包容性绿色增长既强调社会平等与公正,又强调环境可持续性。中国作为最大的发展中国家,绿色经济增长战略的要义是包容性和可持续性。

可持续性强调经济增长与资源环境的协调,中国仍然处于经济增长方式转型的重要时期,面对气候变化、环境污染、资源枯竭等问题,现阶段的主要发展战略可概括为政策实施、制度转型和文化引导。中央和地方运用配套政策工具,调控和规范经济生产活动,鼓励技术创新、产业调整和新能源开发,治理环境污染和空气污染;继续深化制度改革,"没有适当的法律和制度,市场就不会产生任何体现价值极大化意义上的有效率的自然秩序",规制经济运行方式和资源配置方式需要相应的制度保障;鼓励绿色消费方式和生活方式,发挥民间绿色组织组建各种绿色文化宣传和传播活动,在一定的正式制度存在且发挥作用的情况下,通过绿色文化引导,使更多的人接受绿色理念,培育绿色文明。

包容性强调通过经济增长消除贫困,实现社会公正和机会均等地分享经济成果。主流经济学理论中所关注和强调的经济增长搁置了许多资本主义全球化也忽略了的社会不公,将社会不公置于首要位置的绿色经济,经济增长的重要程度实际上还未论证。但在全球视野下,绿色增长被认为是解决社会不公的重要机制,新自由主义正统观念假设在环境系统中引入绿色市场可自发调节自然资产的价格来消除社会不公。对于中国而言,要实现减排、经济增长和以经济增长减轻贫困这三者的均衡,这种包容性更多地体现为提高就业和公民福利;增加创新和环境友好型产业的投资,创造更多绿色就业机会,缓解就业压力;保证均衡的区域绿色经济转型机会,以持续和有效的经济增长提升贫困地区人口和弱势群体的福利水平。

(三)机遇与挑战共存

机遇和挑战共存是中国绿色经济增长转型的阶段性特征,有效识别机遇和挑战,认清利弊形势,可为绿色增长战略的政策制定和路径选择提供重要参考。

绿色增长转型必须以经济结构转变为基础,但是这种转变受成本、制度和技术因素制约。①社会经济成本过高。经济增长的绿色转型需要对传统高能耗高污染产业进行改造升级,对于投资收益周期较长的绿色清洁能源产业,这种投资重点的转移和改造的短期社会经济成本过高的弊端已经显露出来，如随着《节能减排"十二五"规划》的实施，大量高能耗高污染的私营企业被关闭或整改，导致失业率暴增，国民经济收入减少，同时，节能减排的直接和间接收益在短期内又难以体现。②制度和政策障碍重重。存在制度设计不全面，环保部门在执法过程中多方受制于地方政府，监督缺乏法律效力，各部门之间职能配置不合理，垄断能源国企利益交织。政策体系不健全，缺少系统全面的长期政策规划，现有的相关政策措施分散于财政、环保、金融等不同部门，缺乏统一协调能力。③绿色科技、生态创新水平有待提高。绿色技术研发领域投资不足，在新能源开发、绿色技术投资和应用等环节与发达国家存在较大差距，新能源研究基础薄弱，缺乏核心技术及人才，绿色技术发展一直落后于发达国家。

尽管面对各方面的问题和挑战，中国的绿色经济增长也具备一定的机遇。①强烈的政治意愿和良好的制度环境、公众意识。中国政府具有推动经济增长绿色转型的强烈政治愿景，先后将发展绿色经济、加快生态文明体制改革纳入政治体制改革部署和国民经济计划中，另外，随着公众通过多种媒体平台广泛参与到环境信息披露和环境事件的监督与评价过程中，中国公众的环保意识、政策参与意识和践行绿色生活与绿色消费的行动意识日益强化。②逐步完善的政策体系和治理能力。意识到绿色经济增长和低碳发展需要一整套低成本、高效率、更加平衡的政策体系，中央和地方政府着手以市场为导向的、以实现生态文明和环境治理现代化为目的的管理模式和配套政策的改革。③持续的农村改革、新型城镇化改革。从以农补工到工业反哺农业、建设新农村，农村改革过程中不容忽视的重点是发展绿色农业和保护农村生态环境。同样地，新型城镇化改革不仅需要应对过去低水平城镇化造成的环境污染存量影响，也要将这个过程视为绿色城镇化的机遇，以更少的资源投入获得更多的社会效益和环境效益。

（四）以生态创新为动力

创新是经济发展的本质，是保持经济发展的不竭动力；生态创新是一个经济驱动器，能够增强竞争力，也是可持续发展的关键因素。按照OECD创新战略规划，生态创新是通过发展环境技术、部署智能解决方案，将绿色增长由愿景转化为现实的关键要素。学界对生态创新有绿色创新、可持续创新、环境创新等多种类似提法。生态创新致力于通过任何方式更加高效且理性地使用自然资源、减少对环境的负面影响，显著促进可持续发展。Fussler 最早提出生态创新概念，"生态创新是开发能够带来客户和商业价值但同时显著降低环境危害性的新产品、新工艺或服务的过程"。OECD 的生态创新是指创造新型的、价格具有竞争力的产品、工艺、系统、服务和流程以满足人类需求，为大众提供更高的生活质量，同时每单位产出的生命周期对自然资源的消耗最低，排放的有毒物质也最少。通过以上论述可知，生态创新具有一般创新的共性，包括产品、工艺、系统、服务和流程等方面的创造性改变，生态创新的特性则是将创新扩展到社会和制度结构层面且有意识或无意识地带来环境改善。

（五）以实现生态文明为目标

生态文明缘起于人类对生态问题的关注。20 世纪以来，以西方国家的工业化为主导的经济繁荣造成的生态环境和自然资源危机使后工业社会向生态社会转变成为历史发展的必然趋势。保护生态环境和有效节约利用自然资源，构建人与自然和谐相处的生态文明建设，已成为世界各国的努力方向。1995 年美国学者罗伊莫里森首次提出生态文明概念，其思想和理论基础经历了长期积累和广泛关注与实践。生态文明社会是中国今后发展的重要方向和关键任务，2007 年，中央政府首次提出把生态文明建设放在突出地位，融入经济建设、政治建设、文化建设、社会建设各个方面全过程，将生态文明提到了国家战略的高度。2015 年 4 月，中央政治局会议审核通过的《关于加快推进生态文明建设的意见》进一步对建设生态文明社会作出具体部署，提出新的要求，进一步凸显生态文明的重要性。

中国生态文明建设的方向和落脚点在哪里？生态文明理念的产生和发展本质上归功于生产力的发展，而生产力的提高归根结底是经济的发展，现阶段中国要追求生态文明，首先必须保持经济的适度增长，同时兼顾资源节约和环境保护，转变经济增长方式，促进绿色经济增长，因此，绿色经济增长转型是生态文明的经济基础和具体路径实践，没有绿色增长作为经济支撑，生态文明就无从谈起。

二、中国绿色经济增长评价的系统模型分析

客观经济基础条件、经济政策的变化使评价研究的功能得以凸显。中国绿色经济增长是一个复杂的系统,根据子系统相互作用机理提炼出的绿色增长要素是构建绿色增长评价指标体系的基础。

(一)绿色增长的评价功能

具体来说,建立在中国绿色经济增长转型阶段性特征基础上的相关评价分析不仅是诊断与检验中国经济增长绿化度的有效工具,也是有效识别中国经济增长问题的重要手段,可为环境经济政策的制定和实施提供正反馈。

如何诊断与检验绿色增长的阶段性特征与成果是 OECD 等国际组织的重要研究主题,也是中国绿色经济增长转型的重要任务。国际学术界已经提出多种概念模型框架,设计评价指标体系评价各国绿色增长水平,甚至有学者尝试进行国际比较的绿色增长水平评价研究。中国实施绿色经济增长战略已经初见成效,但是机遇与挑战并存,对于现阶段的绿色经济增长水平的定性描述与总结较多。持"标准绿色增长"观点的学者认为,中国实施绿色增长战略解决环境问题与短期经济增长存在"效益违反"矛盾,即短期内该战略的实施会降低经济增长速度,但是长期看来会加快经济增长速度。持"强绿色增长"观点的学者则更加乐观,认为无论是从短期还是长期来看,绿色增长转型都会促进经济的快速增长。究竟"绿色"与"增长"如何共进且相互作用?观点的争论无法给出准确的答案,因此在定性描述的基础上用定量方法衡量绿色增长的各个方面,有效诊断与评价中国绿色经济增长水平是评价研究的重要功能。

经济增长是宏观经济学中至关重要的研究内容,经济增长不仅是影响个人收入水平的重要因素,也是提高世界人民生活水平、减少世界贫困的关键所在。从古典经济理论到新古典经济理论都将自然资产作为经济增长的外生变量,这种粗放型经济增长方式导致的后果就是资源与环境越来越成为制约经济持续健康增长的因素,如何将资源与环境要素化入经济增长理论中是许多学者关注的重点问题。在中国,现阶段的经济增长伴随着多种问题,包括效率低、高能源、高污染、区域与结构不平

衡，经济增长速度放缓与消除贫困等。绿色增长战略被认为是解决这些经济增长症痛的突破口，得到广泛认同和实践推进。寻求评价绿色增长必须以如何测度"增长"为起点，评价经济增长水平是有效识别绿色增长战略实施过程中的中国经济增长问题的重要方式。

政府具有通过政策影响经济发展的能力，哪种政策能够使经济增长最大化，政府在经济增长中扮演的角色是什么，这都是亚当·斯密在《国富论》中最关心的问题之一，也是经济学最古老的问题之一。绿色经济增长同样与政策密不可分，追求绿色增长需要一整套措施共同支持经济增长，同时引导经济活动提升到使生产和消费环节降低对环境的负面影响的良性循环中，实现这种良性循环的关键就是寻求整合资源利用有效性与综合考虑其他环境因素到日常经济决策中，但是在现阶段，中国还没有能在实践中发挥作用的一整套政策措施，制定适合中国国情的绿色经济增长政策框架极具挑战性，需要挖掘市场创新能力，洞悉如何以经济政策整合自然资源资产，在此基础上以传统经济的动力和决策驱动经济增长。评价研究可系统识别中国绿色经济增长的结构特征，为政府政策提供决策反馈。

（二）经济与环境系统模型

绿色增长是一个动态的概念，定量测度或评价绿色经济增长水平应从努力提高对经济和环境过去、现在和未来的交互作用过程的理解入手。从系统论角度来看，经济与环境是一个复杂的有机系统，是由相互制约和相互依赖的若干部分组合而成的，具有特定功能：经济是环境的主导，人类的经济生活活动改变生态环境，创造人类生活发展所需的物质和福利；环境是经济发展的物质基础和制约要素，为经济活动提供原材料和能量。环境被视为可提供一系列服务的综合资产，一方面，这些资产是经济生产活动的物质原料，通过生产活动转化为消费品，最终，这些消费品以废物形式返回到环境中；另一方面，环境资产也直接为消费者提供如美学、舒适性等无法替代的服务。生态经济学不同于传统经济学之处就是从系统论角度动态描述了作为生态环境子系统的经济系统演化趋势。相对于更大的生态环境系统而言，经济子系统的规模小，随着经济持续增长，在这种称之为"空的世界"中，环境不是稀缺资源，经济扩张的机会成本可以忽略不计，即工业经济社会之初，经济子系统的数量型扩张有其合理性，粗放型经济增长是为了满足社会发展需要。但是随着经济子系统的不断增大，经济增长使整个系统从一个"空的世界"转变为"满的世界"时，经济服务产生的福利增加，生态环境产生的福利却在减少，自然资本替代人造资本成为稀缺的限制性因素时，经济子系统就要从粗放的数量型增长向集约化的质量型增长转变，保持系统之间的平衡，促进经济的绿色增长，为实现可持续发展做出改进。

为进一步考察经济增长与环境之间的关系这个命题，国内外学者在传统经济增长模型的基础上，引入环境要素，对传统经济增长模型进行改进，分析影响绿色经济增长各要素之间的关系，其中最具代表性的是对索洛经济增长模型和拉姆齐模型的"绿色改造"，考察作为一种内生要素的自然资源，与资本、人口等要素对经济增长的共同影响。

第二节 第一产业绿色增长评价指标体系设计

一、第一产业概述

第一产业的称谓源于产业经济理论中的三次产业分类法，这类经济部门的基本属性是产品直接来源于自然，生产不必经过深度加工即可消费。随着全球经济发展和社会分工的不断深化，为方便国际经济统计和比较而制定的多套产业分类体系经历了不断修订和扩展的过程，第一产业也经历了相应的分类演化，但是其基本属性和基础地位没有改变，只是在具体构成及分类上有所差别。依据产业分类理论的演化趋势总结和梳理第一产业的分类及构成，界定其特征，是构建中国第一产业评价指标体系的基础。

在 ISIC、NAICS、NACE 这三大最具国际影响力的产业体系中，第一产业的构成及演化存在差异。ISIC 是目前国际上产业分类的典范，NACE 是 ISIC 的派生体系，NAICS、中国产业体系和 ANICS 等都基于 ISIC。

二、第一产业绿色增长

第一产业作为国民经济最基本的物质生产部门，无论是从历史层面还是现实层面来看，都是国民经济和社会发展的坚实基础。中国经历了漫长的农业社会，作为人口大国，第一产业的发展一直是衣食之源、生存之本。然而进入 21 世纪以来，第一产业发展面临着人口压力大、人均耕地面积减少、农地污染日益严重、水土流失、土地沙漠化、农产品安全等一系列与农业生态环境相关的问题，这些问题严重威胁着第一产业的可持续发展。为解决这些发展难题，促进第一产业的现代化发展，在绿色经济增长战略下促进第一产业的绿色增长不仅是国际社会的共同选择，也是中国第一产业发展的必由之路，政府的绿色增长之路探索也取得了初步成就。

中国作为农业大国，第一产业发展的资源与环境约束具体表现在以下三个方面。

（1）生态环境恶化，污染形势严峻。中国第一产业资源相对匮乏，人多地少且缺水，森林覆盖率低，根基薄弱。据国土资源部数据显示，2005 年全国人均耕地仅相当于世界平均水平的 40%，人均水资源量仅为世界平均水平的 28%。且随着工业化、城镇化的推进，土地生态退化与环境污染恶化的问题不断加剧。2002 年，森林覆盖率降低导致的水土流失面积约 356 万 km^2，土地荒漠化面积达 262 万 km^2。环境污染主要是指农业生产过程中农药、化肥、地膜等过量使用造成的农业化工污染和畜禽养殖业造成的污染，上述三种农业生产资料的使用总量逐年上升，2013 年中国化肥的使用量为 5912 万吨，超过世界总量的 30%。

（2）生产力水平有待提高。生产力水平主要以产业生产率和产业机械化程度体现，对于农业亦是如此。2008 年，国内农业用水量约占总用水量的 62%，用水比重大。2012 年数据显示，农田灌溉水有效利用系数略高于 0.5，远低于世界先进水平的 0.7~0.8。农业基础设施仍旧薄弱，机械化水平低。

（3）产品质量安全问题严重。作为产品直接来源于自然的第一产业，食品安全危害的原因来自多方面，最主要的是农业生产过程中的农药残留、重金属残留和兽药残留。由于第一产业生产过程中的各种污染源会间接进入食物链中，污染农产品，进而危害人类健康。

面对第一产业生态安全与食品安全的双重约束，以及资源与环境的双重挑战，中国政府很早就意识到第一产业可持续发展的重要性，通过实施一系列政策措施规范监督第一产业的绿色增长。21 世纪进入工业反哺农业时期，2004 年开始中央政府每年都会出台关于"三农"问题的"一号文件",循序渐进地完善促进第一产业发展的政策,从发展现代农业、调整农业结构到建设新农村、推进农业发展方式转变与农业生态环境治理,作为全国第一产业的纲领性与指导性政策,其绿色含义逐渐突出。且第一产业的绿色化发展也是国民经济和社会发展规划纲要的重要内容,从"十一五"时期到"十二五"时期,都明确规定了中国农业发展的基本思路、目标和政策措施,第一产业的绿色增长迎来新的机遇。

三、农业绿色增长评价指标体系

农业乃天下之本,中国农业的发展更关乎粮食安全。农业在适应以绿色经济增长为目标的环境导向经济中面临着诸多挑战,需要在提高资源利用率和适应气候变化的同时不断提高生产力且提高环境质量。对于中国绿色经济增长模式下的农业绿色增长状态及水平,需要在识别现阶段农业基本特征的基础上构建全面的评价指标体系,以定量衡量农业绿色增长水平。

(一)农业绿色增长的内涵

农业增长模式一直是学者讨论的重点,21 世纪以来,随着可持续发展理论的兴起,农业领域的诸多问题随之产生,为了满足消费者日益提高的农产品质量要求、提高中国农产品的国际竞争力,对可持续发展农业、生态农业、有机农业、循环农业、低碳农业、绿色农业等相关农业发展模式的讨论和关注为促进中国农业现代化提供了理论指导和多种模式选择。尽管对整个经济总量的贡献相对较少,但是农业因其与自然环境的密切关系却在绿色经济增长中具有重要作用,现阶段随着绿色增长战略成为许多国家的首要政策,通过政策工具提高农业绿色增长水平也是许多国家努力探索的重点。农业部门的绿色增长战略目标有两个,一是高效率、持续为不断增长的人口提供所需的充足食物,这意味着确保提高资源利用效率的同时不断提高粮食产量;二是在从农田到餐桌的全食物链过程中降低碳强度和对环境的负面影响,如碳回收、洪涝和干旱控制、保持生物多样性。

促进中国农业绿色增长是绿色经济增长战略在经济子系统的具体表现,是对可持续发展农业模式的具体实践,是融合生态农业、低碳农业等具体农业发展模式的优势,在现阶段促进农业现代化、解决三农问题的突破口。一方面,中国面临的人口、资源和环境约束迫切需要在绿色经济转型过程中强化粮食安全,确保农业的基础地位,农业作为绿色增长的原料基地和产业支撑,是中国全面推进绿色增长战略的重要内容。另一方面,作为人口最大的发展中国家,农业绿色增长面临巨大的制约和挑战,需从增加农业科技教育和研发投入、进一步完善和细化政策两方面着手促进农业绿色增长。OECD成员国在实施绿色经济增长战略过程中强调农业在环境问题治理、带动其他产业发展的基础作用和地位,纷纷制定一系列细化到环境规制、经济、贸易、研发、信息、教育和培训等多方面的政策和市场制度,加快农业的绿色增长转型,提高农产品的市场竞争力。舒尔茨早在21世纪40年代就提出农业的持续增长需加大人力资本投资、提高劳动生产率,中国农业发展同样面临着农业从业人员知识水平低、农业科技落后的局面,农业绿色增长最终取决于技术和农业从业人员整体技能和环保意识的提高。

(二)评价维度设计及指标选取

评价研究可衡量农业绿色增长程度和水平,随着OECD成员国在农业绿色增长领域的政策实施,部分国家越来越意识到测度和评价农业绿色增长水平及政策效果的重要性,并努力提高与完善测度和评价方法,如在欧盟农业发展评价项目的实施中,农业环境子项目被要求需建立包括一整套定量指标的评价框架。农业发展具有动态性、阶段性和地域性特征,不同国家由于不同的自然条件和经济发展水平,促进农业绿色增长的途径和重点也有所不同,中国在促进农业现代化过程中追求农业绿色增长是为了从"高能耗""高污染"的传统农业增长方式转向集约化的增长方式,实现农业生态系统的平衡和农业资源的可持续利用。从"十一五"时期到"十二五"时期的农业政策实施使农业增长的绿色化水平取得了初步成就。国内农业相关评价指标体系研究成果相对陈旧,具体可分为可持续发展农业评价指标体系、低碳农业评价指标体系、农业现代化评估指标体系、绿色农业评价指标体系等相关指标体系,但是全面、系统衡量现阶段中国农业增长水平,可用于国际对比的指标体系依然是理论空白。建立中国农业绿色增长水平评价的指标体系不仅是为了准确地衡量农业绿色增长的整体水平、地区差异及其目标实现的程度,更重要的是与国际接轨，可用于国际对比，衡量中国农业绿色增长水平在国际经济中的地位，从而为国家战略制定、政策设计和地方实践活动提供参考。

构建一整套有效的测量工具和评价指标以测度经济增长转型的绿色化程度是绿色增长战略的重要内容，这些测量工具和评价指标应以完整的概念模型和国际可比性为基础，除此之外，具体评价指标的选取还应遵循一定原则，构建中国农业绿色增长评价指标体系除遵循系统系、完整性、可操作性等一般原则之外，还应注意四个重要的特殊原则，即兼顾绿色增长的两个要素——"增长"和"绿色"的平衡，及介于这两个要素之间的其他要素的完整性；保证国际之间数据的可测量性和可对比性；确保指标的代表性，可集中反映中国农业绿色增长的问题；与绿色增长的概念模型保持一致。

第三节　第二产业绿色增长评价指标体系设计

一、第二产业概述

首先，从国际层面来看，随着世界经济的增长和发展，第二产业在经济行业分类中一直占据着举足轻重的地位，且随着不同阶段经济发展的不同特征，产业的界定和分类经过了相应的演化，ISIC作为国际公认的经济行业标准规范，对第二产业的分类越来越细致和详尽，且随着经济发展活动对资源环境影响加重，保护环境的经济活动得到重视并成立相关的经济行业或者部门。其次，中国第二产业的分类和界定整体上既与联合国的规范标准保持一致，又更加详尽地体现了中国经济特征，随着经济的增长和发展，也经历了不同的演化阶段，但是在不同经济发展阶段，第二产业依然是经济增长和发展的关键。因此，按照中国经济现阶段第二产业的界定和分类结构，可通过采矿业、制造业、电力、燃气及水的生产和供应业、建筑业这四个产业设计第二产业绿色增长评价指标体系。

二、第二产业绿色增长概况

第二产业包括工业和建筑业，作为国民经济增长和发展的支柱产业，第二产业在经济发展过程中占有主导地位，是整个经济增长和发展的动力和引擎。中国30多年持续高速的经济增长主要得益于第二产业的快速发展，然而第二产业高速增长的同时，资源和环境问题成为制约第二产业可持续增长的主要因素。能源短缺、能源消耗高、环境污染严重、能源消费结构不合理等具体问题日益凸显。为解决这些发展难题，促进第二产业的可持续增长，在绿色经济增长战略下促进第二产业的绿色增长不仅是其他国家的共识和选择，也是中国第二产业发展的必由之路，第二产业的绿色增长之路探索也取得了一定成就。

经过多年的经济快速增长，中国已经步入工业化中后期，很长一段时间内仍然处于工业化的中后期阶段，经济面临着从高速增长到中高速增长的阶段性转换。以工业为主的第二产业在很长一段时间内将依然是经济的主体部分，同时也是资源消耗和环境污染的主体部分。可以预见，中国的第二产业发展将面临更加严峻的资源环境压力。因此，推动第二产业与资源环境的协调发展成为绿色经济增长的当务之急，实现可持续发展的工业绿色增长成为促进工业现代化发展的必然选择。

三、采矿业绿色增长评价指标体系

中国经济行业中的采矿业指对固体（如煤炭、矿物）、液体（如原油）、气体（如天然气）等自然产生的矿物能源的采掘和开发活动，采矿业是各经济活动的主要矿物原料来源，无疑是社会和经济发展的物质基础，采矿业的发展对国民经济具有重要作用。中国多年的经济高速增长使资源的供需矛盾日益明显，持续的粗放型经济增长方式和较低的资源利用率不仅加剧了这种供需矛盾，而且使采矿业生产活动对生态环境污染和破坏更加严重。随着建设生态文明、促进绿色经济增长日益成为国家发展战略，对于中国绿色经济增长模式下的采矿业，在识别现阶段采矿业绿色增长问题及模式选择的基础上建立全面的绿色增长评价指标体系，以全面、定量地测度和评价不同区域采矿业增长的绿化度具有重要的理论价值和实践意义。

（一）采矿业绿色增长概况

随着一系列新能源开发政策和建设绿色矿山政策的实施，在"十三五"时期绿色经济发展规划背景下，采矿业的绿色增长是指在确保矿物自然资产能够继续为经济提供各种资源和环境服务的同时,促进矿产开发的持续增长和发展。采矿业绿色增长模式倡导通过高效利用资源和能源,减少矿产开采生产活动对周围环境、水资源、生物和居民生活健康造成的威胁和影响,以技术的创新和运用、环境评价及环境问题的预防和治理能力的提高创造新的增长动力,实现矿产开采活动和生态环境的协调发展。

(二)评价维度设计及评价指标选取

中国采矿业的绿色增长之路是否能够持续,增长模式如何,效果怎样,需在梳理现有相关研究成果的基础上设计评价指标体系,全面测度和评价采矿业的绿色增长水平和程度。

通过查阅中外文献可知,国外学界的相关研究更倾向于定性与定量结合的案例评价研究,Floris 用摄影测量法呈现了意大利 Tivoli-Guidonia 区附近因为采矿造成的地面下沉对周围环境的影响。Monjezi 构建了包括公众健康和安全、社会关系、空气和水质量等方面的评价指标以评价伊朗 Mouteh 金矿等大矿山的环境影响。Moran 也从案例评价角度评价了加拿大 Zortman 和 Landusky 矿山的环境影响。国内的相关研究可总结为绿色矿业或绿色矿山、矿业可持续发展能力、生态矿业发展、矿业循环经济、金属矿山清洁生产、矿业开发的生态影响等方面。

潘冬阳的绿色矿业评价指标体系从产业链发展的角度出发,包括经济效益、生态经济、产业链 3 个子系统的 6 个指标。孙彦辉的绿色矿业评价体系包括绿色矿山指标、绿色经济指标、社会对绿色矿山创建的感知、社会对绿色经济的认知和矿企对绿色矿山创建的态度共 5 个层次的 20 个具体指标。矿业可持续发展能力评价指标体系以侯俊华提出的铀矿可持续发展能力指标、田俊峰提出的西部煤炭可持续发展评价指标及王英利提出的区域矿业可持续发展评价指标体系为代表。生态矿业发展以刘金平提出的包括矿业经济、矿业资源等四个方面内容的指标体系为代表。矿业循环经济则以沙景华提出的包含 12 个具体指标的评价指标体系为代表。此外,龚利华、陈树召分别提出了黑色金属矿山清洁生产评价指标体系和矿业开发的生态影响评价指标体系。

综上,在学界现有的研究中,能够全面、系统地衡量现阶段采矿业绿色增长水平，可用于国际对比的指标体系依然是理论空白。

第四节 第三产业绿色增长评价指标体系设计

第三产业绿色增长对整个国民经济的绿色增长转型意义重大。现阶段，由于第三产业对环境影响程度相对较少且具有隐蔽性，当前并没有强调此产业的资源环境问题，绿色增长的相关评价研究和指标设置十分少见。选取关键性指标、构建评价模型、全面测量和评价第三产业经济增长绿色水平是有效识别现阶段中国绿色经济增长水平的重要内容，对中国各地区第三产业发展状况进行综合评价，有助于正确认识不同区域第三产业绿色增长水平和程度，为因地制宜制定切实可行的发展政策提供理论基础，使绿色增长模式为第三产业提供新的增长动力。

一、第三产业概述

ISIC、NAICS 和 NACE 这三大产业体系最具国际影响力，探讨其第三产业的演化及分类是第三产业绿色增长评价指标设计的理论基础。ISIC 作为国际社会公认的标准产业分类体系，需重点分析中国第三产业的演化及分类与 ISIC 第三产业的演化及分类的异同。

工业化早期以工业为龙头的国民经济极大推动经济高速增长，工业化后期经济的稳定增长、经济运行效率与质量提升、经济发展满足于生活质量和身心素质的要求成为经济进一步增长和发展的内在要求，这种内在要求表现为第三产业规模持续扩大及其结构不断升级。ISIC 作为国际公认的经济行业分类标准规范，对第三产业的分类越来越细致和详尽，成为制定区域和国家经济行业标准的重要参考规范。中国第三产业的分类和界定整体上与 ISIC 规范标准保持一致，同时更加详尽地体现了中国第三产业发展的阶段特征。随着第三产业对经济增长贡献日益增大，第三产业的绿色增长及其评价指标研究成为研究重点，具体到内部各行业，可按照第三产业界定和分类理论，选取第三产业中经济贡献率最大、能源消耗和环境影响最大的几大行业，如交通运输业、酒店餐饮业、旅游业等，设计绿色增长评价指标体系，分析第三产业的绿色增长水平。

二、第三产业绿色增长的问题

第三产业是物质性生产部门的延伸和补充，涵盖范围广泛，包括的种类杂多，内部行业特点大相径庭。中国经济高速增长，经济结构不断优化，第三产业在国民经济中所占比重越来越高，内部结构不断优化升级，第三产业在迅速增长和发展的同时，其对资源和能源消耗、对环境的影响也日益广泛和深刻，这些资源环境问题正逐渐浮出水面，越来越受到人们重视，全面认识这些资源环境问题的特征是根据产业属性设计具体到产业内部的绿色增长评价指标体系的现实依据。

鉴于第三产业面临资源环境问题的特征和第三产业实现绿色增长的特有优势与潜力，如何构建第三产业绿色增长评价指标系统并提出评价模型，是中国绿色经济增长评价研究的重要内容和关键问题，考虑到第三产业涵盖范围广泛、分支行业数量庞杂多样的特点，应具体到第三产业内部各行业，针对各行业不同的特征设计绿色增长评价指标。

三、交通运输业绿色增长评价指标体系

（一）交通运输业绿色增长概况

交通运输业发展过程中产生的日益严重的资源与环境问题既是实现绿色增长面临的巨大挑战，又是在绿色发展政策蓝图背景下，对增长模式尚未定型的交通运输业构建绿色增长模式、提高经济整体绿色增长程度和水平的重要机遇。按照绿色增长理论内涵，交通运输业绿色增长旨在确保自然资源和能源资产能够继续为经济和社会发展提供更经济、更方便、更高质量的交通运输服务的同时，促进交通运输业持续增长和发展。作为一种新的增长模式，倡导通过节约和高效利用资源及能源，开发清洁能源，合理规划利用交通资源，提倡绿色交通工具和出行方式，以减少交通运输领域的能源消费、大气污染，降低空间资源的占用程度，减少对居民生活健康造成的各种威胁和负面影响，以技术创新、预防和治理能力的提高创造新的增长动力，实现产业发展和生态环境的协调。

为有效减轻交通运输业的能源消耗和环境问题，在理论和实践中先后提出了交通运输可持续发展、和谐交通、低碳绿色交通、智能交通等理念，并在政策和技术层面得以实践。相较于以上概念，交通运输业绿

色增长则是从宏观视角整体考察如何促进交通运输业增长与环境、资源约束的脱钩和解耦，不仅关注清洁能源或低碳智能运输设备的技术开发等微观环节，更注重整个行业的增长模式转变和资源及能源的利用。

（二）评价维度设计及评价指标选取

将可持续发展、低碳绿色发展等协调资源环境与经济关系的发展理念和增长模式引入持续交通运输业，围绕这些绿色发展模式，国内外学者从不同角度设计了相关评价指标，但是基于近几年兴起的绿色增长理论，探讨交通运输业绿色增长评价的研究成果很少。立足于中国交通运输业现阶段资源环境问题的特征，构建交通运输业绿色增长水平的评价指标体系，不仅是为了准确地衡量不同区域交通运输业绿色增长的整体水平、地区差异及目标实现的程度，更重要的是要遵循国际可比性，使指标设计与国际标准接轨，定量测度国际经济背景中中国交通运输业增长水平的绿色化程度，从而为产业层次的绿色增长战略规划制定、政策设计和产业节能减排措施的制定提供参考。

指标体系设计和评价模型等测量工具是测度和评价交通运输业增长转型绿色化程度的前提和基础，关系到交通运输业绿色增长模式这种可持续发展模式能否在中国交通运输业得以实施，这些指标和测量工具应以完整的绿色增长概念模型和国际可比性为基础，此外，具体指标体系的设计还应遵循一定原则，具体可分为一般原则和特殊原则，一般原则为指标体系设计的基本原则，包括系统性、完整性、独立性、可操作性。这些基于前人实践经验总结而来的原则是保证指标设计整体水平的重要标准。特殊原则源于中国交通运输业资源环境问题的特征及绿色增长转型的要求，主要有：①指标维度设计与OECD绿色增长的概念模型保持整体一致；②具体指标选取体现和兼顾绿色增长两个要素——"增长"和"绿色"的平衡和定量化；③指标的代表性，可集中反映中国交通运输业的资源环境问题；④兼顾指标数据的可测量性和国际标准的对比性。

第五节　中国绿色经济增长综合评价指标体系设计

中国绿色经济增长转型是一个复杂的系统问题，涉及多种因素的相互作用，其评价指标体系设计可从层次剖析的角度进行，基于产业层次基础之上的中国绿色经济增长综合评价指标体系设计是由局部到整体、关键要素到系统全局（关键子系统到全局系统）。这是更高层次识别绿色增长问题、制定相关政策和规划以指导绿色经济增长转型实践探索的重要方式与前提。

一、绿色经济增长综合评价与产业层次评价的关系

将中国绿色经济增长视为复杂系统，产业层次的评价指标体系描述了子系统内部各关键影响因子的相互作用关系，是探讨和衡量中国绿色经济增长绿化度的微观视角，可从更深入的层次揭示绿色经济的影响因子和各子系统相互作用的内在机理。综合评价指标体系设计则是从经济系统全局观衡量各子系统对整体绿色经济增长的相互作用关系，对于绿色经济增长模式的整体状态测度、问题识别和形势预测具有重要理论价值和实践意义。

（一）绿色经济增长综合评价的内涵

评价研究是指运用定量或者定性的方法精确、客观、公正、合理地评定评价对象的状态和预计效果，是政策、规划制定和选择的可靠依据，因此越来越得到学术界和理论界的重视。综合评价方法也称为多变量综合评价方法，重点是选取多个指标变量或目标对多个评价对象进行全面评价。从经济系统论角度，针对中国绿色经济增长首先从产业层次展开的三大产业的绿色增长评价指标设计可称之为子系统评价指标，产业层次的绿色增长评价指标体系分别基于产业相应的绿色增长过程中的问题和影响要素进行全面衡量和描述。这里的绿色经济增长综合评价指标体系设计是指在各产业评价指标体系设计的基础上，在评价指标体系设计系统性、独立性等一般原则和遵循绿色增长理论概念要素、兼顾"绿色"与"增长"核心要素、指标变量的简明性与国际可对比性等特殊原则的前提下，基于经济系统整体视角，按照一定的方法从绿色经济增长指标库中筛选指标，构建综合评价模型，并按照一定的方法做指标信度检验和指标体系效度检验，计算指标权重，最终构建一套能够全面、客观、合理地测度和评价中国绿色经济增长整体水平的指标体系。综合评价指标体系设计是评估绿色经济增长水平、制定绿色经济政策、指导绿

色经济实践的关键步骤和重要前提。

（二）综合评价与产业评价的关系

对于绿色经济增长综合评价指标设计与三大产业绿色增长评价指标体系设计的关系，需首先纠正和厘清三种误解。

（1）综合评价指标维度不是三大产业的简单拼凑和加总。对于综合评价指标体系的维度设计不是简单将三大产业作为综合评价的各个维度，个体各个要素的加总并不一定等于总体，应该全面、系统地考虑各个经济子系统的相互作用关系和贡献度，以及个体对整体的影响力，既不盲目均分也不片面忽略。

（2）具体评价指标的选取也不是三大具体评价指标的简单加总。综合评价指标的设计过程并不是在简单精简去重的基础上将各个产业的评价指标全部纳入，而是在兼顾各个产业具有代表性指标的基础上，从现有所有相关研究成果的指标库中按照科学合理的方法筛选指标，综合运用交叉分析、实证检验等多种方法仔细分析和筛选，以尽量精简的指标反映整体的综合状态。

（3）要将绿色经济增长综合评价指标体系区别于经济环境绩效评价指标体系。经济的环境绩效评价指标体系设计也是研究的热点问题，但仅仅只是绿色经济评价的某个有机组成部分，而绿色经济增长的综合评价指标体系既要反映经济的环境绩效（绿色绩效），又要反映绿色经济对经济增长的促进作用，综合评价指标意味着全面、系统地衡量和反映，而不是仅仅关注绩效方面。

综合评价指标体系设计与产业评价指标体系设计两者之间关系密切，相互依存、互为依托、互为补充，各产业指标体系是综合评价指标体系的基础，综合评价指标体系是在一个更高层次上对产业评价指标体系进行的有机整合。两者之间是子系统与大系统的关系，各产业评价指标体系是相互作用的有机分子特征的反映，而综合评价指标体系则是统驭各个子系统的大系统；各产业评价指标体系是反映整个经济系统内部各个子系统的局部组成，而综合评价指标体系则是基于大系统视角对各子系统相互作用机理的整体全面认识和把握，忽略两个层次中的任何一种评价指标体系设计，都会影响后续评价实证研究对绿色经济增长信息的全面、系统识别，放弃综合评价指标体系设计会进入"只见树木不见森林"的迷途,而放弃产业评价指标体系设计评价则会陷入"知其然但不知其所以然"的困境。此外,复杂的绿色经济增长系统是内部各个产业子系统相互作用的过程,各产业评价指标设计之间存在着互相交叉、互相渗透的关系,综合评价指标体系则力求在全面、综合的基础上对绿色经济增长的全貌进行整体反映。基于以上结论,综合评价指标体系设计是中国绿色经济增长评价指标体系设计的关键步骤之一。

产业评价指标与综合评价指标的研究角度和侧重点不一样,意义也不同。一方面,产业评价指标可从不同角度反映不同产业的绿色增长现状,是了解各产业基本信息的重要手段,也是对绿色经济系统进行深层次评价研究的基本步骤和内在需要。通过产业绿色增长指标体系设计可从纷繁复杂的指标中以定量衡量的方式挖掘各产业绿色增长的内在规律性,进而找到产业之间的差异性,是从中观甚至微观视角考察各产业相互作用机理及差异的重要方式。另一方面,综合评价指标体系设计则是从宏观角度考察绿色经济增长中各个子系统相互作用关系的重要步骤,是在产业评价指标体系研究成果的基础上进行有机整合,可全面系统地反映绿色经济增长系统的实际情况,有助于宏观经济政策和规划的制定和实施。

对于按照多种方法,经过 5 轮筛选精挑细选出的中国绿色经济增长综合评价具体指标,需按照现阶段中国经济的资源环境问题的特征和实现绿色增长转型的具体目标要求,结合绿色增长理论的关键要素因子,提出恰当的概念模型,进行指标维度设计,提出具体评价指标,形成评价指标体系,并检验评价指标体系的信度系数,验证指标体系内部的稳定性和可靠性。

二、评价维度设计

对于绿色增长理论,OECD 和 UNEP 的定义广为人知,OECD 将绿色增长理论高度概括为在促进经济增长及发展的同时,确保自然资产能不断提供人类福祉不可或缺的资源和环境服务,联合国环境规划署(UNEP)将绿色增长定义为"提高人类福祉和社会公平,同时显著降低环境风险和生态稀缺",可见绿色增长的理论内涵包括了经济增长高效、经济规模有度、资源环境服务优越、环境生态系统平衡等要素,在经济基础之上兼顾对资源环境的改进，是一种深度经济增长范式变革。按照对绿色增长理论内涵与经济实际问题、增长目标的结合，OECD 率先提出绿色增长概念框架，并按照概念框架初步设计出绿色增长评价指标体系，已用于监测 OECD 成员国农业的绿色增长水平评价研究。此指标体系包含社会经济背景和增长特征、环境和资源生产力、自然资产基础、生活的环境质量、经济机遇和政策五个评价维度。此外，对样本指标库的初级指标隶属度函数统计结果的分析可知，初级指标作为末级指标的概括综合，是绿色经济增长评价指标维度设计的重要参考，一半以上的初级指标可概括为经济增长结构水平、资源和能源资产、资源和能源利用、社会发展水平、生态系统状态与环境状态五个方面。

综合 OECD 绿色增长概念框架、评价指标维度和绿色增长相关评价指标库的初级指标隶属度函数统计结果，在结合中国经济面临的资源环境问题和绿色增长转型目标的基础上，按照经济投入产出过程，遵循兼顾"增长"和"绿色"两个核心要素的基本原则，可从自然资产基础、绿色经济投入水平、污染物排放强度、资源和能源效率、资源环境质量五个维度组成具体评价指标体系。自然资产基础是衡量资源和环境为经济持续增长提供动力和绿色经济增长潜力大小的重要方面，通过对具体指标属性分类，选取人均水资源量、森林覆盖率、湿地面积、自然保护区个数等十个指标具体衡量中国绿色经济增长的自然资产基础。绿色经济投入水平是从投入角度衡量绿色经济增长水平的关键因子，根据具体指标库的属性分析，可选取工业固体废物污染源治理投资、环境污染治理投资总额占 GDP 比、城市排水基础设施建设投资、环保投资率等七个具体指标衡量绿色经济增长的绿色经济投入水平。

污染物排放强度是从产出角度衡量经济生产对生态环境影响强度的重要维度，通过对具体指标的属性分类，可共同表征这一关键评价维度的具体指标为单位国内生产总值二氧化碳排放量、单位国内生产总值二氧化硫排放量、单位国内生产总值 COD 排放量等十一个具体指标。资源和能源效率是从经济生产水平角度概括和衡量资源和能源生产力的关键因子，具体指标库中可共同衡量此评价维度的指标为工业固体废弃物综合利用率、能源自给率、水资源利用强度、煤炭采储比、绿色能源使用率等十个指标。资源环境质量也是从经济产出角度评价绿色经济增长的重要维度，按照具体指标属性分类，选取工业废水排放达标率、工业废水中氨氮去除率、水土流失治理面积、城市生活垃圾处理率等九个指标，可从正反两方面共同定量衡量绿色经济增长的资源环境质量。

中国绿色经济增长综合评价指标体系设计是在产业层次评级指标体系设计的基础上，从宏观角度考察绿色经济增长各个子系统相互作用关系的重要步骤，是在产业评价指标体系研究成果基础上进行的有机整合，可全面系统地反映绿色经济增长系统的实际情况。

参考文献

[1] CHEN C L, HALL P, 许劼, 等. 高速铁路对英国经济地理的影响——英国125/225城际铁路的案例研究[J]. 城市规划学刊, 2015(1): 121-123.

[2] 昌先宇, 赵彦云. 中国人力资本经济增长效应的计量研究——基于省际空间面板数据的实证分析[J]. 统计与信息论坛, 2017, 32(11): 10-20.

[3] 陈伟平. 基于博弈视角的中国绿色经济发展研究[D]. 武汉: 武汉大学, 2015.

[4] 高红贵, 刘忠超. 创建多元性的绿色经济发展模式及实现形式[J]. 贵州社会科学, 2014(2): 9-16.

[5] 高红贵. 绿色经济发展模式论[M]. 北京: 中国环境出版社, 2015.

[6] 高星雨. 市场分割对绿色创新全要素生产率增长的影响研究[D]. 济南: 山东大学, 2020.

[7] 郭晨阳. 中国省区绿色发展水平综合评价及路径选择[D]. 天津: 天津商业大学, 2020.

[8] 金培振, 张亚斌, 邓孟平. 区域要素市场分割与要素配置效率的时空演变及关系[J]. 地理研究, 2015, 34(5): 953-966.

[9] 李卉. 绿色增长最优均衡路径研究[D]. 大连: 大连理工大学工商管理学院, 2017.

[10] 李雪莹. 市场分割对绿色经济增长的影响[D]. 厦门: 厦门大学, 2019.

[11] 李煜伟, 倪鹏飞. 外部性、运输网络与城市群经济增长[J]. 中国社会科学, 2013(3): 22-42, 203-204.

[12] 廖才安, 辛颖. 外商直接投资对中国经济增长效应的实证分析[J]. 当代经济, 2005(8): 55-56.

[13] 林伯强, 刘泓汛. 对外贸易是否有利于提高能源环境效率: 以中国工业行业为例[J]. 经济研究, 2015, 50(9): 127-141.

[14] 刘福垣. 重新认识人力资本的科学内涵[J]. 中国人力资源开发, 2010(1): 5-8.

[15] 刘思华. 绿色经济论: 经济发展理论变革与中国经济再造[M]. 北京: 中国财政经济出版社, 2001.

[16] 芦松菌. 区域发展综合测评标度: GDP、GGDP 到 MDP[J]. 科学大众, 2007(2): 100-101.

[17] 罗婧威. 浅析区域技术创新能力评价研究[J]. 现代经济信息, 2014(4): 401+414.

[18] 马中, 周月秋, 王文. 2018 中国绿色金融发展研究报告[M]. 北京: 中国金融出版社, 2018.

[19] 孟凡惠. 外商直接投资的绿色经济增长效应分析[D]. 长春: 吉林大学, 2019.

[20] 明翠琴. 中国绿色经济增长评价指标体系研究[D]. 武汉: 华中科技大学, 2016.

[21] 任保平, 魏婕, 郭晗. 中国经济增长质量发展报告 2018 新时代背景下的中国经济增长质量[M]. 北京: 中国经济出版社, 2018.

[22] 任文雅. 环境与经济协调发展理论研究进展[J]. 现代农业, 2015(9): 87-88.

[23] 尚永珍. 浅析马克思生态经济理论对中国转变经济发展方式的启示[J]. 经济研究导刊, 2020(6): 1-2, 8.

[24] 尚勇敏. 绿色·创新·开放: 中国区域经济发展模式的转型[M]. 上海: 上海社会科学院出版社, 2016.

[25] 师博, 沈坤荣. 市场分割下的中国全要素能源效率: 基于超效率 DEA 方法的经验分析[J]. 世界经济, 2008(9): 49-59.

[26] 宋文杰. 在环渤海区域合作中加快山东发展[J]. 赤子(下半月), 2013(12): 50-53.

[27] 孙晓婷. 环境规制、绿色技术创新与绿色经济[D]. 大连: 东北财经大学, 2019.

[28] 田雪航, 何爱平. 环境规制对经济增长影响的实证分析[J]. 统计与决策, 2020, 36(24): 115-118.

[29] 王宋涛，温思美，朱腾腾. 市场分割、资源错配与劳动收入份额[J]. 经济评论，2016(1)：13-25, 79.

[30] 王竹君. 异质型环境规制对中国绿色经济效率的影响研究[D]. 西安：西北大学，2019.

[31] 许广月. 能源革命与绿色发展理论阐发和中国实践[M]. 北京：中国经济出版社，2018.

[32] 许广月. 中原经济区绿色发展及其绩效提升研究[M]. 北京：中国经济出版社，2017.

[33] 许和连，邓玉萍. 经济增长、FDI与环境污染：基于空间异质性模型研究[J]. 财经科学，2012(9)：57-64.

[34] 张翠菊，张宗益. 能源禀赋与技术进步对中国碳排放强度的空间效应[J]. 中国人口·资源与环境，2015，25(9)：37-43.

[35] 张洪梅. 绿色经济发展机制与政策[M]. 北京：中国环境科学出版社，2017.

[36] 赵城. 新时代中国区域协调发展的市场分割困境与破解路径研究[D]. 兰州：兰州财经大学，2020.

[37] 郑毓盛，李崇高. 中国地方分割的效率损失[J]. 中国社会科学，2003(1)：64-72, 205.

[38] 周良发，韩剑尘，张言. 大数据情境下的绿色发展：契机、挑战及应对策略[J]. 乐山师范学院学报，2020，35(12)：55-61.

[39] 朱捷. 中国外商直接投资地区差异研究[M]. 北京：中国物资出版社，2010.